Gerhard Poppenberg

GERHARD POPPENBERG

Heidelberger Einführung in die Literaturwissenschaft für Romanisten

Universitätsverlag
WINTER
Heidelberg

Bibliografische Information der Deutschen Nationalbibliothek

Die Deutsche Nationalbibliothek verzeichnet diese Publikation in der Deutschen Nationalbibliografie; detaillierte bibliografische Daten sind im Internet über *http://dnb.d-nb.de* abrufbar.

ISBN 978-3-8253-4667-6

Imprimé en Allemagne · Printed in Germany
Druck: Memminger MedienCentrum, 87700 Memmingen

Gedruckt auf umweltfreundlichem, chlorfrei gebleichtem und alterungsbeständigem Papier.

Den Verlag erreichen Sie im Internet unter:
www.winter-verlag.de

Zwar ist's mit der Gedanken-Fabrik
Wie mit einem Weber-Meisterstück,
Wo Ein Tritt tausend Fäden regt,
Die Schifflein herüber hinüber schießen,
Die Fäden ungesehen fließen,
Ein Schlag tausend Verbindungen schlägt.

Goethe: *Faust. Der Tragödie erster Teil*
Studierzimmer: Mephistopheles zum Schüler

Inhalt

I Allgemeines 9

1 Literaturwissenschaft 9
2 Romanistik 23
3 Drei Romanisten 29

II Hermeneutik 39

1 Theorie 39
2 Kulturwissenschaft 49

III Formalismus und Strukturalismus 55

1 Theorie 55
2 Strukturalismus und Literatur 68

IV Lyrik 73

1 Allgemeines 73
2 Prämoderne Dichtung 81
3 Moderne Lyrik 93

V Drama 109

1 Allgemeines 109
2 Drei Theaterstücke 117

VI Narrativik 129

1 Allgemeines 129
2 Erzählanalyse 133
3 Gender, Performanz, Fiktion 141
4 *keine Erzählung, nie wieder* 147

VII Explicit 153

VIII Bibliographie 155

I Allgemeines

1 Literaturwissenschaft

Der französische Dichter und Drehbuchautor Jacques Prévert (1900-1977) hat in einem Gedicht mit dem Titel „La promenade de Picasso – Picassos Spaziergang" einen Maler beschrieben, einen „peintre de la réalité – Wirklichkeitsmaler", der verzweifelt versucht, einen vor ihm auf einem Teller liegenden Apfel abzumalen. Seine vergeblichen Bemühungen werden ausführlich geschildert, bis der arme Maler schließlich in einem Wirbel von Assoziationen zur Kulturgeschichte des Apfels – vom Sündenfall Adams und Evas im Paradies über die Äpfel der Hesperiden aus der griechischen Mythologie bis zum Apfel Wilhelm Tells und dem Isaac Newtons, von verschiedenen Apfelsorten bis hin zum Apfelsaft – einschläft. Da kommt Pablo Picasso (1881-1973) vorbei, vielleicht der Inbegriff des Malers der Moderne, nicht aber als Maler, sondern als Spaziergänger. Er begreift die Situation und löst das Problem, indem er dem Maler zugleich eine elementare Lektion in kunsttheoretischen Grundsatzfragen erteilt. „Was für ein Gedanke, einen Apfel zu malen, / sagt Picasso, / und dann isst er den Apfel einfach auf, / und der Apfel sagt Danke zu ihm." Die Lektion Picassos ist der eigentlich selbstverständliche Hinweis, dass die Wirklichkeit eines Apfels zum Beispiel darin besteht, essbar zu sein und gut zu schmecken, und nicht darin, malerisch abgebildet oder sonst irgendwie dargestellt zu werden.

Wenn demnach die Wirklichkeit des Apfels nicht in seiner Darstellung, sondern in seinem Geschmack liegt, dann heißt das umgekehrt – und das ist die wahrhafte Lektion Picassos –, dass die Wirklichkeit eines Bildes nicht so sehr in dem liegen kann, was es abbildet, also im Dargestellten. Der gemalte Apfel ist keinesfalls ein wirklicher Apfel in dem Sinn, wie ein materieller Apfel es ist, und deshalb ist er auch, was den Geschmackssinn angeht, vollkommen ungenießbar. Er ist ja auch gar nicht gemalt worden, um gegessen zu werden, sondern um betrachtet zu werden. Wenn also die Wahrheit eines wirklichen Apfels in seiner Essbarkeit liegt, in dem Genuss, den der Geschmackssinn gibt, dann liegt die Wahrheit eines Apfelbilds – eines Stilllebens etwa von Cézanne oder Bonnard – auf einer anderen Ebene als der des Apfels selbst; das Bild als Kunstwerk richtet sich nicht an den Geschmackssinn, sondern an den ästhetischen Sinn, der in der abendländischen Kulturgeschichte allerdings auch als Geschmack bezeichnet worden ist. Der ästhetische Geschmack ist das Vermögen, in Fragen der Kunst Urteilskraft zu haben, also gute von schlechter Kunst unterscheiden zu können und überhaupt Kunst als Kunst wahrnehmen zu können. Dieser Geschmack ist demnach nicht so sehr eine Kategorie der Sinnlichkeit, obwohl er natürlich von ihr ausgeht und notwendig von ihr ausgehen muss, da die menschliche Wahrnehmung zunächst einmal eine sinnliche Wahrnehmung auf der Grundlage und mit Hilfe der fünf Sinne ist; im Fall der Malerei ist das besonders der Gesichtssinn. Der ästhetische Geschmack ist aber darüber hinaus und womöglich vor allem eine Kategorie des Sinns, der als die Schönheit des gemalten Apfelbilds oder als der Gehalt beispielsweise der dargestellten Paradiesesszene erfahrbar wird. Die Wahrheit des gemalten Apfels liegt also nicht in seiner Essbarkeit, sondern in dem Genuss, den der ästhetische Geschmack gibt. Und so bietet das Kunstwerk nicht körperliche, sondern geistige Nahrung, denn der Mensch lebt ja nicht vom Brot allein.

Das führt zu einer Frage, die hier nicht weiter behandelt, aber doch erwähnt werden kann: Was ist eigentlich geistige Nahrung und worin besteht sie? Kann man, wie bei der körperlichen Nahrung, ebenfalls gehaltvolle geistige Nahrung von geistigem *junk food* unterscheiden? Gibt es gesunde und ungesunde, schädliche, gar giftige geistige Nahrung? Und kann man, wie in der Kulinarik, auch in geistigen Dingen ein Gourmet sein? Bei der körperlichen Nahrung gibt es für diese Fragen Köche und Mediziner, Ernährungswissenschaftler und Restaurantkritiker. In Fragen der geistigen Nahrung sind das Dichter und Philosophen, Philologen und Literaturkritiker.

Die Frage nach dem Zusammenhang von Geschmackssinn und ästhetischem Sinn, allgemein die nach dem von körperlicher Sinnlichkeit und geistigem Sinn, und die Frage danach, wie der ästhetische Geschmack aus dem sinnlichen Geschmack, der geistige Sinn aus der körperlichen Sinnlichkeit hervorgeht, kann ich hier nicht weiter verfolgen; das ist wohl eher ein Thema für ein Hauptseminar. Festzuhalten bleibt aber die Lektion Picassos: Die Wirklichkeit des Apfels unmittelbar in ein Bild überführen zu wollen und umgekehrt den gemalten Apfel für einen wirklichen zu nehmen und das gemalte Bild nach Maßgabe der außerbildlichen Wirklichkeit beurteilen zu wollen, das wäre gewissermaßen der Sündenfall der Bildbetrachtung und der Kunst allgemein. Das ist das Malheur des „malheureux peintre de la réalité – des unglücklichen Wirklichkeitsmalers" aus Jacques Préverts Gedicht; er hat weder ein Bild gemalt noch den Apfel gegessen, und auch der Teller ist kaputt. Er „sieht sich mit seinem unvollendeten Werk gänzlich entzweit / und bemerkt inmitten der Scherben aus Porzellan / die furchtbaren Apfelkerne der Wirklichkeit".

Das Gedicht handelt also von dem Verhältnis zwischen der Wirklichkeit der Welt – dem Apfel – und der Wirklichkeit der Kunst – dem Bild eines Apfels. Es ist ein metapoetisches Gedicht, weil es nicht einfach nur ein bestimmtes Thema darstellt – den armen Wirklichkeitsmaler und Picasso auf seinem Spaziergang –, sondern zugleich davon handelt, was es bedeutet etwas darzustellen. Der Begriff Metapoetik ist gebildet in Analogie zu Metasprache. Die Linguisten unterscheiden zwischen der Objektsprache, die etwas über außersprachliche Dinge aussagt – Dies ist ein Baum – und der Metasprache, die etwas über die Sprache selbst aussagt – Der Satz, „Dies ist ein Baum", ist ein Aussagesatz. Entsprechend ist ein metapoetisches Gedicht nicht eines, das einfach von einem Thema handelt, sondern dabei zugleich die Probleme der Dichtung selbst behandelt: in diesem Fall das Verhältnis zwischen einem Ding und dem Bild eines Dings. *Hamlet* von William Shakespeare (1564-1616) ist ein Theaterstück, in dem ein Theaterstück aufgeführt wird, und *Don Quijote* von Miguel de Cervantes (1547-1616) ist ein Roman, der vom Lesen von Romanen handelt.

Ein Freund hat mir einmal von seinem ersten Kinobesuch im Kindesalter erzählt. Er habe sich dabei am meisten darüber gewundert, wie die das wohl gemacht hatten, dass die Kamera immer gerade dort stand, wo etwas passierte. Er hatte also sehr wohl bereits begriffen, dass er sich im Kino befand, und er konnte die Wirklichkeit von ihrer Darstellung unterscheiden. Das ist weniger selbstverständlich, als es heute scheinen mag. Zu Anfang des Kinos sind die Leute, so wird kolportiert, teils schreiend vor Angst aus den Vorstellungen gelaufen, wenn etwa in einem der ersten Filme überhaupt, den die Brüder Auguste und Louis Lumière (1862-1954; 1864-1948) gedreht haben und der die *Einfahrt des Zugs in den Bahnhof von La Ciotat* (1896) zeigt, der Zug scheinbar auf die Menschen im Raum zufuhr. Ähnliches ist von Reaktionen auf Großaufnahmen von Gesichtern überliefert, die den Zuschauern wie abgeschnittene Köpfe erschienen. Entsprechend hielt Don Quijote die in den Romanen geschilderten Ereignisse für Geschehnisse des wirklichen Lebens. Offenbar ist es zunächst immer schwierig, ein neues Medium – im 16. Jahrhundert das gedruckte Buch und die fiktiven Geschichten der Romane oder die Filme zu Beginn des 20. Jahrhunderts – in seiner besonderen Medialität zu verstehen. Es geht vielen Menschen heute wohl nicht anders, wenn sie das Internet mit der Welt verwechseln.

Für den erwähnten Freund war es Jahrzehnte nach der Erfindung des Kinos klar, dass die Filme nicht die Wirklichkeit waren; aber so ganz klar war es doch wohl auch nicht, wie sein Problem mit der Kamera zeigt, die erstaunlicherweise immer zur rechten Zeit am rechten Ort war. Erst später hat er dann auch das verstanden, nämlich dass es sich in Wahrheit genau umgekehrt verhält. Nicht die Kamera steht dort, wo etwas passiert, sondern es passiert etwas, wo die Kamera steht – und zwar indem es dort in Szene gesetzt wird. Der Film stellt nicht eine lebensweltliche, sondern eine fiktive Wirklichkeit dar. Diese Umkehrung der Blickrichtung ist die Voraussetzung für die Erkenntnis, um die es in den folgenden Ausführungen und insgesamt in einem Universitätsstudium geht.

Das ist ganz allgemein die Voraussetzung, die in jeder Wissenschaft gemacht werden muss. Der wissenschaftliche Blick richtet sich nicht direkt und unmittelbar, sondern indirekt und methodisch reflektiert auf seinen Gegenstand. Für die Literaturwissenschaft bedeutet das, Literatur ist etwas von einem Menschen, einem Dichter oder Schriftsteller Gemachtes, ein Konstrukt, das genau in dem Maß Kunst ist, wie es eben künstlich ist: Poesie. Das griechische Wortfeld *poiein – poiema – poiesis*, dem das Wort Poesie entstammt, bezeichnet genau dieses Moment des Machens: Poiesis ist im Unterschied zur Praxis nicht die Handlung als Tat, sondern das Zu-Stande-Bringen, Ins-Werk-Setzen. Die Kunst gestaltet die Wirklichkeit neu, gibt ihr eine Form und einen Gehalt, die sie – die Wirklichkeit – in Wirklichkeit gar nicht hat. Das gilt dann entsprechend für die wissenschaftliche Analyse von Kunstwerken und literarischen Texten. Sie zielt nicht so sehr auf das, was dargestellt wird, auf den Inhalt also, sondern vielmehr auf die Art und Weise, wie es dargestellt wird, auf die Form also, und schließlich und vor allem darauf, warum oder wozu es überhaupt dargestellt wird: auf den Sinn und den Gehalt der Darstellung.

Einige der Fragestellungen und Probleme, um die es in der Literaturwissenschaft geht, will ich zunächst ganz vorläufig und provisorisch an einem scheinbar höchst launigen und improvisierten Text skizzieren, den Thomas Mann 1934 unter dem Titel „Meerfahrt mit Don Quijote" geschrieben und publiziert hat. Thomas Mann schildert darin nach Art eines Tagebuchs, wie er auf einem Ozeandampfer den Atlantik überquert und während der Überfahrt als Reiselektüre den *Don Quijote* liest. Der Text beschreibt sowohl Eindrücke von der Schiffsreise wie er einen Bericht von den Fortschritten der Lektüre des Romans von Cervantes gibt. Außerdem notiert er diskret einige Reflexionen zur allgemeinen Weltlage und zur Lage in Deutschland, beispielsweise zu der 1934 wahrhaft nicht belanglosen Frage, was deutsch und was undeutsch sei, oder zum Verhältnis von Zivilisation, Wildnis und Barbarei.

Man kann sich nun fragen, welcher Gattung dieser Text angehört. Ist er ein Reisetagebuch oder eine Reflexion auf die politische Situation der Gegenwart, ein literaturkritischer Essay zum *Don Quijote* oder gar eine literarische Erzählung, die nicht eine wirkliche Begebenheit berichtet, sondern eine fiktive Bildung erzählt? In jedem der möglichen Fälle wäre dann zu fragen, was die jeweilige Textsorte auszeichnet und worin sie ihre Kriterien hat. Was etwa macht ein Reisetagebuch aus, was gehört hinein und was gehört möglicherweise auf keinen Fall hinein? Woran erkennt man einen literaturkritischen Essay? Wovon handelt er und auf welche Weise tut er das? Und weiter: Wodurch unterscheidet man diese beiden Textsorten oder Gattungen von anderen Texten, zum Beispiel von einer fiktiven Erzählung, einer Reportage in einer Zeitung oder einer wissenschaftlichen Abhandlung? Eine weitere Frage wäre, ob dieser Text ein sogenannter Primärtext der deutschen Literatur ist – schließlich stammt er von Thomas Mann – und so ein Gegenstand der Germanistik zu sein hat, oder ob er ein Text der sogenannten Sekundärliteratur zum *Don Quijote* ist, und damit ein Teil der Romanistik, genauer der Hispanistik wäre. Oder ist er womöglich beides? Und was heißt das dann für seine Gattung?

Unter dem Datum des 20. Mai 1934 erinnert Thomas Mann daran, dass Tonio Kröger, der Protagonist seiner eigenen, gleichnamigen Novelle, bei Gelegenheit ein paar Verse „nicht fertig zu schmieden wusste". Das ist für einen Dichter gewiss unangenehm. Für einen Literaturwissenschaftler kann es aber ein Anlass sein, zwei für seine Wissenschaft grundlegende Fragen zu erörtern. Warum schmiedet einer Verse? Wie kommt jemand dazu, aus welchem Grund und zu welchem Zweck macht er es und vor allem wie macht er es, das Verseschmieden? Das ist also die Frage, warum und auf welche Weise so etwas wie Literatur zustande kommt und wozu es etwas Derartiges überhaupt gibt. Die Frage hatte sich ja implizit schon im Zusammenhang der Frage nach den Gattungen und Textsorten gestellt, und wenn ich sie jetzt noch einmal ganz grundsätzlich aufwerfe, dann nicht, um darauf gleich zu Anfang eine definitorische, ein für alle Male gültige, den Grund der Literaturwissenschaft bildende Antwort zu geben. Im Gegenteil: Eine solche Antwort gibt es nicht. Zu manchen Aspekten dieser Grundsatzfrage werde ich im Laufe der folgenden Ausführungen die eine oder andere mögliche Antwort vorstellen, aber vor allem auf die am weitesten reichende Frage, wozu es gut sein könnte, dass es Literatur und Kunst überhaupt gibt, und ob es überhaupt gut ist, dass es derartiges gibt, und weiter auch, wozu es gut sein könnte und ob es das überhaupt ist, dass junge Menschen sich im Rahmen eines akademischen Studiums mit Literatur befassen, auf derartige Fragen wird es kaum eine definitorisch-eindeutige und grundlegend-endgültige Antwort geben. Und womöglich liegt das wirkliche Ziel, um nicht zu sagen: der Sinn dieser Wissenschaft und eines solchen Studiums darin, diesen Sachverhalt theoretisch zu reflektieren und ihn zu verstehen.

Thomas Manns *Tonio Kröger* ist eine sogenannte Künstlernovelle, die wesentlich der Frage nachgeht, was es eigentlich mit der Kunst auf sich hat und wie einer dazu kommt, Künstler zu werden. Es handelt sich dabei also offenbar auch um einen literaturkritischen Text, der wiederum die Frage aufwirft, ob die Literatur selbst, denn *Tonio Kröger* ist zweifellos ein Stück Literatur, bisweilen oder womöglich in gewisser Weise immer auch Literaturkritik ist und über ihre eigene Entstehung und Wirklichkeit reflektiert, also eine metapoetische Dimension hat. Auf jeden Fall wirft die Erzählung damit noch einmal die Frage nach ihrer Gattungszugehörigkeit auf. Damit verweist sie auf ein Problem, das jede Art von Wissenschaft hat und behandelt.

Worum geht es in der Wissenschaft im Allgemeinen? Es ist wohl nicht übertrieben zu behaupten, dass die Frage nach der Ordnung und der Klassifizierung von gegebenem Material eines der Merkmale ist, das eine Wissenschaft zur Wissenschaft macht. Ein Wissenschaftler nimmt die Dinge in ihrer Unterschiedlichkeit wahr und versucht, diese Vielfalt zu ordnen und Regelmäßigkeiten zu erkennen. Die Biologie versucht die verschiedenen Gattungen und Arten der Lebewesen zu klassifizieren und ihre internen Ordnungen, die Regelmäßigkeiten und Gesetze, nach denen sie organisiert sind, zu erkennen und zu beschreiben. Mensch, Schwein, Wal sind Säugetiere, gehören also derselben Gattung an, obwohl sie in ganz verschiedenen Umwelten leben. Wal, Hai, Muschel sind Wassertiere, leben also in derselben Umwelt, gehören aber drei verschiedenen Gattungen an: Säugetier, Fisch, Molluske. Entsprechend unternimmt es die Literaturwissenschaft, Kriterien für die Unterscheidung der einzelnen Textsorten aufzustellen und die Ordnungen und Regelmäßigkeiten der einzelnen Gattungen ausfindig zu machen und zu beschreiben. Sonett, Ode, Romanze sind verschiedene Formen von Gedichten und gehören zur Gattung der Lyrik. Die Frage ist dann, was ein Sonett ist und wie es sich von einer Ode oder einer Romanze unterscheidet. Oder was ist das Unterscheidungskriterium zwischen einem Gedicht, einem Epos und einem Drama, wenn alle drei zum Beispiel – wie die verschiedenen Meerestiere im Wasser leben –, in metrisch gebundener Sprache verfasst sind, also etwas deutlich Gemeinsames haben?

Der Begriff der literarischen Gattung hat – wie der des zuvor angesprochenen Geschmacks – einen physisch-biologischen Grund. Die Frage ist dann ebenfalls, wie das Verhältnis der Gattungen geistiger Gebilde zu diesem körperlichen-organischen Grund ist. Sind geistige Schöpfungen auch eine Art Lebewesen? Und was ist die besondere Lebensform dieser Wesen? Seit der Antike werden Texte in organischer Begrifflichkeit beschrieben. Man redet von einem Textkorpus. Ein Text, sagt Sokrates im *Phaidros* (264) von Platon (428-348 v. Chr.), soll wie ein Lebewesen gebildet sein; er soll einen Körper mit Kopf und Gliedern haben, die in einem angemessenen Verhältnis zueinander stehen sollen. Die formale Struktur eines Textes soll sich an diesem natürlichen Vorbild orientieren.

Mit den drei Begriffen Lyrik, Epik, Dramatik ist eine Gattungsgliederung angesprochen, die seit dem 19. Jahrhundert – das ist die Zeit, in der die Literaturwissenschaften im modernen Sinn sich ausgebildet haben – üblich geworden ist. Sie geht auf Versuche zurück, die seit der Antike unternommen worden sind, die Vielfalt der Textproduktionen systematisch zu ordnen. Der griechische Philosoph Aristoteles (384-322 v. Chr.) hatte in seiner *Poetik* im Wesentlichen zwischen dem Drama und dem Epos unterschieden, aber auch implizit von lyrischen Gedichten als gesondert zu betrachtenden Texten gesprochen. Unter Lyrik verstehen wir bis heute alles, was im weitesten Sinn Gedichtcharakter hat; als Drama fassen wir Texte, die irgendwie szenisch verfasst sind; und epische oder narrative Texte nennen wir solche, die etwas erzählen. Solche Ordnungsschemata und die dann folgenden Binnendifferenzierungen – Tragödie, Komödie, Tragikomödie; Epos, Roman, Novelle, Erzählung, Bericht – gelten weitgehend als konventionell. Sie werden auch beständig von der wirklichen Vielfalt der Texte in Frage gestellt. Eine Tragödie von Aischylos (525-456 v. Chr.) oder Sophokles (497/96-405/6 v. Chr.) ist etwas anderes als eine Tragödie von William Shakespeare (1564-1616) oder Pierre Corneille (1606-1684). Deshalb halten manche Literaturwissenschaftler die Gattungseinteilung für wenig hilfreich, um wirklich etwas über die Literatur zu verstehen. Es gibt allerdings auch Literaturwissenschaftler und Philosophen, die den Begriff der Gattung nicht einfach für konventionell halten. Der empirisch erfahrbaren allgemeinen Wirklichkeit von Säugetieren oder Fischen muss auch ein theoretisch wirklicher Allgemeinbegriff, eine ontologisch reale Gattung entsprechen. Was genau der Wirklichkeitsstatus solcher allgemeinen Gattungsbegriffe sein könnte, ist nicht leicht zu sagen. Die Frage betrifft dasselbe Feld, in dem Texte als Lebewesen aufgefasst werden. Solche ins theoretisch Große und Allgemeine zielende Fragen können in einer Einführung nicht weiter verfolgt und vertieft werden, sie sollen aber doch wenigstens als Probleme angedeutet werden. Da die Gattungsbegriffe einmal eingeführt worden sind und immerhin eine grobe Orientierung gestatten, werden die folgenden Ausführungen ebenfalls ihre grobe Gliederung an diesen drei Grundgattungen finden.

Warum die Gattungsfrage möglicherweise nur wenig hilfreich für ein wahrhaftes Verständnis von Literatur sein könnte oder zumindest eine eigene theoretische Grundlegung brauchte, lässt sich am Unterschied zur angesprochenen Biologie deutlich machen. Ein Biologe interessiert sich nicht für diese einzelne Rose, diesen einzelnen Käfer oder diese einzelne Katze. Für ihn ist das einzelne Lebewesen nur bedingt, nämlich als Exemplar einer Art oder Gattung von Belang. Im Unterschied dazu beschäftigt sich ein Literaturwissenschaftler sehr ausgiebig mit dem einzelnen Werk; ja, man könnte sehr wohl behaupten, dass alles vorher Angesprochene lediglich die – zwar notwendige, aber doch nicht hinreichende – Voraussetzung für das Studium der Einzelwerke ist. Der erste und letzte Sinn der Wissenschaft von der Literatur ist die Beschäftigung mit einzelnen literarischen Werken.

Zuvor hatte ich zwei Fragen angekündigt. Die erste war: *warum* und *wie* schmiedet einer Verse? Die zweite zielt auf eine Dimension der Literatur und der Wissenschaft von ihr, die mindestens so bedeutsam ist wie die der verschiedenen Textsorten. Es ist eigentlich die erste Frage noch einmal, nur mit einer etwas anderen Betonung. Warum und wie *schmiedet* einer Verse? Es ist ja doch zunächst nichts weniger naheliegend, als im Zusammenhang von Versen, also von Spracherzeugnissen, vom Schmieden zu reden. Das Schmieden ist ein Handwerk, dessen Material die Metalle sind und jedenfalls nicht die Sprache.

Damit wird ein Problemfeld angesprochen, das für viele eine der Grundfragen, wenn nicht die Grundfrage der poetischen Sprache und damit der Literaturwissenschaft ist. Es ist die Frage der tropischen Rede, des sogenannten übertragenen Gebrauchs der sprachlichen Ausdrücke. Bei den Überlegungen zum Geschmack als Kategorie der Sinnlichkeit und als Kategorie des Sinns oder der Gattung als Kategorie der natürlichen Bildungen und als Kategorie der geistigen Schöpfungen habe ich das implizit bereits angesprochen. Der Geschmack als Urteilsvermögen in Fragen der Ästhetik ist nicht identisch mit dem in Fragen der Kulinarik, aber doch auch offenbar irgendwie von ihm her genommen: von der Kulinarik auf die Ästhetik übertragen. Wie kommt eine solche Übertragung von der sinnlichen Wahrnehmung der Speisen auf die sinnhafte Beurteilung von geistigen Prozessen zustande? Wie ist es zu verstehen, dass im Beispiel des Verseschmiedens die Bezeichnung für die Tätigkeit der metallbearbeitenden Handwerker auf die Bearbeiter der Sprache übertragen wird? Wenn – wie im Zusammenhang von Préverts Apfelgeschichte zu sehen war – der Geschmack das Vermögen in Sachen der Kunst ist, könnte man geradezu erwarten, dass folgerichtig die Bezeichnung für die Tätigkeit der Speisenzubereiter auf den Umgang mit der Sprache übertragen würde, so dass Verse dementsprechend gekocht würden. Aber von einem Versekoch hat man, im Unterschied zu einem Verseschmied, noch nichts gehört. Gibt es für diese Art von Übertragung – den metaphorischen

Gebrauch der Sprache – Regeln, nach denen sie vollzogen werden, oder ist das dem Belieben des Dichters, seiner „dichterischen Freiheit“ anheimgestellt? Warum werden Verse geschmiedet und nicht etwa gemauert oder gezimmert, gewebt oder genäht? Schließlich ist ein Text etymologisch gesehen ein Gewebe; das Wort stammt vom lateinischen *texere – textum – weben* ab. Wenn Texte Gewebe sind, sollte man sie konsequenterweise wohl nähen können. Aber Verse werden geschmiedet.

Aus Préverts Gedicht hat sich die Einsicht ergeben, dass die Kunst die Wirklichkeit neu formt, ihr eine andere Gestalt gibt. Dieses Charakteristikum wird in der übertragenen Rede der Metapher gewissermaßen auf der untersten Ebene, der des elementaren dichterischen Sprachgebrauchs angesprochen. Ein Dichter ist, wer die Dinge auf andere Weise wahrnimmt und darstellt. Die Dichtung sagt etwas anders aus, als es in Wirklichkeit ist, sie umschreibt es, statt es einfach zu benennen. Und durch diese Umschreibung sagt sie etwas anderes von den Dingen aus. Aristoteles hat in seiner *Rhetorik* (1406b) ein Beispiel gegeben, das seitdem in allen Handbüchern zu finden ist: Achill war ein Löwe im Kampf. Der Satz stellt Achill, den Helden aus der *Ilias* von Homer (8./7. Jh. v. Chr.), nicht als Menschen, sondern anders, nämlich als Löwen dar. Nun ist Achill kein Tier. Wenn der Satz sinnvoll sein soll, muss etwas vom Löwen auf den Menschen übertragen werden. Aristoteles erklärt es so: Der Löwe ist stark oder tapfer, und diese Eigenschaft wird vom Löwen auf den Krieger übertragen.

Das Gedicht *Correspondances* von Charles Baudelaire (1821-1867) ist ein Beispiel für eine durch metaphorische Sprache systematisch entwickelte andere Darstellung von Wirklichkeit. Ich werde das Gedicht etwas ausführlicher kommentieren, um ein erstes Beispiel für die Behauptung zu anzuführen, dass es in der Literatur und der Wissenschaft von ihr um das Einzelwerk geht.

Correspondances

La Nature est un temple où de vivants piliers
Laissent parfois sortir de confuses paroles;
L'homme y passe à travers des forêts de symboles
Qui l'observent avec des regards familiers.

Comme de longs échos qui de loin se confondent
Dans une ténébreuse et profonde unité,
Vaste comme la nuit et comme la clarté,
Les parfums, les couleurs et les sons se répondent.

Il est des parfums frais comme des chairs d'enfants,
Doux comme les hautbois, verts comme les prairies,
– Et d'autres, corrompus, riches et triomphants,

Ayant l'expansion des choses infinies,
Comme l'ambre, le musc, le benjoin et l'encens,
Qui chantent les transports de l'esprit et des sens.

Die Natur ist ein Tempel, wo lebendige Säulen / bisweilen wirre Worte hervorbringen; / der Mensch geht dort durch Wälder von Symbolen hindurch, / die ihn mit vertrauten Blicken beobachten. // Wie langanhaltende Echos, die fern sich vermischen, / in einer dunklen und tiefen Einheit, / weit wie die Nacht und wie die helle Klarheit, / antworten die Düfte, die Farben und die Töne einander. // Es gibt Düfte, frisch wie das Fleisch von Kindern, / süß wie Oboen, grün wie Wiesen, / – und andere, verdorben, üppig und voller Triumph, // die ausgedehnt sind wie Unendliches, / so Ambra, Moschus, Benzoe und Weihrauch, / und die die Entrückungen des Geistes und der Sinne singen.

Das Sonett beginnt mit einer metaphorischen Identitätsaussage: Die Natur ist ein Tempel. Die Natur – die Majuskel unterstreicht das – ist nicht nur Natur, sondern mehr; der Tempel gibt diesem Mehr eine religiöse Konnotation. Die „vivants piliers – lebendigen Säulen" nehmen die Metapher auf und führen sie weiter aus. Wenn die Natur ein Tempel ist, dann sind die Bäume die Säulen in dem Tempel. Es sind aber lebende Säulen, die überdies sprechen können. Das weitet die Sprachfähigkeit über die Lebewesen hinaus aus, die traditionell als sprechend betrachtet werden. Das sind die Lebewesen, die eine Seele haben: die Menschen oder andere rationale Wesen wie Außerirdische oder Engel. Oder es legt nahe, dass in der ganzen Natur eine Seele am Werk ist, die sie sprechen lässt. Die Worte sind allerdings „de confuses paroles – wirre Worte". Sie können objektiv wirr sein oder subjektiv für einen Hörer, der ihre Sprache nicht versteht. Der Hörer ist „l'homme – der Mensch", um dessen Verhältnis zur Natur es im Gedicht geht. Wenn die Bäume als sprechende Säulen ganze Wälder aus Symbolen bilden, deutet sich ein möglicher Grund für das Wirre der Worte an. Sie erscheinen wirr, weil ihre Bedeutung nicht offenkundig, vielmehr symbolisch ist.

Die zweite Strophe verdeutlicht das Besondere dieser natürlichen Symbolsprache durch einen Vergleich, der das Sprachliche wieder aufnimmt. Die der Natur eigene Sprache hat eine mediale Form, die dem Echo vergleichbar ist: einem Klangphänomen, bei dem zwei Klänge sich entsprechen, eine Korrespondenz bilden. Die Form dieser Beziehung ist das „se confondre", das zusammengießen, vermischen und so verwirren bedeutet. Es geht um ein Zusammenklingen von Verschiedenem. Das kann symbolisch sein; es kann aber auch Konfusion stiften. Die Gestalt dieser Vermischung wird im Weiteren entfaltet. Sie bildet eine Einheit, die „ténébreuse et profonde – dunkel und tief" ist. Ein zusätzlicher Vergleich ergänzt das. Die Tiefe ist weit wie die Nacht und die Helligkeit; sie umfasst Tag und Nacht, Licht und Dunkel und bildet aus ihnen eine Einheit. Das

Symbolische ist das – auch agonale – Zusammentreffen von Licht und Dunkel. Dieser potenzierte Vergleich wird nun mit seinem Verglichenen konfrontiert. „Les parfums, les couleurs et les sons se répondent.“ Die Düfte, die Farben und die Klänge entsprechen sich in der Weise, die der vorangehende Vergleich entwickelt hat: als Einheit von Gegensätzen.

Aus diesem synästhetischen Zusammenklang der verschiedenen Sinne wird der Geruchssinn herausgenommen. Zwei Duftarten werden gegenübergestellt: die frischen und die verdorbenen. Beide werden wiederum durch Vergleiche charakterisiert. Der frische Duft des Fleisches von Kindern gibt neben der realistischen Assoziation auch die symbolische Konnotation von Spiel und Unschuld. Der Klang der Oboe und das Grün der Wiese führen das Synästhetische an einem Beispiel vor: der Korrespondenz von Duft, Klang und Farbe im Feld von „Kinderfleisch“. Die anderen Düfte werden nicht mit einer Serie von konkreten Vergleichen, sondern mit einer Reihung von Adjektiven charakterisiert; sie sind „corrompus, riches et triomphants – verdorben, üppig und voller Triumph“. Dem sinnlich-konkreten Vergleich entsprechen unsinnlich-abstrakte Adjektive, die nicht reale Eigenschaften der Düfte bezeichnen, sondern ihnen geistig-moralische Eigenschaften zusprechen. Deren erste ist die Verdorbenheit.

Diese verdorbenen Düfte breiten sich aus; die Weite ihrer Ausdehnung wird erneut mit einem Vergleich charakterisiert. Es ist die Weite der „choses infinies“; sie hat Unendlichkeitscharakter. Das Verdorbene der Natur ist eine Dimension des Unendlichen. Die verdorbenen Düfte sind Ambra, Moschus, Benzoe und Weihrauch: schwere animalische Düfte und schwere, aus Harzen gewonnene pflanzliche Düfte, die teils aphrodisierende Wirkung haben, teils kultischen Zwecken dienen. Diese Düfte haben eine Klangdimension, so wird das synästhetische Spiel der Korrespondenzen wieder aufgenommen; sie singen, sind also eine Gestalt der Natursprache. Sie singen „les transports de l’esprit et des sens – die Entrückungen des Geistes und der Sinne“: die Gefühlsbewegungen und die Bewegungen des Geistes, deren Form die „transports“ sind, die Entrückungen und Verzückungen der Ekstasen.

Die zunächst wirr erscheinende Sprache der Natur wird als das Spiel der Korrespondenzen erkennbar, die einerseits die der Sinne sind: Gesicht, Gehör, Geschmack, Geruch und Gefühl, wobei der Geruchssinn grundlegend zu sein scheint. Die Korrespondenz der Gerüche ist wiederum eine von elementaren Gegensätzen. Auf der Grundlage dieser sinnlichen ergeben sich andererseits geistige Korrespondenzen. Der tiefste solcher Gegensätze ist der von Licht und Dunkel; er wird auf der geistig-moralischen Ebene zu dem von Unschuld und Verdorbenheit. Deren Zusammenklang bildet den Gesang als die Sprache der Natur und gibt so auch das Maß der Dichtung, die sie in menschliche Sprache überträgt.

Wenn man die Frage der Metaphorik genauer betrachtet, muss man allerdings feststellen, dass jede sprachliche Äußerung in gewisser Weise eine solche Umschreibung ist. Die Benennung eines Gegenstands ist ja gerade nicht dieser Gegenstand selbst, sondern eben seine Übertragung auf eine andere Ebene; das Ding wird in die Sprache übertragen. So betrachtet ist die Sprache in sich und durch und durch metaphorisch. Eine derart radikale Konsequenz ist tatsächlich bisweilen von Sprachphilosophen gezogen worden. Ein berühmter und vieldiskutierter Aufsatz des Philosophen Friedrich Nietzsche (1844-1900) stellt dazu Überlegungen an, denen ich hier nicht weiter nachgehen kann: „Über Wahrheit und Lüge im außermoralischen Sinn".

Das heißt aber nicht, dass damit jede sprachliche Äußerung Literatur ist; es wirft aber wiederum das Problem der Unterscheidungskriterien auf: dieses Mal zwischen dem sogenannten Alltagsgebrauch der Sprache und ihrem literarischen Gebrauch. Wir sprechen wie selbstverständlich von dem Bereich unserer Wirklichkeit, zu dem wir mit unseren elektronischen Geräten – Computern, Tablets, Telefonen – Zugang bekommen als vom Internet oder kurz und auf Deutsch vom Netz. Aber das ist eigentlich nichts weniger als selbstverständlich, denn die virtuelle Welt des Netzes ist nicht ein wirkliches Netz, ein aus Fäden geknüpftes Gebilde. Andererseits ist diese Bezeichnung aber doch auch in gewisser Weise selbstverständlich. Die Rede vom Internet steht im größeren Zusammenhang der Bezeichnung von sprachlichen und gedanklichen Erzeugnissen als Text: als Gewebe. In der Rede vom Text wird die handwerklich-technische Verknüpfung von Fäden auf die Verknüpfung von Worten und Sätzen und so auf die Verknüpfung von Gedanken übertragen. Und das *world wide web*, ein gigantisches Geflecht von Informationen, ist die vorläufig letzte Realisierung dieses Bildfelds. Die Frage ist dann, warum die Menschheit diese Metapher vom Text und vom Netz gebildet hat und was sie bedeutet. Sebastian Gießmann und Alexander Friedrich haben Studien zur *Kulturgeschichte der Netze und Netzwerke* (2016) sowie zur *Metaphorologie der Vernetzung* (2015) vorgelegt.

Man muss auch kein Dichter sein, um sagen zu können, dass man einen Gedankengang vollzieht oder ein Gedankengebäude errichtet oder dass man in einem Text eine Stilblüte gefunden hat. Das sind drei weitere Metaphern neben der des Textes, mit denen die alltägliche Sprache vom Umgang mit der Sprache selbst handelt, mit denen also die Sprache sich selbst in übertragener Rede thematisiert. Das Sprechen und Denken ist ein Gehen, eine Sprach- und Denkbewegung, ein Diskurs – aus lateinisch *currere – cursus – laufen, gehen*; deshalb besucht man einen Kursus, wenn man etwas lernen will. Die Methode als Anleitung zum geregelten und geordneten Denken geht auf das griechische *hodos – Weg* zurück; der Philosoph René Descartes (1596-1650) hat einen *Discours de la méthode* geschrieben: einen Gedankengang über die Denkbewegungen.

Auch die Rede vom Gedankengebäude ist traditionell und seit der Antike üblich. Das griechische *systema* findet sich bis in unsere Tage im philosophischen System und im Ideal des systematischen Denkens wieder, die lateinische *structura* aus *struere – bauen* taucht auf in der Rede von strukturiertem Denken und hat vor allem das Grundwort für eine der wirkungsmächtigsten Schulen der Sprach- und Literaturwissenschaft gegeben: den Strukturalismus; er fragt danach, wie ein

Text gebaut ist. Davon abgeleitet ist die Bezeichnung einer der anspruchsvollsten Schulen der neueren Literaturwissenschaft: der Dekonstruktion.

Schließlich ist auch die in der Rede von der Stilblüte implizite Vorstellung, dass sprachliche Prozesse sich wie organische Prozesse entwickeln, antiken Ursprungs, wie ich mit dem *Phaidros* bereits angedeutet habe. Die antiken Stoiker meinten, der *logos – das Wort, der Gedanke* sei ein *sperma – ein Same*, und er wachse wie dieser, indem er angepflanzt und gepflegt: kultiviert werde. Das Wortfeld geht aus dem lateinischen *colere, cultus – anbauen, pflegen, verehren* hervor. Die Kultur ist dann das Hegen und Pflegen der geistigen Samen, die beispielsweise in Seminaren – aus lateinisch *semen – Same* – ausgestreut werden. In diesem Bildfeld ist eine Sammlung von Texten eine Anthologie, ein Florilegium, eine Blütenlese, und sind die Metaphern die Blumen oder Blüten der Sprache. Es ist hier nicht die Gelegenheit, der Frage weiter nachzugehen, was diese verschiedenen Metaphern – Sprechen und Denken als Gehen, Bauen, Wachsen, Weben – über die Sprache sagen und in welcher Weise sie den Umgang mit ihr konzipieren. Aber keines der angeführten Bildfelder führt zur Rede vom Verseschmieden. Dazu muss die Sprache als Metall konzipiert werden. Dieses Bildfeld ist ebenfalls traditionell. Die Sprache ist ein Edelmetall; das Gold der Sprache muss durch Bearbeitung von den Schlacken des falschen Gebrauchs gereinigt werden. Aus dem Metall werden die Wörter wie Münzen geprägt; sie bilden den Wortschatz, der in einem Wörterbuch gesammelt wird und mit dem der Dichter als der Goldschmied der Sprache Verse schmiedet.

Deutlich wird aus diesen verschiedenen Bildfeldern unmittelbar, dass sie die Sprache und das Denken jeweils anders und in Form von elementaren Metaphern auffassen. Sie konzipieren die Sprache und das Denken auf eine jeweils andere Weise und in jeweils anderer Gestalt, die sich bis zu einem gewissen Grad sogar gegenseitig ausschließen. Entweder wachsen die Gedanken natürlich oder sie werden technisch gebildet: gebaut, geschmiedet oder gewebt. Beides sind offenbar sinnvolle Aussagen über Sprache und Denken; keine ist eindeutig und endgültig „wahr“, aber jede gibt einen Aspekt zu verstehen. Ernst Robert Curtius hat im Kapitel „Gott als Bildner“ in *Europäische Literatur und lateinisches Mittelalter* an die mythisch-religiöse Tradition des Schöpfergottes als Handwerker erinnert, der als Weber, Töpfer, Schmied u.a. die Welt gemacht hat. Diese Vorstellung wird im christlichen Mittelalter zur Figur des *deus artifex*. Nach dem Bericht der *Genesis* hat Gott aber die Welt durch das Wort geschaffen. Die verschiedenen Metaphern für die Sprache sind dann als sublimierte Figuren dieser alten handwerklichen Vorstellungen zu verstehen. Und sie eröffnen einen Blick in mögliche theologische Tiefenstrukturen der Sprache.

Möglicherweise besteht ein Wesensmoment der Sprache und des mit ihr verbundenen Denkens darin, dass sie widersprüchliche Eigenschaften haben, die sich gegenseitig auszuschließen scheinen und doch zu ihnen gehören. Ein anspruchsvolles Denken beginnt dann dort, wo solche Widersprüche nicht beseitigt, sondern in ihrer Widersprüchlichkeit verstanden werden. Die Sprache kann

Schutz, aber auch Gefängnis sein; sie kann wahrhaftig oder lügnerisch sein. Sie kann ein Mittel der Verbindung zwischen den Menschen oder ein Mittel der Ausbeutung der Menschen sein. Der Sinn und Zweck der Literaturwissenschaft liegt darin, einen angemessenen, und das heißt einen methodisch und theoretisch reflektierten Umgang mit solchen Mehrdeutigkeiten und Widersprüchlichkeiten zu entwickeln.

Die Sprache als Gebäude oder als Gewächs, als Gewebe oder als Geschmeide zu konzipieren, ist nicht ein feststehender Lehrsatz, sondern eine je verschiedene Auslegung ihrer Bedeutung. Wenn sie ein Gebäude ist, dann kann sie Schutz und Unterkunft für die Menschen bieten. Martin Heidegger (1889-1876) hat die Sprache im umfassendsten Sinn das Haus des Seins genannt. Wenn die Sprache ein Gewächs ist, kann sie den Menschen – geistige – Nahrung bieten; wenn sie ein Gewebe ist, kann sie ihnen Kleidung geben, und wenn sie ein Geschmeide ist, kann sie ihnen Schmuck sein. Wenn die Sprache als Gewächs, als Organismus konzipiert wird, ist damit impliziert, dass die sprachlichen Prozesse und die mit ihnen vollzogenen Gedankenprozesse wie natürliche Prozesse vor sich gehen und dass beispielsweise die Beziehung zwischen einem Wort und dem, was es bezeichnet, auf natürliche Weise zu Stande kommt oder dass die Gedanken wachsen wie Pflanzen, Tiere oder Menschen und entsprechend eigenständige Wesenheiten sind. Wenn die Sprache als Metall konzipiert wird, ist damit genau entgegengesetzter Weise impliziert, dass die Wörter vielleicht wie Dinge des täglichen Gebrauchs technisch hervorgebracht oder etwa wie Münzen geprägt werden. Sie wachsen nicht organisch, sondern werden mechanisch gemacht. Die Beziehung zwischen einem Wort und dem, was es bezeichnet, ist dann nicht natürlich, sondern künstlich: eine Sache der Festsetzung und Übereinkunft, der Konvention zwischen den Menschen. Auf den Begriff der Arbitrarität und Konventionalität komme ich im Zusammenhang des Strukturalismus zurück.

Die Sprache als ein Gewebe kann den Menschen, wie materielle Kleidung die Körper vor der klimatischen Kälte schützt, die Seele vor der zwischenmenschlichen Kälte schützen. Oder sie kann, wie die materielle Kleidung die Körper verhüllt, das Innere der Seele, das Denken und Fühlen verhüllen und verschleiern. Wie wir aus Scham bestimmte Körperteile verhüllen, so verhüllen wir ebenfalls aus Scham bestimmte Gefühle oder Gedanken. Oder wir verhüllen unsere wirklichen Gedanken und Gefühle, weil wir etwas verhehlen wollen, also lügen. Die Metapher der Sprache als Gewebe kann auch in anderer Hinsicht bedeutsam sein. Ein Gewebe kann als ein Behältnis, als ein Beutel verwendet werden, um darin Dinge zu transportieren. So kann das Gewebe der Sprache als ein Behältnis zum Transport von Gedanken und Bedeutungen verstanden werden. Und wenn das Gewebe ein Netz ist, kann es bedeuten, dass wir in diesem Netz verfangen sind. Das ist eine Auslegung, die in Hinsicht auf die Sprache allgemein und das virtuelle Netz besonders sehr wohl bedenkenswert ist. Gerade weil es virtuell ist und vor allem, weil es sich unseren Wünschen und Bedürfnissen ständig anpasst, merken wir gar nicht, wie sehr wir in ihm verfangen sind.

Das ist allerdings nicht ganz richtig. Es ist ja nicht das Internet, das sich unseren Wünschen anpasst und uns mit seinen Informationen und Angeboten umfängt, es sind die Betreiber. Das Netz existiert nicht von sich aus, sondern ist, wie ich in Hinsicht auf die Metapher des Textes gesagt habe, technisch von Menschen hervorgebracht. Der Publizist Evgeny Morozev (*1984), der einer der intelligentesten Analytiker des Internets ist, hat deshalb gesagt, das Netz sei eigentlich keine Technologie, sondern eine Ideologie, die uns einen bestimmten Gebrauch dieser Technologie als den allein möglichen und quasi natürlichen Umgang damit vorzuspiegeln versucht. Und diese Ideologie wird von den Betreibern verbreitet, die ihren wirtschaftlichen Profit daraus ziehen, dass wir in ihrer Art, das Netz zu betreiben, verfangen sind. Google oder Facebook haben es geschafft, die meisten ihrer Benutzer vergessen zu lassen, dass es sich um privatwirtschaftliche Unternehmen handelt. Google ist für fast alle der quasi natürliche Zugang zur Welt und so geradezu zur Welt selbst geworden. Wir unterscheiden uns offenbar nicht so sehr von dem naiven Don Quijote oder den ebenso naiven Zuschauern der ersten Filme, die nicht zwischen dem Medium und der Wirklichkeit unterscheiden konnten. Nur finden wir das überhaupt nicht komisch, sondern normal. Anders gesagt: Der *Don Quijote* unserer Tage ist noch nicht geschrieben.

Aus diesen Überlegungen, die allesamt nur skizzenhaft sind und sehr viel ausführlicher entwickelt werden müssten, zeichnet sich ein erstes und wohl das grundlegende Charakteristikum der Literaturwissenschaft und überhaupt aller Wissenschaft ab. Sie besteht wesentlich darin, Unterschiede wahrzunehmen, Unterscheidungen zu treffen und dies nach Regeln und mit Gründen zu tun. Sie besteht darin, natürliche Ordnungen ausfindig zu machen und sie darzustellen oder Ordnungen im Ungeordneten überhaupt erst zu bilden; und sie besteht vor allem in der Einsicht, dass diese Ordnungen in der Literaturwissenschaft und allgemein in den Geisteswissenschaften immer nur vorläufig sind und ohnehin nur Teilaspekte des zu Grunde liegenden Stoffs erfassen.

Deshalb sind in den Geisteswissenschaften, im Unterschied zu den Naturwissenschaften, feste Definitionen nur selten zu haben. Wasser ist die Verbindung von zwei Wasserstoffatomen mit einem Sauerstoffatom: H_20, und Geschwindigkeit ist der Quotient aus Weg und Zeit: $v = s / t$; das steht einigermaßen fest und ist kaum in Frage zu stellen. Die Sprache als Gewebe zu konzipieren ist nicht ein feststehender Lehrsatz, sondern eine Auslegung ihrer Bedeutung. Das kann dahin führen, den Sinn des Studiums der Literaturwissenschaft und der Geisteswissenschaften allgemein zu verstehen. Die Geisteswissenschaften haben es nicht so sehr mit Tatsachen zu tun, sondern mit Bedeutungen. Deshalb arbeiten sie weniger mit Definitionen als mit Interpretationen. Zwar gibt es immer wieder Versuche, Definitionen und Lehrsätze aufzustellen, aber sie sind in der Mehrzahl belanglos und unbedeutend. Das vorrangige Ziel der Einführung ist es, das Arbeiten mit Bedeutungen und Deutungen zu erlernen. Und das bedeutet auch, dass es nicht nur darum geht, abfragbares Wissen zu liefern, sondern vielmehr darum, selbstständiges Denken einzuüben.

Nun noch einige Bemerkungen zur Romanistik im Allgemeinen und zur französischen, italienischen, spanischen oder portugiesischen Sprach-, Literatur- und Kulturwissenschaft im Besonderen. Die Romanistik handelt von den Sprachen, die seit dem frühen Mittelalter aus dem Lateinischen, der Sprache der Römer, in den Gegenden Europas hervorgegangen sind, in denen die Römer Kolonien hatten: vom Rumänischen über das Italienische und Französische bis hin zum Katalanischen, Spanischen und Portugiesischen, um nur die Hauptsprachen zu nennen. Dass es auch Gegenden gibt, in denen die Römer Kolonien hatten, ohne dass sich dort romanische Sprachen ausgebildet haben – Germania, Anglia –, ist ein kultur- und sprachgeschichtlich höchst spannendes Phänomen.

Konkret behandelt die Romanistik die Sprache, die Literatur und die Kultur in den Gebieten, in denen diese Sprachen gesprochen werden. Das heißt vor allem, Romanistik zu studieren bedeutet nicht, die romanischen Sprachen oder eine davon zu erlernen. Der Spracherwerb gehört nur bedingt zum Studium, er ist vielmehr dessen Voraussetzung. Das Studium besteht darin, auf der Grundlage der erworbenen Sprachkenntnisse sich sprachwissenschaftlich mit der Geschichte und den Strukturen der jeweiligen Sprache sowie sich literatur- und kulturwissenschaftlich mit der Literatur und Kultur und ihrer Geschichte in der jeweiligen Sprache auseinanderzusetzen. Wer nur die Sprache erlernen will und das möglichst effizient, der ist mit einer Dolmetscher- und Übersetzerausbildung wesentlich besser bedient.

Bis in die siebziger Jahre des vergangenen Jahrhunderts war Gegenstand der Romanistik fast ausschließlich die europäische Romania. Aber durch den Kolonialismus vom 16. bis zum 19. Jahrhundert haben sich vor allem das Spanische, Portugiesische und Französische auch außerhalb Europas etabliert: das Spanische in Südamerika, in der Karibik und in Asien (Philippinen); das Portugiesische in Afrika, Asien und Brasilien; das Französische in Kanada, in der Karibik und vielen Ländern Afrikas. Die Italiener waren kolonialistisch nicht so aktiv, und in den wenigen italienischen Kolonien in Ostafrika hat sich das Italienische nicht als Sprache durchgesetzt. Auch Little Italy in New York und andere von der Mafia kontrollierte Gebiete von italienischen Einwanderern in den USA wird man nicht als italienischsprachige Gebiete außerhalb Italiens bezeichnen wollen.

Auf Grund der außereuropäischen romanischen Sprachgebiete sind seit etwa vierzig Jahren auch die außereuropäischen Kulturen romanischer Sprachen zum Gegenstand der Forschung geworden. Für das Französische sind das die Räume der *francophonie*, die französischsprachigen Gebiete Kanadas und der Karibik in Amerika sowie die französischsprachigen Nationen Afrikas; die maghrebinische Literatur und Kultur ist in den letzten Jahren ins Zentrum der Aufmerksamkeit gerückt. Aber auch in Kamerun, Mali, der Elfenbeinküste und anderen Ländern Afrikas gibt es französischsprachige Literatur. Für die Hispanistik ist das die Lateinamerikanistik, die sich mit den Ländern des amerikanischen Südkontinents von Mexiko bis Argentinien befasst, aber zunehmend auch die spanischsprachigen Migrationspopulationen in den USA in den Blick nimmt. In der Lusitanistik ist das vor allem die Brasilianistik, aber es gibt auch die Afro-Lusitanistik. In der Anglistik hat sich entsprechend eine Amerikanistik etc. ausgebildet.

Die Romanistik, wie sie in Deutschland überwiegend gelehrt wird und studiert werden kann, ist ein Fach, das mehr oder weniger auf die deutschen Universitäten beschränkt ist. Die italienische, französische oder spanische Literaturwissenschaft ist in den jeweiligen Ländern selbstverständlich – wie in Deutschland die Germanistik – ein besonderes Fach. Aber auch in anderen Ländern gibt es an den Philologischen Fakultäten Italianistik, Französistik oder Hispanistik als Einzelfächer. Die Romanistik gehört zur Komparatistik, also der Vergleichenden Literaturwissenschaft. Und tatsächlich ist das Fach der Komparatistik auch aus der deutschen Romanistik hervorgegangen, die ja von Haus aus dazu berufen ist, die einzelnen romanischen Sprachen und ihre Literaturen zu vergleichen, weil sie alle die gemeinsame Herkunft aus dem Lateinischen haben. Ich komme darauf noch einmal zurück.

Zunächst noch eine allgemeine Bemerkung zu Grundzügen des Fachs Literaturwissenschaft. Die Literatur und Kultur eines Landes zu studieren, bedeutet zweierlei. Zum einen heißt dies, die Geschichte dieser Literatur und Kultur kennenzulernen; die Literaturwissenschaft ist eine historische Disziplin. Um die Gegenwart zu verstehen, ist es wichtig, die Geschichte zu kennen, aus der diese Gegenwart entstanden ist. Zum anderen heißt das aber, ein Studium der Literaturwissenschaft ist vor allem ein Lesestudium; und lesen muss man selber, das kann einem niemand abnehmen. Es genügt keineswegs, lediglich den Stoff aufzunehmen, der in den Seminaren geboten wird; dort wird nur Anleitung zur eigenen Arbeit geliefert. Das Studium der Literaturwissenschaft ist größtenteils ein zeitaufwendiges Selbststudium und in einer 40-Stunden-Woche auf keinen Fall zu bewältigen. Wer das ausgiebige Lesen von Literatur aus allen Zeiten und allen Gattungen für eine Zumutung hält, der ist mit Sicherheit in der Literaturwissenschaft am falschen Ort.

Die Romanistik als eine wissenschaftliche Disziplin und als ein akademisches Fach ist vergleichsweise jung; verglichen nämlich mit solchen altehrwürdigen, bereits im Mittelalter gelehrten Disziplinen wie sie Dr. Faust am Beginn des Dramas von Johann Wolfgang von Goethe (1749-1832) in seiner Verzweiflung aufruft:

> Habe nun, ach! Philosophie,
> Juristerei und Medizin
> Und leider auch Theologie
> Durchaus studiert mit heißem Bemühn.
> Da steh ich nun, ich armer Tor,
> Und bin so klug als wie zuvor!
> Heiße Magister, heiße Doktor gar

Und ziehe schon an die zehen Jahr
Herauf, herab und quer und krumm
Meine Schüler an der Nase herum
Und sehe, dass wir nichts wissen können!
Das will mir schier das Herz verbrennen.

Philosophie, Jura, Medizin und Theologie bildeten an der traditionellen Universität die vier Fakultäten. Schaut man sich das Vorlesungsverzeichnis der Universitäten heute an, findet man weit mehr als ein Dutzend Fakultäten. Die Wissenschaften haben sich im Laufe der Neuzeit zunehmend differenziert, und das hat sich entsprechend auf die Ordnung der Universität ausgewirkt. In Heidelberg studiert man Romanistik an der Neuphilologischen Fakultät. Der Zusatz „Neu-" weist darauf hin, dass in der Philologie eine alte und eine neue unterschieden werden. Die Literaturwissenschaft hat sich zunächst in der frühen Neuzeit als Philologie der alten Sprachen und Literaturen, des Griechischen und Lateinischen vor allem, ausgebildet.

Die neueren Sprachen – das Deutsche, das Englische und die romanischen Sprachen – wurden erst wissenschaftlich satisfaktionsfähig, als die Romantiker zu Beginn des 19. Jahrhunderts das Mittelalter wiederentdeckten und begannen, die in Manuskripten überlieferten mittelalterlichen Texte mit den philologischen Methoden der Altphilologie zu bearbeiten und zu edieren. Die Romanistik wurde von dem Gelehrten Friedrich Diez (1794-1876) begründet, der seit 1830 eine Professur für „mittlere und neuere Literaturgeschichte" an der Universität Bonn innehatte. Johanna Wolf zitiert in ihrer Studie über die Entstehung der Romanischen Philologie im 19. Jahrhundert einen Zeitgenossen, der Diez den „Columbus der neuern Sprachen" nannte (S. 300). Dieser Anfang der Neuphilologie ist gerade einmal 190 Jahre her. Sie begann mit der Edition von Handschriften: der Trobadorlyrik, der mittelalterlichen französischen Heldenepen und anderer Texte. Das dürfte der Grund sein, warum lange Zeit die französische Philologie als das Fundament der Romanistik galt. Das ist heute nicht mehr so; die Beschäftigung mit anderen Bereichen der Romania ist inzwischen selbstverständlich. Vor allem die Italianistik und die Hispanistik haben sich im Laufe des 20. Jahrhunderts zu gleichwertigen Disziplinen emanzipiert. Die Lusitanistik ist noch etwas unterentwickelt, aber man kann sie an einigen Universitäten als Hauptfach studieren. Und auch eine Rumänistik oder Katalanistik gibt es an manchen Universitäten.

Die Romanistik war in ihren Anfängen vor allem Textwissenschaft als Editionswissenschaft. Es ging zunächst darum, eine verlässliche, philologisch verantwortliche Gestalt der überlieferten Texte zu etablieren. Auch heute noch ist das sehr wichtig. In Heidelberg gibt es einen eigenen Studiengang „Editionswissenschaften", den der Germanist Roland Reuß gegründet hat. Die Romanisten waren bis zu Anfang des 20. Jahrhunderts gleichermaßen Sprach- wie Literaturwissenschaftler; ihr vorzügliches Betätigungsfeld waren die ältesten Dokumente der romanischen Sprachen. Gustav Gröber (1844-1911) hat in dem gigantischen *Grundriss der romanischen Philologie* (1888-1902) eine systematische und historische Grundlegung der romanischen Philologie vorgenommen.

Aber auch damals wurde bereits ein großer, wenn nicht der größte Teil der Studenten – es waren bis zu Beginn des 20. Jahrhunderts tatsächlich ausschließlich Männer – Französischlehrer, später dann auch Spanisch- und Italienischlehrer, an höheren Schulen. Und dort unterrichteten sie selbstverständlich nicht mittelalterliches Französisch oder Spanisch, sondern die modernen Sprachen und die Literatur der Neuzeit. Deshalb behandelte auch der akademische Unterricht etwa ab 1900 zunehmend diese Themenfelder.

Die angesprochene Geschlechterdifferenz hat in diesem Feld nicht nur historisch eine Bedeutung. Frauen sind in Deutschland erst seit Beginn des 20. Jahrhunderts zum Studium zugelassen. Um 1930 betrug ihr Anteil an der Studentenschaft etwa 16 %; heute ist das Verhältnis Männer und Frauen weitgehend ausgewogen. Bei den weiterführenden Qualifikationen ist das allerdings immer noch nicht der Fall. Im Verhältnis zur Gesamtzahl der Promotionen liegt in Deutschland der Frauenanteil bei 40-45 %, der Männeranteil bei 55-60 %. Bei den Habilitationen sind es dann nur noch 25 % Frauen und entsprechend 75 % Männer. Bei den Berufungen auf Professuren ist es ähnlich. Diese Relationen springen am Heidelberger Romanischen Seminar besonders deutlich ins Auge. Bei den Studierenden sind es etwa 80 % Frauen, 20 % Männer. Bei den Professoren ist es zur Zeit noch genau umgekehrt: vier Professoren und eine Professorin, also 80 % Männer und 20 % Frauen. Das ist statistisch gesehen eine das Mysteriöse streifende Rechenaufgabe. Aus 20 % der Studierenden gehen 80 % der Lehrenden hervor; mysteriös ist das, weil es überhaupt nicht mit der sogenannten statistischen Normalverteilung übereinstimmt. Deshalb ist das auch kein rechnerisches, sondern ein politisches Problem.

Die Romanistik hat sich im Laufe des 20. Jahrhunderts zunehmend differenziert. Zunächst und vor allem wurden Sprachwissenschaft und Literaturwissenschaft eigenständige Bereiche. Karl Vossler (1872-1949) oder Leo Spitzer (1887-1960) haben noch beides gleichermaßen kompetent vertreten. Heute wäre das undenkbar, weil die Spezialisierung in den einzelnen Bereichen so groß geworden ist, dass niemand mehr die Forschung bloß in der einen Disziplin auch nur annähernd überschauen, geschweige denn selbst in voller Breite zu ihr beitragen könnte. Des Weiteren wurden auch die neuere und schließlich auch die unmittelbar gegenwärtige Literatur forschungsfähig. Schließlich kamen auch die spanisch-, portugiesisch- und französischsprachigen Gebiete außerhalb Europas sowie die verschiedenen Formen der Kulturwissenschaft hinzu, so dass heute endgültig niemand mehr das gesamte Feld der Romanistik in Sprach-, Literatur- und Kulturwissenschaft vom Mittelalter bis in die Gegenwart, von Rumänien bis Peru, von Kanada bis zur Elfenbeinküste überschauen kann.

Der Begriff Literaturwissenschaft ist übrigens eine exklusiv deutsche Prägung: *ciencia literaria, science littéraire* oder *literary science* gibt es nicht. In anderen Ländern spricht man von *literary criticism, critique littéraire* oder *estudios literarios*; ob dieser anderen Bezeichnung auch eine andere Sache entspricht, ist dabei nicht leicht auszumachen. Im Englischen unterscheidet man zwischen einem *scientist* und einem *scholar*; dem entspricht im Deutschen die Unterscheidung von Wissenschaftler und Gelehrtem. Sie verweist auf einen Unterschied in der Sache. Der Wissenschaftler erforscht die Dinge und Lebewesen der Welt in Hinsicht auf ihre natürliche Verfassung. Deshalb ist für ihn der Stand der Wissenschaft in der Vergangenheit nicht von Belang, denn seitdem hat es ja Fortschritt im Wissen um die Natur der Dinge und Lebewesen gegeben. Der Gelehrte hingegen untersucht die Dinge des Geistes in Rücksicht auf ihre historische Verfassung. Und deshalb sind für ihn die vergangenen Erscheinungsformen des Geistes von großem Belang, denn in Fragen des Geistes gibt es nicht einfach Fortschritt, sondern Entwicklung. Um ein kulturelles Phänomen angemessen zu verstehen, muss man erkennen, wie es zu dem geworden ist, was es ist. Deshalb ist die Geschichte unerlässlich.

Jacob Burckhardt (1818-1897) hat am Ende der Einleitung zu seinen *Weltgeschichtlichen Betrachtungen* Überlegungen zum Verhältnis von Natur und Geschichte angestellt. Die Natur bildet sich organisch in unendlicher Vielfalt der Gattungen und Arten, wobei die einzelnen Individuen sich nicht sonderlich unterscheiden. Die menschliche Kultur und Geschichte wird durch eine einzige Spezies – *homo sapiens* – in historisch und regional verschiedenen, aber nicht scharf abgegrenzten Ausprägungen gebildet. Die Vielfalt entsteht beim Menschen durch die Individuen, die im Unterschied zur Homogenität der biologischen Einzelexemplare eine Intention auf Besonderheit haben. In der Natur liegt die Vielfalt auf der Ebene der Gattungen und Arten, in der Kultur liegt sie auf der der Individuen. Ausgehend von den jeweils besonderen Ausprägungen der Individuen bilden sich allgemeine kulturelle Besonderheiten einer Gruppe aus und führen in diese Gemeinschaften ein Moment von Veränderung und Entwicklung ein. Der Mensch ist als Einzelwesen bei seiner Geburt noch nicht vollständig ausgebildet, so dass Bildung und Entwicklung wesentlich zu seiner Existenzform gehören. Entsprechend sind auch die menschlichen Gemeinschaften, die Völker oder Nationen, niemals vollständig ausgebildet und auch auf Entwicklung ausgelegt. Die Agenten der geschichtlichen Entwicklung sind die Individuen. Deshalb sagt Jacob Burckhardt: „Das Wesen der Geschichte ist die Wandlung."

Im 19. Jahrhundert sprach man im Anschluss an die Altphilologie von den verschiedenen Nationalphilologien; sie hatten in den einzelnen Ländern nicht selten die Funktion, die nationale Identität mit einer Aura kultureller Besonderheit zu versehen. Die Nationalphilologien des 19. Jahrhunderts sind in weiten Teilen Seitentriebe der politischen Nationalismen dieser Zeit gewesen. Die Romanistik sollte schon wegen ihrer Sprachenvielfalt, so möchte man meinen, gegen nationalistische Wallungen gefeit sein; und als in Deutschland betriebene Beschäftigung mit einer fremden Sprache und Kultur sollte sie das erst recht sein. Das ist aber keineswegs immer der Fall gewesen.

Man muss sich allerdings auch grundsätzlich klar machen, dass die wissenschaftlichen Methoden der Geisteswissenschaften im Allgemeinen und der Literaturwissenschaft im Besonderen schwerlich den Objektivitätsgrad und die „Wertfreiheit“ haben, den die Naturwissenschaften für sich beanspruchen. Das hat einen Grund, der zutiefst in der Sache selbst liegt und den man sich immer wieder klar vor Augen führen muss. Es hängt damit zusammen, dass in der Literaturwissenschaft im Unterschied zu den Naturwissenschaften das Einzelding nicht einfach als Exemplar, als Beispiel einer Gattung oder Art, sondern das Einzelwerk als solches betrachtet wird. Und ich hatte bereits gesagt, dass dabei Fragen der Bedeutung und des Sinns im Spiel sind, die aber niemals eindeutig sind. Das sind sie, wie sich im weiteren Verlauf zeigen wird, aus wesentlichen Gründen nicht. Es hängt zum einen mit der sprachlichen und zum anderen mit der historischen Verfassung von literarischen Texten zusammen. Mehrdeutig sind Texte aber auch, weil Bedeutungsfragen ebenfalls niemals unabhängig vom Rezipienten, also vom Hörer oder Leser sind. Diese wesentliche Relativität und Abhängigkeit vom Rezipienten jeder geisteswissenschaftlichen Erkenntnis ist allerdings kein Freibrief für Beliebigkeit und Willkür oder für interessengeleitete und ideologische Vereinnahmung. Ideologische Borniertheit ist schon wegen der immensen Themenvielfalt in den Literaturwissenschaften nur noch partikular zu finden und verurteilt sich in den meisten Fällen selbst.

In den vergangenen vierzig Jahren ist der Literaturbegriff – zum Teil in Folge der literaturtheoretischen Revolutionen jener Jahre – radikal entgrenzt und erweitert worden. Nicht mehr nur die sogenannte Höhenkammliteratur von Corneille und Racine bis zu Proust und Beckett, von Cervantes und Calderón bis zu García Márquez und Javier Marías, von Dante und Petrarca bis zu Eugenio Montale und Italo Calvino ist heute Gegenstand der literaturwissenschaftlichen Forschung, sondern Texte aller Art: vom Zeitungsfortsetzungsroman des 19. Jahrhunderts bis zum Krimi, der Science Fiction oder Fantasy-Literatur, vom Comic Strip und dem Fotoroman bis zur Fernsehserie und dem Computerspiel. Auch das Kino ist längst ein Thema der Literaturwissenschaft geworden. Damit kommt allerdings ein Wechsel des Mediums ins Spiel, der zum Teil ganz neue Probleme und Fragestellungen aufwirft. Vom Comic bis zum Film handelt es sich um bildgestützte Künste, während die Literatur im traditionellen Sinn eine wortgestützte Kunst ist. Ich werde hin und wieder auf Filme zu sprechen kommen, dabei aber so grundlegende Fragen wie die des Verhältnisses zwischen den verschiedenen Medien, des Worts und des Bilds, kaum ansprechen. Die Filme werden lediglich, weil das Kino wohl die heute am weitesten verbreitete Kunstform ist, herangezogen, um grundlegende Fragen der Literaturwissenschaft zusätzlich zu erläutern.

Das wichtigste Hilfsmittel des Literaturwissenschaftlers ist die Bibliothek, denn das Studium ist, wie gesagt, ein Lesestudium, und man kann und will ja nicht alle Bücher selber besitzen. Die Bibliothek ist an den meisten Universitäten systematisch differenziert; es gibt die Bibliotheken der einzelnen Institute und darüber hinaus die zentrale Universitätsbibliothek. Die Bibliothek des Heidelberger Romanischen Seminars ist, da das Seminar auf eine über hundertjährige Geschichte zurückblicken kann, recht umfangreich; sie enthält über 100.000 Bände. Die Universitätsbibliothek ist ihrerseits, da die Ruperto Carola auf eine ungleich längere Geschichte von über 625 Jahren zurückblickt, um ein Beträchtliches größer.

3 Drei Romanisten

Einige Namen von Romanisten habe ich bereits erwähnt. Nun will ich sehr kurz drei große Vertreter des Faches vorstellen, die im 20. Jahrhundert die Romanistik weltweit bekannt gemacht haben. Das liegt zum einen daran, dass sie wirklich große Literaturwissenschaftler waren. Das liegt zum anderen auch an der deutschen Geschichte des 20. Jahrhunderts. In den dreißiger Jahren des letzten Jahrhunderts waren viele deutsche Menschen auf Grund der Diktatur Hitlers und des Nationalsozialismus gezwungen, das Land zu verlassen und im Ausland Asyl zu suchen. Das betraf vor allem die jüdischen Mitbürger, aber auch andere, die von dem Regime aus politischen Gründen verfolgt wurden. Zwei der drei Romanisten, die ich vorstellen werde, sind jüdische Exilanten: Erich Auerbach und Leo Spitzer; der dritte, Ernst Robert Curtius, konnte in Deutschland bleiben, hat sich aber ebenfalls fern vom Regime gehalten und eine Art inneres Exil gewählt. Abschließend werde ich den Aufsatz von Auerbach präsentieren, in dem er 1952 unter dem Titel „Philologie der Weltliteratur" einige grundlegende Fragen der Literaturwissenschaft diskutiert hat.

Ernst Robert Curtius (1886-1956) hat das gymnasiale Bildungssystem des 19. und frühen 20. Jahrhunderts durchlaufen, das nach dem 1. Weltkrieg langsam zerfiel. An humanistischen Gymnasien lernte man Latein vom ersten Jahr, also neun Jahre lang. Griechisch war die zweite Fremdsprache; und man konnte auch etwas Hebräisch lernen. Der Akzent lag also auf den alten Sprachen; die neueren Sprachen waren Konversationssprachen, die man im bürgerlichen Leben ohnehin lernen konnte. Curtius wuchs in Colmar und Straßburg auf, war also mehr oder weniger deutsch-französisch zweisprachig. Er studierte in Straßburg bei Gustav Gröber und arbeitete zunächst, wie damals üblich, zur mittelalterlichen Literatur. Aber er interessierte sich immer auch für die zeitgenössische Literatur. 1920 wurde er Professor in Marburg, und 1924 nahm er eine Professur in Heidelberg an. Ab 1929 war er dann bis zum Ende seiner Dienstzeit Professor in Bonn.

In den 1920er Jahren war Curtius einer der bedeutendsten Kritiker der damals zeitgenössischen Literatur. Er war persönlich unter anderem mit dem französischen Schriftsteller André Gide (1869-1951), dem englischen Dichter T.S. Eliot (1888-1965) und dem spanischen Philosophen José Ortega y Gasset (1883-1955) befreundet. Und er hat auch Werke von ihnen ins Deutsche übersetzt. Vor allem aber hat er kluge und erhellende Essays zur modernen Literatur geschrieben. Seine Ausführungen zum *Ulysses* (1922) von James Joyce (1882-1941) oder zu

A la recherche du temps perdu (1913-1922) von Marcel Proust (1871-1921) sind bis heute lesenswert. Sein Hauptwerk hat er während der 1930er und 1940er Jahre geschrieben: *Europäische Literatur und Lateinisches Mittelalter* (1948; [11]1993). Darin stellt er das Fortleben der antiken Literatur im lateinischen Mittelalter und in der Neuzeit dar. Er zeigt, dass bestimmte Themen von der Antike über das Mittelalter bis in unsere Zeit immer wieder aufgegriffen wurden. Es sind topische Motive; deshalb nennt man diese Art der Forschung auch die Toposforschung. Es handelt sich dabei um Motive wie das Schiff als Allegorie des Staates und der Kirche. die Welt als Theater und das Leben als Rolle oder eben die Figur des Odysseus, die von Homer bis Joyce aufgegriffen wurde. Das Buch versucht also, die Geschichte der abendländischen Literatur in ihren topischen Figuren darzustellen.

Leo Spitzer (1887-1960) wurde in Wien als Sohn einer jüdischen Familie geboren, er ist dort zur Schule gegangen und hat dort auch studiert. Er war ab 1925 Professor in Marburg und ab 1930 in Köln. 1933 wurde er auf Grund des nationalsozialistischen Gesetzes zur „Wiederherstellung des Berufsbeamtentums", des damals sogenannten Arierparagraphen, wegen seiner jüdischen Herkunft seines Amtes enthoben. Er konnte in die Türkei emigrieren und lehrte an der Universität Istanbul, wo er ein Institut für Europäische Philologie aufbaute. Die Türkei war nach den Reformen von Kemal Atatürk (1881-1938) ein moderner und säkularer Verfassungsstaat, der von den Nationalsozialisten verfolgten Flüchtlingen aus Mitteleuropa Asyl bot.

Spitzer ging 1936 in die USA und erhielt an der Johns Hopkins University in Baltimore eine Professur für Romanistik. Er beherrschte ein Dutzend Sprachen und überblickte ebenfalls den gesamten Raum der abendländischen Literatur- und Kulturgeschichte. Er war von Haus aus eher linguistisch orientiert und hat, in der Nachfolge seines Lehrers Karl Vossler (1872-1949), eine faszinierende Methode entwickelt, Sprachgeschichte als Kulturgeschichte zu betreiben. 1963 wurde aus seinem Nachlass eine Studie publiziert, die dafür ein gutes Beispiel gibt und ähnlich groß angegt ist wie das Buch von Curtius: *Classical and Christian Ideas of World Harmony. Prolegomena to an Interpretation of the Word „Stimmung"*. Er versucht darin eine bestimmte Vorstellung von Welt – dass sie ein harmonisches Gebilde ist – aufzuzeigen und die Geschichte dieser Vorstellung von der Antike über das Mittelalter bis in die Neuzeit nachzuzeichnen. Wenn nach der Katastrophe des großen Kriegs, der Nazi-Diktatur und der Vernichtung der europäischen Juden in den Konzentrationslagern ein österreichisch-deutscher Jude, der dieser Vernichtung entgangen ist, im Exil ein Buch über die Idee der Weltharmonie schreibt, ist das schon bemerkenswert.

Erich Auerbach (1892-1957) entstammte ebenfalls einer jüdischen Familie. Er wurde in Berlin geboren und hat dort das Französische Gymnasium besucht, war also auch mehr oder weniger zweisprachig. Er hat zunächst Jura in Heidelberg studiert. Nach dem Ersten Weltkrieg, in dem er schwer verwundet wurde, hat er dann noch Romanistik studiert. Er hat sich bei Leo Spitzer in Marburg habilitiert und wurde 1929, als dieser nach Köln ging, sein Nachfolger. 1935 wurde Auerbach ebenfalls auf Grund des nationalsozialistischen Gesetzes zur „Wiederherstellung des Berufsbeamtentums“ und der „Nürnberger Rassegesetze“ seines Amts enthoben. Er konnte Deutschland verlassen und emigrierte mit seiner Familie nach Istanbul. Dort konnte er ab 1936 wiederum die Nachfolge von Leo Spitzer als Professor für europäische Philologie an der Universität Istanbul antreten. Dort schrieb er sein Hauptwerk *Mimesis. Dargestellte Wirklichkeit in der abendländischen Literatur* (1946; [11]2015). Das Buch ist in über zwanzig Sprachen übersetzt worden. 1947 ging Auerbach in die USA, zunächst an die Pennsylvania State University: 1950 erhielt er einen Ruf auf den Lehrstuhl für romanische Philologie an der Yale University, wo er bis zu seinem Tod 1957 blieb. Sein Buch *Mimesis* besteht aus einer Reihe von Aufsätzen, die ebenfalls die Gesamtheit der europäischen Literaturgeschichte umfassen: von der griechischen, römischen und jüdischen Antike bis zur zeitgenössischen Literatur des 20. Jahrhunderts. Spitzer und Auerbach waren beide an der Entstehung des Fachs Vergleichende Literaturwissenschaft / Komparatistik in den USA beteiligt.

Die drei genannten Hauptwerke dieser drei Romanisten sind jeweils ganz unterschiedliche Bücher; aber sie versuchen doch jedes auf eigene Weise das Ganze der europäischen Geschichte an ausgewählten Beispielen darzustellen. Und sie tun das nach dem Zivilisationsbruch, den die Nazi-Diktatur, zumal die Vernichtung der europäischen Juden durch die Deutschen verursacht hat. Die Bücher sind gewissermaßen Archen im Angesicht der historischen Katastrophe. Sie retten nicht, wie Noah auf Gottes Gebot „die Wesen aus Fleisch“ (Gen 6,19), um das natürliche Leben nach der Katastrophe fortsetzen zu können, vielmehr retten sie aus eigenem Antrieb die Wesen des Geistes, um nach dem Zivilisationsbruch das geistige Leben weiterführen zu können.

In seinem Aufsatz „Philologie der Weltliteratur“ (1952) stellt Auerbach eine grundlegende Reflexion über den Sinn von Literatur und Literaturwissenschaft allgemein dar. Die Überlegungen bilden zugleich eine Überleitung zum ersten theoretischen Block dieser Einführung: zur Hermeneutik. Auerbach beginnt mit einer elementaren Überlegung. Es gibt etwas, das allen Menschen gemein ist. Das ist es aber nicht als ein einfach Gemeinsames, sondern als das Menschliche, das aus einer „wechselseitigen Befruchtung des Mannigfaltigen“ entsteht. Es ist also ein Gemeinsames, das aus dem Verschiedenen und im Austausch zwischen diesem Verschiedenen entsteht. Es ist ein Gemeinsames im Unterschied und doch bei allem Unterschied ein Gemeinsames. Das Auseinanderfallen der Menschheit in verschiedene Kulturräume ist die Bedingung für diese Vielfalt der Kulturen. Wenn er von der *felix culpa*, der glücklichen Schuld redet, erinnert er an die christliche Idee, dass der Sündenfall Adams und Evas zwar den Verlust des Paradieses nach sich gezogen, dadurch aber den größeren Gewinn ermöglicht hat, dass der Sohn Gottes Mensch geworden ist und so die Welt erlöst hat. Aus dem ersten Übel ist nachträglich ein größeres Gut entstanden. Auerbach erinnert hier an den anderen Sündenfall, von dem die Bibel berichtet, an den Turmbau zu

Babel, mit dem die Menschen ein Gebäude bis zum Himmel, also quasi einen Wolkenkratzer errichten wollten und dafür von Gott mit der Verwirrung der Sprachen belegt wurden. Die vormals einheitliche Sprache aller Menschen wurde zu vielen verschiedenen Sprachen, und diese Sprachenvielfalt war zunächst eine Strafe für die Schuld des Turmbaus, die aber, so Auerbach, als *felix culpa* die Vielfalt der Kulturen ermöglicht und so ihrerseits wiederum die unterschiedliche Entwicklung der Menschheit bewirkt hat. Und diese verschiedenen Kulturräume können sich gegenseitig befruchten. Höhere Kultur, so lernt man hier, entsteht gerade nicht, indem man starr auf dem Eigenen besteht und es bewahren will, sondern indem das Eigene mit dem Fremden in Austausch tritt. Man erkennt sofort, dass die Fremdsprachenphilologien ein gutes Feld sind, um solche Gedanken zu entwickeln. Auerbach selbst stellt diese Überlegungen vor dem Hintergrund der völkisch-identitären Haltung der NS-Deutschen damals an, die ihn als „Fremden" vertrieben hatten.

Der nächste Gedanke ist, dass diese Vielfalt unter den Bedingungen der Moderne oder der Globalisierung, so kann man mit einem Begriff unserer Tage sagen, durch eine zunehmende Standardisierung aufgehoben wird. Auerbach erklärt das historisch. Die Kolonisierung der Welt durch die europäische Zivilisation in den vergangenen 500 Jahren hat zunächst den Austausch möglich gemacht. Zugleich hat die Kolonisierung aber auch die europäische Kultur überall verbreitet, so dass heute das ehemals Verschiedene immer mehr vereinheitlicht und standardisiert wird. Symptomatisch dafür ist, wie sehr sich inzwischen die Innenstädte in aller Welt gleichen: die gleichen Restaurant- und Café-Ketten, die gleichen Boutiquen, die gleiche Musik in den Clubs und Diskotheken, die gleichen Filme in den Kinos und so auch die gleichen Menschen. So gibt es, Auerbach hat das bereits 1952 diagnostiziert, „auf einer einheitlich organisierten Erde nur eine einzige literarische Kultur". Ob auch die Sprachen wirklich weniger werden und bald nur noch eine übrig bleibt, darf man bezweifeln. Aber es wird in den verschiedenen Sprachen überall auf der Welt das Gleiche gedacht und gesagt. Die verschiedenen Sprachen bewirken nicht mehr verschiedene Kulturen. Das ist eine sonderbare Dialektik. Der zunehmende Austausch zwischen den Kulturen befruchtet sie gegenseitig, macht sie dadurch aber auch zunehmend einheitlicher. Das Internet ist gewiss ein Medium, das diese Entwicklung beschleunigt, zumal, wenn es, wie es derzeit der Fall ist, von wenigen privaten Betreibern mit sehr eigenen und weitgehend gleichen Interessen organisiert wird.

Die Philologien haben Methoden eines angemessenen Umgangs mit der Vielfalt entwickelt und so diese Vielfalt überhaupt erst wahrhaft fruchtbar gemacht. Als historische Disziplinen zeigen sie die Unterschiede der Kulturen zu verschiedenen Zeiten auf. In der heidnischen und jüdischen Antike hat man anders gedacht als im christlichen Mittelalter oder in der nachchristlichen Moderne. Und als Fremdsprachenphilologien zeigen sie die Unterschiede der Kulturen im Raum der verschiedenen Weltgegenden auf. So machen sie die „innere Geschichte der Menschheit" erkennbar und bilden eine „in ihrer Vielfalt einheitliche Vorstellung vom Menschen“ aus. Das ist die „eigentliche Absicht der Philologie“; sie hat die Grundlage gebildet für die anderen historisch orientierten Wissenschaften: Kunstgeschichte, Rechtsgeschichte, Völkerkunde.

Eine weitere Frage, die Auerbach stellt, betrifft die Universität und das Studium beispielsweise der Romanistik unmittelbar. Ist es unter den veränderten Bedingungen der globalisierten Welt noch sinnvoll, diese Tätigkeit des Philologen weiterhin auszuüben? Die Tatsache, dass die Fächer noch zum akademischen Kanon gehören, ist keine Antwort. Die Konsequenzen von historischen Zäsuren werden erst nach und nach spürbar. Aber Auerbach verweist auf eine empirische Erfahrung und führt die „leidenschaftliche Neigung“ an, die „eine zwar geringe, aber durch Begabung und Originalität ausgezeichnete Anzahl junger Leute zur philologisch-geistesgeschichtlichen Tätigkeit treibt“. Das lässt ihn hoffen, „dass ihr Instinkt sie nicht betrügt und dass diese Tätigkeit auch jetzt noch Sinn und Zukunft hat“. Das ist wirklich eine Hoffnung im starken Sinn, für deren Erfüllung es keine Garantie gibt. Die philologische Tätigkeit bleibt auch in Zukunft sinnvoll, wenn es junge Leute gibt, die sie mit Leidenschaft und Begabung weiterhin betreiben und so die Fächer weiterführen. Das ist aber nicht einfach ein reiner Selbstzweck, der darin läge, etwas zu bewahren, weil es nun einmal da ist. Es geht um die „innere Geschichte der Menschheit“ und die „in ihrer Vielfalt einheitliche Vorstellung vom Menschen“. Das Fortbestehen der philologischen und allgemein historischen Disziplinen ist die Bedingung für eine anspruchsvolle Form der menschlichen Zivilisation, die sich ihrer eigenen Geschichtlichkeit und kulturellen Vielfalt bewusst ist und sie weiter überliefert. Die Sache der Menschheit ist offen; und sie hängt an den ‚durch Begabung und Originalität ausgezeichneten jungen Leuten‘.

Die Wissenschaft als methodische Erforschung der Welt ist, so Auerbach, der Mythos der Moderne. Die Geisteswissenschaften unterscheiden sich von den Naturwissenschaften dadurch, dass sie historische Disziplinen sind. Für einen Physiker oder Chemiker, einen Ingenieur oder Arzt ist die Geschichte des Fachs nicht wichtig. Es reicht, wenn er immer auf dem neuesten Stand der Forschung ist. Für die Geisteswissenschaften ist aber die gesamte Geschichte der Menschheit ihr Gegenstand. Die Geschichte ist das, was den Menschen zum Menschen macht. Sie bildet uns „am eindringlichsten zum Bewusstsein unserer selbst“, weil in ihrer Geschichte die Menschen „im Ganzen“, also als Menschheit erkennbar werden. „Die innere Geschichte der letzten Jahrtausende [...] ist die Geschichte der zum Selbstausdruck gelangten Menschheit. Sie enthält die Dokumente des gewaltigen und abenteuerlichen Vorstoßes der Menschen zum Bewusstsein ihrer Lage und zur Aktualisierung der ihnen gegebenen Möglichkeiten.“

Die Geschichte eröffnet „den Reichtum an Spannungen, deren unser Wesen fähig ist“. Die historischen Disziplinen ermöglichen uns, die Vielfalt der Kulturen, die sich im Laufe der Zeit entwickelt haben, wahrzunehmen und in ihrer Verschiedenheit zu erkennen. Auerbach nennt das „ein Schauspiel, dessen Fülle und Tiefe alle Kräfte des Beschauers in Bewegung setzt. [...] Der Verlust des

Blickes auf dieses Schauspiel – welches, um zu erscheinen, vorgestellt und interpretiert werden muss – wäre eine Verarmung, für die nichts entschädigen könnte." Diese Verarmung würde jedoch nur von denen empfunden, die noch ein Bewusstsein von der Existenz dieses Schauspiels haben. Das ist erneut eine sonderbare Dialektik. Die Geschichte ist der ‚Selbstausdruck der Menschheit'; das ist sie aber nur, sofern sie überliefert wird, also immer wieder neu in Erinnerung gehalten wird, indem sie „vorgestellt und interpretiert" wird. Wenn dieser Faden der Überlieferung abreißt, verschwindet die Geschichte im Vergessen. Aber die nachfolgende Menschheit wird das gar nicht mehr als Verarmung wahrnehmen, da sie nichts mehr davon weiß. Gleichwohl bleibt das objektiv eine Verarmung. Die Aufgabe der Philologie ist es, diese wesentliche Geschichtlichkeit des Menschen zu bewahren. „Was wir sind, das wurden wir in unserer Geschichte, wir können nur in ihr es bleiben und entfalten; dies so zu zeigen, dass es eindringt und unvergessbar wird, ist die Aufgabe der Weltphilologen unserer Zeit."

Für die Überlieferung von naturwissenschaftlichen Kenntnissen und technologischem Wissen ist diese Aufgabe unmittelbar plausibel. Die wissenschaftlichen und technischen Grundlagen der zeitgenössischen Zivilisation sind so komplex, dass sie ohne eine solche Überlieferung zusammenbräche. Kaum jemand wäre im Stande, den gewaltigen Maschinenpark, der das Alltagsleben strukturiert und trägt, auch nur zu warten, geschweige denn zu reproduzieren. Und die elementaren Kulturtechniken diesseits der technisch-industriellen Revolution – Ackerbau, Handwerk oder Feuermachen – sind längst unbekannt geworden. Mit Auerbachs Diagnose von 1952 ist dann die Frage, warum die Überlieferung der geistigen Welt, die das Alltagsleben ebenfalls strukturiert und trägt, nicht mehr im gleichen Maß plausibel ist. Was wird aus der Menschheit, wenn die geistige Nahrung zu intellektuellem *junk food* wird?

Dabei geht es nicht um unmittelbaren Nutzen, den die Philologien haben könnten. Zu glauben, philologische Kenntnisse würden zur Völkerverständigung oder Zivilisierung beitragen, ist illusorisch. Kunst und Literatur haben „wenig Wirkung" auf „Gesittung und Versöhnung". Im „Sturm der Interessengegensätze", so umschreibt er diskret die damals jüngste Vergangenheit, „zerstäuben ihre Ergebnisse augenblicklich"; man konnte tagsüber beflissen in einem KZ an der Tötung der Juden mitwirken und „nach Feierabend" ergriffen Mozart hören. Gleichwohl ist Auerbach überzeugt, dass die Geschichte als Überlieferung dieser Kultur der Träger anspruchsvollen Menschseins ist. Die Aufgabe der Philologie ist diese Überlieferung. „Welche Wirkung ein solches Bestreben auf lange Sicht ausüben kann, darüber lässt sich nicht einmal fruchtbar spekulieren." Man kann eben nur hoffen, dass es eine Wirkung hat.

Im nächsten Schritt macht Auerbach ein objektives Problem deutlich. In den letzten zweihundert Jahren ist die Materialfülle immer größer geworden. Wir haben heute Dokumente aus über sechstausend Jahren und aus über fünfzig Schriftkulturen. Das ist schlechterdings nicht mehr überschaubar. Zumal es nicht reicht, sich nur mit der Literatur einer Epoche oder Kultur zu befassen. Man muss, um diese angemessen zu verstehen, auch die Kontexte kennen: Philosophie, Religion, Kunst, Musik, Politik, Wirtschaft. Das bewirkt eine zunehmende Spezialisierung. Für den europäischen Kulturraum gab es damals,1952, noch einige, die den Überblick hatten, weil sie das Gymnasium des späten 19. Jahrhunderts durchlaufen und früh einen weiten Horizont mit gründlichem Wissen erworben hatten, auf das sie aufbauen konnten. Heute ist diese humanistische Kultur mit Griechisch und Latein sowie neueren Sprachen, mit soliden Kenntnissen der antiken Mythologie und der jüdisch-christlichen Bibel, den Hauptwerken der Literatur, Kunst und Musik, der habituellen Kenntnis der politischen Geschichte von den orientalischen Reichen bis heute, so muss man mit Auerbach sagen, „überall zusammengebrochen".

Die entscheidende Frage ist nun, wie angesichts dieser ungeheuren Fülle von Dokumenten mehr als nur das Sammeln möglich sein soll. Die Frage ist, wie in dieser Fülle Synthesen möglich sind. Gemeint ist damit, wie man zu sinnvollen Erkenntnissen über historische Zusammenhänge und Entwicklungen kommen kann, ohne sich in der Menge des Materials zu verlieren. Die ungeheure Masse an Informationen, die im Internet heute zur Verfügung steht, zeigt dieses Problem noch drastischer. Die Naturwissenschaftler sind seit langem, angesichts der Komplexität ihrer Problemfelder, zu Gruppenarbeit übergegangen. Man kann aufwendige Reihen von Experimenten von verschiedenen Personen parallel durchführen lassen und am Ende dann die Ergebnisse zusammenfassen. Das ist für Geisteswissenschaftler nicht möglich. Die Lektüre von Texten kann man nicht delegieren. Wenn man etwas verstehen will, muss man schon selber lesen. Aber man kann nun mal nicht alles lesen.

Im 17. Jahrhundert in Spanien sind weit über zehntausend Stücke geschrieben worden. Wenn jemand eine Studie über das barocke Theater in Spanien machen wollte, könnte er also keineswegs alle Stücke selbst und dazu noch die inzwischen höchst umfangreiche Forschungsliteratur zu Lope de Vega, Calderón de la Barca, Tirso de Molina und all den anderen lesen. Und das wäre auch gar nicht sinnvoll, meint Auerbach, denn das „enzyklopädische Sammeln" ist zwar notwendig, um die Texte zur Verfügung zu haben. Aber der wissenschaftliche Geist und der historische Sinn müssen zu einer Synthese kommen; sonst gibt es keine historische und literarische Erkenntnis.

Auerbach schlägt eine Lösung vor, die er einerseits aus der Erfahrung eigener Forschung gewonnen haben wird, die aber andererseits selbst wiederum methodisch zu begründen und deshalb nicht nur eine persönliche Meinung ist. Historische Forschung muss große Mengen von Texten verarbeiten, aber sie ist dabei angewiesen auf etwas, das Auerbach „persönliche Intuition" nennt. Und die kann es nur bei Einzelmenschen geben. Sie besteht darin, einen Ansatzpunkt zu finden, um in der Masse des Materials etwas zu erkennen. Als Beispiel führt er *Europäische Literatur und Lateinischs Mittelalter* von Curtius an. Der Wunsch, das Nachwirken der Antike in der europäischen Literatur des Mittelalters und der Neuzeit darzustellen, ist nicht zu erfüllen, da die Vielfalt und Menge der Texte zu groß wäre. Der besondere Ansatzpunkt von Curtius war, dieses Nachwirken an Hand der Rhetorik und besonders der Topik als eines Moments der Rhetorik aufzuzeigen. Erst ein solches klar definiertes Moment – die Topik aus der Tradition der Rhetorik – macht es möglich, eine historische Entwicklung sinnvoll nachzuzeichnen. Das ergibt das „methodische Prinzip“ der erkennenden Beschäftigung mit historischen Phänomenen. „Für die Durchführung einer großen synthetischen Absicht ist zunächst ein Ansatz zu finden, eine Handhabe gleichsam, die es gestattet, den Gegenstand anzugreifen.“ Mit einem solchen besonderen Ansatz, einer Fragestellung oder einem Problem, kann man das Material verstehend erschließen; und die auf diese Weise gewonnene Erkenntnis hat dann wiederum „Strahlkraft“ für die Erkenntnis anderer Phänomene und Zusammenhänge.

Für Leo Spitzers große Studie war die Frage der Weltharmonie die leitende Idee. Für Auerbach selbst war die Frage der Mimesis, der nachahmenden Darstellung der Wirklichkeit der leitende Ansatz. Mimesis, Nachahmung ist eines der leitenden Konzepte der theoretischen Erfassung von Kunst allgemein und Literatur besonders. Es geht dabei um das Verhältnis von Wirklichkeit und Darstellung im Modus der Nachahmung. Was es mit der Nachahmung der Wirklichkeit in der Literatur auf sich hat, wird im Folgenden noch genauer behandelt werden. Das Gedicht von Jacques Prévert hat diese Frage bereits vorbereitet.

Das scheinbar Willkürlich einer „persönlichen Intuition“ wird so als ein notwendiges und wesentliches Moment von Verstehen und Erkenntnis überhaupt deutlich. Es geht um eine systematische Lektüre einerseits und um einen individuellen und intuitiven Zugang andererseits, der selbst nicht systematisierbar ist, aber doch die Bedingung für die synthetische Erkenntnis ist. Diese sonderbare Verfassung von Verstehen und Denken hat die Hermeneutik methodisch erschlossen und als das Problem des hermeneutischen Zirkels dargestellt. Ich werde darauf im Zusammenhang der Ausführungen zur Hermeneutik zurückkommen. Friedrich Schleiermacher (1768-1834), der Begründer der modernen Hermeneutik, hat dieses Moment einer „persönlichen Intuition“ den „Keimentschluss“ genannt, von dem das Verstehen ausgeht.

Man kann Auerbachs elementaren Gedanken dergestalt zusammenfassen, dass nicht allgemeine Fragen – Was ist Barock? Was ist Romantik? Was ist Realismus? etc. – für ein verstehendes Erkennen ausschlaggebend sind, sondern der Ausgang von eigenen, ganz konkreten Lektüreerfahrungen und daraus hervorgehenden Fragen, von denen aus sich allgemeine Zusammenhänge „gleichsam aufrollen“. In dem Kommentar zu Baudelaires *Correspondances* war der besondere Ansatz die Frage nach der Sprache der Natur. Sie kann die Strahlkraft entwickeln, das Gedicht zu verstehen. Und dann erschließt sich auch ein guter Teil der anderen Gedichte Baudelaires und weiter der französischen Dichtung des 19. Jahrhunderts und schließlich der modernen Dichtung überhaupt. Oder es kann die Frage sein, warum der virtuelle Raum der Informationsspeicherung als Internet, als Netz bezeichnet wird. Das kann zur Metapher des Textes und ihrer langen Geschichte führen und weiter noch zu allgemeinen Fragen nach dem metaphorischen Gebrauch der Sprache überhaupt. So kann eine partikulare Intuition – hier stellt sich mir eine Frage, hier zeigt sich ein Problem – „ausstrahlen", so dass von ihr ausgehend sich die ganze Weltgeschichte erschließen kann.

Das ist der Sinn von Weltliteratur im Sinne Auerbachs: das Ganze aus den vielen Einzelliteraturen und ihren Einzelwerken zu synthetisieren und so die Menschheit in ihrem „Selbstausdruck" zu verstehen, also zu verstehen, was wir Menschen eigentlich sind und wozu wir auf der Erde sind. Denn unsere „philologische Heimat ist die Erde", so sagt er abschließend mit einigem Pathos, das aber auch heute wieder bedeutsam wird. Die Nationen, das Nationale und die Nationalliteraturen sind am Ende nur um willen der Weltliteratur insgesamt und der Menschheit als Ganzer da. Der Geist ist nicht national. Zwar ist die Muttersprache und die Kultur des Vaterlands als geistiges Erbe eine wichtige Grundlage für ein anspruchsvolles geistiges Leben; „doch erst in der Trennung, in der Überwindung wird es wirksam", so fasst Auerbach seine Exilerfahrung zusammen. Aber das Studium einer fremden Sprache kann ebenfalls die Möglichkeit zu einer solchen Erfahrung der Fremdheit bieten. Man muss sie nur machen wollen.

II Hermeneutik

1 Theorie

Hermeneutik ist eine Theorie und Methode der Interpretation und Auslegung von Texten. Weil es bei der Deutung von Texten darum geht zu verstehen, wovon der Text handelt, ist die Hermeneutik ganz allgemein eine Theorie des Verstehens. Ein Text ist ein sprachlich verfasster Vorgang im allerweitesten Sinn. Er kann mündlich oder schriftlich verfasst, in einem privaten oder öffentlichen Rahmen entstanden sein. In den meisten Fällen hat ein solcher Text einen Adressaten; man spricht mit jemandem oder schreibt an jemanden. Das kann ein einfaches Gespräch in einer alltäglichen Situation oder ein Anruf bei einer Behörde sein, das kann ein Brief an eine befreundete Person oder eine Bewerbung um einen Arbeitsplatz sein. Das kann eine private Mitteilung, eine öffentliche Nachricht oder ein Gesetzestext, aber auch ein Filmdialog, ein Theaterstück oder ein Roman sein. Doch auch wenn wir nicht mit anderen sprechen, verhalten wir uns sprachlich. Die Praxis, laut mit sich selbst zu sprechen, scheint sehr verbreitet zu sein, und wenn wir denken, tun wir das in sprachlicher Form. Hier ist der Adressat nicht eine andere Person, sondern man selbst. Man verhält sich denkend oder innerlich sprechend zu sich selbst als zu einem anderen.

Was es für dieses Selbst und die Verfassung des Ich und der Identität bedeutet, dass sie offenbar zutiefst sprachlich geprägt sind, ist hier nicht weiter zu verfolgen. Die Fragen führen in den problematischen Bereich der Erkenntnis, die der junge Arthur Rimbaud (1854-1891) in einem berühmten Brief vom 15. Mai 1871 formuliert hat: „Car JE est un autre. – Denn ICH ist ein anderer. Wenn das Blech als Trompete erwacht, so ist es nicht seine Schuld: das ist für mich erwiesen. Ich bin bei der Entfaltung meines Gedankens nur zugegen: ich betrachte ihn, ich höre ihn; ich tue einen Bogenstrich: die Symphonie wogt in den Tiefen, oder sie springt mit einem Satz auf die Bühne." Zuvor hatte Heinrich von Kleist (1777-1811) in dem Aufsatz „Über die allmähliche Verfertigung der Gedanken beim Reden" ebenfalls auf diese sonderbare Konsequenz hingewiesen, die sich ergibt, wenn man berücksichtigt, dass das Denken und das Ich sprachlich verfasst sind. „Denn nicht wir wissen, es ist allererst ein gewisser Zustand unsrer, welcher weiß."

Wenn die Sprache eine derart elementare Rolle im Leben der Menschen spielt, ist es naheliegend, sich zu fragen, wie wir mit ihr umgehen. Gibt es Regeln und Methoden für den Umgang mit Texten? Die Forderung nach Regeln hat ihren Grund darin, ein zwischenmenschliches Verhalten gegen Beliebigkeit und Willkür abzusichern. Nun kann man sich fragen, was beim Umgang mit sprachlichen Erzeugnissen problematisch sein könnte. Wir sprechen oder schreiben in allen Situationen des Lebens und wir tun das scheinbar ganz selbstverständlich und wie von selbst. Da ist nichts problematisch. Aber wenn ich noch einmal die erwähnten Sprechsituationen in Erinnerung rufe – privates Gespräch, Gespräch mit einer Behörde oder einem Arbeitgeber, Mitteilung, Nachricht oder Gesetzestext, Film, Drama oder Roman –, wird sofort deutlich, dass es in allen diesen Situationen vielleicht doch nicht gleich selbstverständlich ist, wie wir uns in ihnen sprachlich verhalten und wie wir mit ihnen umgehen. Und bei manchen dieser Situationen kann es sehr wohl Probleme geben.

Was kann da problematisch sein? Wie kann man dieses Problemfeld begrifflich fassen? Problematisch im Umgang mit sprachlichen Vorgängen ist das Verstehen. Und für das Verstehen gilt, nach einer Formulierung von Friedrich Schleiermacher (1768-1834), dass es „sich nicht von selbst versteht". Für alltagssprachliche Situationen mag das paradox klingen, aber bei Behördentexten, Gesetzen oder Gebrauchsanweisungen für Maschinen leuchtet das jedem ein. Und bei Texten in einer fremden Sprache wird das Problem noch drängender.

Die nächste Frage ist, warum das Verstehen von sprachlichen Vorgängen problematisch sein kann – und womöglich immer ist. Was bedeutet der Begriff des Verstehens? Man will etwas verstehen, das man nicht versteht, das sich nicht von selbst versteht, also nicht selbstverständlich ist. Der Begriff des Verstehens impliziert ein Anderes oder Fremdes; verstanden werden soll Fremdes. Wenn etwas absolut fremd ist, ist es vermutlich auch absolut unverstehbar. Wenn etwas vollständig bekannt ist, ist es selbstverständlich. In beiden Fällen, sollte es sie geben, ist Verstehen nicht erforderlich. Im ersten Fall ist es unmöglich, im zweiten Fall ist es unnötig. Verstehensprozesse finden folglich in einem Mittelfeld von teils Fremdem, teils Bekanntem statt. Hermeneutik ist die Disziplin, die sich mit solchen Fragen des Verstehens beschäftigt. Ich werde nun nicht einzelne technische und methodische Regeln eines hermeneutischen Zugangs zu Texten vorstellen, sondern allgemeine Fragen nach dem Verstehenscharakter von sprachlichen Verhältnissen überhaupt behandeln.

Gesagt hatte ich schon, dass die meisten Situationen des menschlichen Lebens sprachlichen Charakter haben. Die Philosophen haben seit der Antike als spezifische Bestimmung des Menschen seine Fähigkeit zu sprechen angeführt; er ist *zoon logon echon*, *animal rationale* – *sprechendes und denkendes Lebewesen*. Wir unterscheiden uns von Tieren und Pflanzen dadurch, dass wir sprechen und dass unser Verhältnis zur Welt und zu anderen Menschen wesentlich durch die Sprache gebildet wird. Was bedeutet es aber, dass wir sprachlich verfasste Wesen sind? Eine Folge unserer sprachlichen Verfassung ist, dass wir verstehend oder missverstehend oder auch nicht verstehend mit Sprache und so miteinander und mit der Welt umgehen. Was bedeutet dabei Verstehen? Eine begriffliche Differenzierung ist für die Antwort hilfreich. Verstehen ist ein Verhältnis zu anderen Menschen, also eine Form der Kommunikation; aber es ist nicht die einzige Form der Kommunikation. Wir können vor Freude lachen oder vor Leid weinen, vor Glück jubeln oder vor Schmerz brüllen. Das sind Formen der Äußerung, die an einen anderen Menschen gerichtet sein können, die aber eher nicht darauf zielen, verstanden zu werden – und vielleicht auch gar nicht verstehbar sind, wenn Verstehen an Sprache gebunden ist. Und sie sind wohl auch nicht nur an einen anderen Menschen gerichtet, sondern zuerst und vor allem Ausdruck eines jeweils individuellen Gefühls, das aber doch auch anderen mitgeteilt und so mit ihnen geteilt werden kann. Was dabei vor sich geht, wenn wir zusammen lachen oder weinen, ist nur begrenzt in Sprache zu übersetzen; es ist aber sehr wohl ein zwischenmenschliches Verhalten, also eine Form der Kommunikation. Verstehen und Kommunikation sind also nicht notwendig identisch.

Wie kann man das Verstehen begrifflich genauer fassen? Verstehen ist die Form des Verhältnisses zu einer fremden Sprachäußerung, deren Bedeutung nicht bekannt ist. Es vollzieht sich als Deutung oder Auslegung der fremden Äußerung, die so im Idealfall verständlich gemacht wird. Sie wird von Unverstandenem in Verstandenes überführt. Im Normalfall dürfte es eher so sein, dass lediglich das Nichtverstehen mehr oder weniger eingegrenzt wird. Die Hermeneutik als Lehre des Verstehens ist deshalb nicht nur auf Texte und Sprechsituationen im engeren Sinn bezogen. Sofern alle menschlichen Verhaltensweisen und Verhältnisse irgendwie mit Bedeutung ausgestattet sind, wird Hermeneutik zur allgemeinen Theorie von menschlichem Verhalten. Ich werde darauf im Zusammenhang mit Clifford Geertz zurückkommen.

Ein Beispiel für ein nicht im engeren Sinne sprachlich verfasstes, aber hermeneutisch relevantes Phänomen ist die Bedeutung von Farben, zum Beispiel der Farbe Weiß. Sie ist in einem vestimentären Kode, in Fragen der Kleidung bedeutsam. In Europa impliziert sie Freude, Festlichkeit, Unschuld; in Asien ist sie die Farbe der Trauerkleidung und hat folglich andere und ganz entgegengesetzte Bedeutung. Im rassischen Kode ist sie für die Unterscheidung zwischen Schwarzen und Weißen von großer Bedeutung; ein Weißer oder ein Farbiger zu sein hat vom 17.-20. Jahrhundert und bis heute jeweils eine andere Bedeutung. Das gilt nicht nur historisch, sondern auch geographisch. Die nigerianische Autorin Chamamanda Ngozi Adichie (*1977) lässt in ihrem Roman *Americanah* (2013) eine Figur sagen: I only became black when I came to America. Schließlich ist auch im physikalischen Kode die Farbe Weiß nicht eindeutig. Goethe hat gegen Newtons Konzeption der Spektralfarben seine Farbenlehre entwickelt. Sie ist bis heute weitgehend ein Sonderweg geblieben. Sie zeigt aber, dass auch in dem scheinbar so eindeutigen Feld wie dem der wissenschaftlichen Erkenntnis die Dinge nicht so eindeutig sind, wie gern behauptet wird. Und es gibt heute Physiker, die angefangen haben, die Farbenlehre Goethes ernst zu nehmen. Die angeführten Unterschiede in der Bedeutung von Weiß zeigen, dass Bedeutungen nicht ein für alle Mal feststehen. Sie sind kulturabhängig, zeitabhängig und kontextabhängig.

Das griechische Wortfeld des Verbums *hermeneuein*, dem das Wort Hermeneutik entstammt, hat die Bedeutung von ausdrücken, aussagen, sprechen; auslegen, deuten, erklären; auch übersetzen, dolmetschen. Vielleicht kann man übersetzen als umfassende Bedeutung nehmen. Sprechen und Verstehen, Aussagen und Deuten sind zuletzt Vorgänge des Übersetzens: von innen nach außen, von der Seele, dem Geist in den Mund und von einem Menschen zu einem anderen über-setzen. Eine Bedeutung entsteht im Geist, wird in Worte und Sätze übertragen, die dann ausgesprochen und vom anderen, dem Hörer, aufgenommen und verstanden und so wieder in Sinn übersetzt und in den Geist überführt werden. Der Sprecher ist ein Sender, der Hörer ist ein Empfänger. Die moderne Anthropologie spricht an der Stelle von Seele und Geist lieber vom Gehirn und dessen Synapsen.

Eine mythische Erklärung des Namens Hermeneutik leitet ihn von dem griechischen Gott Hermes ab. Er war der Bote zwischen den Göttern und Menschen; er übermittelte die Botschaften der Götter und erklärte sie den Menschen, indem er sie in deren Sprache übersetzte. Diese ingeniöse Etymologie bettet die Hermeneutik in ein religiöses Feld ein, gibt ihr eine sakrale Dimension; sie ist Vermittlung zwischen der göttlichen und der menschlichen Sphäre. In der christlichen Kultur sind die Engel solche Götterboten. Das Wort Engel stammt vom griechischen *angelos – Bote* ab; das Evangelium ist die gute Botschaft. Und hier sind Fragen des Verstehens von großem Belang. Die Götter sind im Verhältnis zu den Menschen wirklich Fremde; und wenn ihre Botschaften für die Menschen besonders wichtig sind, ist die Frage des Verstehens in diesem Feld besonders bedeutsam. Die Hermeneutik hat also im Feld der Religion ein vorzügliches Feld der Betätigung.

Seit der Antike sind auch die Dichter solche Boten. Ein Dichter ist jemand, der seine Dichtungen nicht aus sich selbst schöpft, sondern der von den Musen animiert ist, der von göttlicher *mania* befallen und enthusiastisch ist, über den der Geist gekommen ist; er ist „begeistert“ und „inspiriert“. Das ist die Erfahrung, die auch der junge Rimbaud gemacht und in seinem Satz ausgedrückt hat: „ICH ist ein anderer.“ So einer ist auch ein Götterbote, der den Menschen Botschaften aus einer anderen Welt und von den Göttern bringt. Der Dichter ist in diesem Verständnis ein Bote, Übermittler oder Medium und nicht, wie in der Moderne, ein Schöpfer und Originalgenie. Die Hermeneutik hat also auch in der Dichtung eine wichtige Aufgabe.

Ein weiteres Feld, in dem Fragen des Verstehens von großer Bedeutung sind, ist das des öffentlichen Raums und der Politik. Mitteilungen, die vom Herrscher oder von der Regierung stammen – Gesetze, Erlasse, Verordnungen –, sind für die einzelnen Menschen von Bedeutung, denn sie regeln das Zusammenleben der Menschen. Rechtsprechung und Politik sind also ebenfalls wichtige Aufgaben der Hermeneutik.

Es geht bei diesen drei Feldern, Religion, Dichtung und Politik, stets um die Übermittlung von Botschaften zwischen verschiedenen Bereichen und um das angemessene Verstehen dieser Botschaften. Und diese Botschaften sind nicht unmittelbar verständlich, sie benötigen Erklärung und Auslegung. Das gilt aber letztlich für jede Äußerung, in der ein Sprecher mit einer Aussage etwas meint und mitteilen will. Sie soll und will verstanden werden.

Es zeichnen sich also drei besondere Felder und ein viertes allgemeines Feld ab, in dem Verstehensprozesse bedeutsam sind: das Sakrale und die Religion; die Kunst und die Dichtung; die Gesetze und die Politik; und schließlich das Alltagsleben und der Bereich des Zwischenmenschlichen. Die Auslegung der heiligen Schriften, die Deutung der Dichtung, der Kommentar zu den Gesetzen sind die Betätigungen, in denen die Hermeneutik als geregeltes Verstehen von großer Bedeutung ist. Das sind die Felder, in denen die Dinge sich nicht von selbst verstehen, in denen Auslegung und Deutung notwendig sind, weil sie Bedeutungen produzieren und mit Sinn umgehen. In den sozialen Medien verengt sich diese komplexe Form des Verstehens und der Kommunikation zunehmend auf den binären Kode „gefällt mir – gefällt mir nicht". Die Frage ist, was das für eine intellektuelle Haltung ist und welche Folgen sie für den Umgang mit der Sprache haben kann.

Der Grundgedanke all dieser Überlegungen ist, dass sprachliche Prozesse jeder Art bedeutungstragend sind und deshalb auf Verstehen und Auslegung von Bedeutung ausgerichtet sind. Sie sind Aussagen, die einen Sinn haben; und sie fordern deshalb das Verstehen als auslegende Erschließung des Sinns. Das alles ist aber noch keine Methode und erst recht keine Theorie von Hermeneutik; es steckt lediglich das Feld ab, in dem Methode und Theorie anzusiedeln sind. Ich fange noch einmal an. Warum wollen wir verstehen? Der Wunsch nach Verstehen und Verständigung entsteht aus dem Nichtverstehen, aus dem Unverständnis und dem Missverständnis. Das kann in beliebigen Situationen im alltäglich-zwischenmenschlichen Bereich der Fall sein oder es kann bei besonderen Gelegenheiten in einem allgemeinen kulturellen Bereich stattfinden. Überlieferungen der Vergangenheit können unverständlich geworden sein oder andere, fremde Kulturen sind unverständlich.

Zwei Beispiele können das verdeutlichen. Das eine entstammt der griechischen Antike. Die alten Mythen sind in aufgeklärten Zeiten, zur Zeit des Sokrates, Platon, Aristoteles, nicht mehr glaubhaft. Es kann nicht wirklich so gewesen sein, dass der Gott Zeus als Stier das phönizische Mädchen Europa von Kleinasien nach Kreta entführt hat; das muss „etwas anderes" bedeuten. Der Mythos wird dann „allegorisch" ausgelegt und gedeutet. Er erzählt eine Geschichte, die „in Wahrheit" eine andere Bedeutung hat. Der Europa-Mythos erinnert daran, dass der Kontinent, der den Namen des entführten Mädchens trägt, seine kulturelle, zivilisatorische Herkunft aus (Vorder)Asien hat. Das ist das Gebiet der heutigen Türkei und des Vorderen Orients, von Libanon und Syrien. Ist das möglicherweise ein Argument für die Zugehörigkeit der Türkei zu Europa und den Beitritt zur EU? Von den Ländern des Vorderen Orients zu schweigen. Und was bedeutet das für die Fremdheit der heute von dort kommenden Migranten?

Das andere Beispiel entstammt der jüdischen Antike. Das alttestamentliche Hohe Lied ist ein hocherotischer Text; er kann so, wortwörtlich, in seiner manifesten Bedeutung, nicht ein sakraler Text sein, er muss „etwas anderes" bedeuten. Die Liebesgeschichte zwischen dem Hirten und seiner Braut bedeutet „in Wahrheit" die Beziehung zwischen der jüdischen Synagoge und Gott, im Christentum dann zwischen der christlichen Kirche und Gott oder zwischen der Seele des Einzelnen und Gott.

Eine derartige Auslegung nennt man allegorisch. Allegorie ist aus dem griechischen *allos – anders* und *agoreuein – öffentlich und offenkundig aussagen* gebildet. Eine Allegorie sagt etwas anders, nämlich nicht offenkundig oder öffentlich – auf der *agora*, dem Markplatz der griechischen Polis – aus; sie hat eine verborgene Bedeutung. Sie sagt etwas und gibt damit etwas anderes zu verstehen, zum Beispiel etwas, das nicht für die allgemeine Öffentlichkeit und die Ohren von jedermann bestimmt ist. Diese Art zu sprechen und zu schreiben wird praktiziert, wenn es darum geht, etwas Geheimes – ein Mysterium der Religion oder eine geheime Botschaft in einer Diktatur – zur Sprache zu bringen und zugleich zu verbergen. Es liegt auf der Hand, dass damit das Problem des Verstehens sehr komplex wird.

Genauer betrachtet steht aber jede sprachliche Äußerung in der Gefahr des Missverständnisses. Sprache besteht aus Zeichen, die etwas anderes bezeichnen als sie selbst sind. Das Wort Rose ist nicht die Rose, es bezeichnet sie nur. Damit ist ein grundsätzliches Problem von Sprechen und Verstehen benannt. Es hat zwei verschiedene Ebenen. Das Wort ist Zeichen für etwas anderes. Wenn Sprache strukturell zweischichtig und „zweideutig" ist, wird das Verstehen überhaupt problematisch; solche konstitutive „Zweideutigkeit" kann jederzeit zu Unverständnis und Missverständnis führen. Damit ist das Problem des Verstehens auf der elementaren Ebene der Sprache angesiedelt; weil die Wörter Zeichen sind und nicht die Sachen selbst, ist es immer problematisch, was genau die Zeichen bedeuten.

Das klingt alarmierender, als es offenkundig ist. Im Alltag ist das Verstehen vergleichsweise gängig, und Missverstehen oder Nichtverstehen sind meistens ohne großen Aufwand und ohne Regeln auszuräumen. Allerdings findet vermutlich auch das alltägliche Verstehen oder Nichtverstehen nach impliziten Regeln statt. Aber methodische Reflexion, die zu expliziten Regeln führt, entsteht erst in Zusammenhängen, wo das Verstehen von Texten von allgemeinem Belang ist: vor allem in politischen und religiösen Kontexten.

Die christliche Tradition der Schriftexegese verwendet die Methode der Allegorese; sie wurde bereits in der Spätantike vor allem für die Schriften Homers entwickelt. Sie geht davon aus, wie am Beispiel des Hohen Lieds angedeutet, dass religiöse und dichterische Texte neben dem literalen Sinn einen oder mehrere allegorische Sinnebenen haben. Ein anderes Beispiel mag das verdeutlichen. Der Zug der Israeliten durch die Wüste ins Gelobte Land ist literal der Bericht von den historischen Vorgängen, die wirklich so stattgefunden haben. Allegorisch ausgedeutet bedeutet er, das Leben ist (wie) eine Reise, bei der Gefahren und Versuchungen zu bestehen sind; die Getreuen kommen ins Gelobte Land oder ins Paradies. In moralischer Ausdeutung bedeuten die Befreiung aus Ägypten und der Zug durch die Wüste ins Gelobte Land die Abkehr vom sündigen Leben, die Reinigung von der Sünde und die Umkehr und Bekehrung zum guten, gottgefälligen Leben.

Die Geschichte vom Zug der Israeliten durch die Wüste ins Gelobte Land hat bis heute eine hochpolitische Wirkung. In ihr gründet der Anspruch des Staates Israel auf das Territorium, das er heute innehat. Die politische Forderung wird also historisch begründet und durch diesen Text und sein richtiges Verständnis belegt. Es versteht sich von selbst, dass die Palästinenser das anders sehen. Das ist der Nahostkonflikt in hermeneutischer Perspektive.

Gegen diese allegorische Auslegung hat sich immer auch Widerstand gebildet. Allegorese ist Willkür, ein Text bedeutet genau das, was dasteht, und nichts darüber hinaus. Am Ende des Mittelalters knüpft Martin Luther daran an. Nur die Schrift (*sola scriptura*), so wie sie dasteht, ist gültig. Der Text und sein Kontext sind maßgebend; der Sinn eines Textes steht im Text selbst und ist aus dem Kontext zu entziffern. Der wortwörtliche Sinn ist der wahre Sinn der Heiligen Schrift; sie hat ihren Sinn in sich, nicht über sich; die Schrift versteht sich von selbst und erschließt sich jedem aus sich selbst.

Das führte aber schon bald ebenfalls zu willkürlichen Auslegungen der Schrift. Sie ist wie jeder Text keineswegs selbstverständlich. Weil ihr Verständnis aber für den gläubigen Christen von großer, ja, entscheidender Bedeutung ist – es geht ja um das Seelenheil –, muss ein möglichst weitgehendes Verständnis der Bibel gewährleistet sein. Die Ambiguität, die Un- und Missverständlichkeit vieler Schriftstellen ist nicht so einfach zu lösen. Die Einsicht in diese Tatsache führte bei den Protestanten zu einer systematischen Reflexion auf die Probleme der Auslegung und zur Ausbildung der Hermeneutik als einer geregelten Interpretation des literalen Sinns der Heiligen Schrift. Die Hermeneutik als eine Disziplin, die Regeln für die Interpretation, das Verständnis von Texten liefert, ist aus der protestantischen Schriftexegese hervorgegangen; die Konzeption von Sprache, die dem hermeneutischen Prinzip zu Grunde liegt, steht also in engstem Zusammenhang mit der protestantischen Reformation des Christentums. Die Frage, was das geistes- und kulturgeschichtlich zu bedeuten hat, ist hier nicht zu verfolgen. Und dabei ist auch zu berücksichtigen, dass die sakrale Hermeneutik ihrerseits auf die philologischen Methoden der Humanisten zurückgriff. Das Ziel war, die Bibel mit der gleichen Strenge zu lesen, wie man Cicero, Plinius oder Sallust las.

Eine Konsequenz aus dem Prinzip der biblischen Hermeneutik ist aber von großer Bedeutung auch für die Literaturwissenschaft. Wenn die Schrift eigentlich selbstverständlich ist, dann ist Dunkelheit im Text nicht ein Problem der Schrift, sondern der mangelnden Sprachkenntnisse der Interpreten. Sprachliche Probleme im Text müssen dann durch Arbeit am Text geklärt werden. Man erstellt ein Lexikon der biblischen Sprache, man versucht unverständliche Stellen durch parallele ähnliche Stellen zu erhellen und man greift vor allem auf den hebräischen und griechischen Originaltext statt auf die lateinische Vulgata zurück, denn Übersetzungen sind bereits Deutungen.

Die rhetorischen Studien, die in der mittelalterlichen Universität einen Teil der akademischen Grundausbildung ausmachten, dienen weniger der Schulung des Redners, als der des Lesers. Versteht man, wie ein Text rhetorisch gemacht ist, versteht man auch seinen Inhalt und Gehalt besser. Die theologische Schulung knüpft damit an den Humanismus der Renaissance an. Entscheidend ist, dass der Schlüssel für das Verständnis des Textes in solchem technischen Herangehen liegt. Die protestantische Hermeneutik steht neben dem Humanismus der Renaissance, der die antiken profanen Texte neu herausgibt, am Beginn des wissenschaftlichen Umgangs mit Texten, der später zur Philologie wird.

Parallel dazu war die juristische Hermeneutik von großer Bedeutung. Die Gesetzestexte richtig zu verstehen, ist nicht nur für den einzelnen Bürger von Belang, denn Unkenntnis und Unverständnis schützen bekanntlich nicht vor Strafe. Das rechte Verständnis der Gesetze ist vor allem auch für die Rechtsprechung höchst bedeutsam. Der Richter fällt sein Urteil nach Maßgabe der Gesetze. Deshalb muss er sie richtig verstehen. Um das zu erleichtern, gibt es die umfangreichen Gesetzeskommentare. Und die zeigen sehr deutlich, dass die Gesetzestexte selbst nie eindeutig sind. Das sind sie aber nicht zufällig oder aus einem Mangel an präziser Formulierung, sondern weil sie hinreichend allgemein sein müssen, um möglichst viele Einzelfälle zu umfassen. Und genau in diesem Spielraum von einzelnem Fall und allgemeinem Gesetz wird die Frage des richtigen Verständnisses relevant. In welcher Weise ist ein Gesetz auf einen bestimmten Fall anzuwenden? Man sieht sofort, da es um das im Urteil bemessene Strafmaß geht, dass dabei das richtige Verstehen von größtem Belang ist.

Der schon erwähnte Friedrich Schleiermacher hat vor 200 Jahren im Rahmen einer Vorlesung Überlegungen zu Fragen des Verstehens angestellt und eine allgemeine Grundregel für den Prozess des Verstehens formuliert. Diese Grundregel zur Auslegung von Texten besteht darin, dass jede Einzelstelle aus dem Ganzen des Textes zu verstehen ist. Dieses Ganze ist aber seinerseits nur aus den verschiedenen Einzelstellen zu verstehen. Das klingt paradox, fast widersinnig. Etwas zugespitzt kann man sagen, dass man eine Aussage, einen Text bereits verstanden haben muss, um ihn verstehen zu können. Man muss also das Ganze einer Aussage, eines Textes verstanden haben, um jede einzelne Stelle verstehen zu können. Man kann aber das Ganze der Aussage, des Textes nur verstehen, wenn man jede einzelne Stelle versteht. Das ist offenkundig zirkulär.

Dieser Zirkel ist der sogenannte hermeneutische Zirkel. Er wirkt auf den ersten Blick wie ein logischer Zirkel, ist aber keiner. In der Logik ist es unzulässig, das zu Beweisende im Beweisgang bereits vorauszusetzen. Ein Beispiel entstammt dem Ende des Dialogs *Theaitetos* von Platon. Ich definiere: Wissen bedeutet, eine richtige Ansicht von einer Sache zu haben und dafür eine Begründung angeben zu können. Um diese Definition von Wissen richtig zu verstehen, kann ich dann fragen, was es heißt, eine Begründung angeben zu können. Wenn ich nun sage: Ich kann für meine Ansicht von einer Sache eine Begründung angeben, wenn ich Wissen von dieser Sache habe, dann ist das offenkundig ein Zirkel; und der ist bei einer logisch-begrifflichen Definition nicht zulässig. Der Zirkel ist folgender: Wissen heißt, eine begründete Ansicht einer Sache haben; Begründung heißt, Wissen von einer Sache haben. Wissen soll durch Begründung definiert werden, und Begründung wird durch Wissen definiert. „Das ist doch auf alle Weise einfältig", sagt Sokrates bei Platon (210a). Die Bibel oder der Koran sind das Wort Gottes, denn es steht in der Bibel oder im Koran, dass die Schrift von Gott eingegeben wurde. Der Text enthält jeweils seine eigene Begründung oder Legitimation – wie es bei der Definition von Wissen durch Begründung und Begründung durch Wissen der Fall ist.

Der hermeneutische Zirkel scheint ähnlich verfasst zu sein. Das Verständnis der Teile setzt das Ganze voraus, das wiederum das Verständnis der Teile voraussetzt. Er unterscheidet sich aber vom logischen Zirkel. Die Hermeneutik will nicht beweisen oder definieren, sondern verstehen; und für das Verstehen ist die Zirkelstruktur nicht unzulässig, sondern unerlässlich. Der hermeneutische Zirkel entsteht, weil sprachliche Prozesse und im Anschluss daran Verstehensprozesse zeitlichen Charakter haben. Aussagen finden in der Zeit statt und müssen deshalb auch nach und nach verstanden werden.

Auf anderer Ebene heißt das, die Konzeption des hermeneutischen Zirkels trägt der Tatsache Rechnung, dass sprachliche Aussagen niemals isoliert vorkommen, dass Texte immer in Kontexten stehen und – auch – aus ihnen zu verstehen sind. Ein Wort steht in einem Satz, der in einem Absatz steht, der wiederum in einem Kapitel steht, das seinerseits Teil eines Werks ist. Das Verstehen findet nicht auf einen Schlag statt, sondern entwickelt sich prozessual. Es vollzieht sich allmählich und teilweise; es ist wesentlich provisorisch, vorläufig, es versteht schon etwas, ohne doch schon alles zu verstehen, es hat immer schon ein Vorverständnis. Der Titel eines Buchs, das Inhaltsverzeichnis, eine Kapitelüberschrift geben jeweils ein Vorverständnis. Die Erwartung, die man an eine Textgattung hat – Roman oder Gedicht, Reportage oder Nachricht –, gibt ebenfalls ein Vorverständnis; ebenso die Kenntnis des Autors und vieles andere mehr. Umgekehrt wird das Vorherige im weiteren Fortgang des Hörens, Lesens, Verstehens besser und genauer verstehbar; das Verstehen ist ebenso wesentlich rückblickend und nachträglich. Das ist die Zeitlichkeit des Verstehens. Der Zirkel ist eigentlich eine Spirale.

Jedes Verstehen ist immer nur vorläufig und unvollkommen; es erfordert ein beständiges Hin und Her vom Einzelnen zum Ganzen zum Einzelnen zum Ganzen. Das bedeutet, mehrfache Lektüre eines Textes ist unerlässlich. Das Provisorische und Unvollkommene des Verstehens ist ein Strukturmerkmal. Das jeweils Ganze, auf das ein Teil zu beziehen ist, kann immer noch weiter angesetzt werden. Das einzelne Werk steht im Kontext des Gesamtwerks eines Autors, der wiederum zu einer bestimmten Epoche gehört, die schließlich Teil einer Vor- und Nachgeschichte ist. Das bedeutet auch, je weiter das Ganze angesetzt wird, desto uneinholbarer wird es und desto vorläufiger bleibt das Verstehen – so dass, nach einem Wort Schleiermachers, „das Nichtverstehen sich niemals gänzlich auflösen will“.

Eine Parabel, die Friedrich Nicolai (1733-1811) gegen Ende seines Buchs *Über meine gelehrte Bildung* erzählt, handelt von der möglichen Vieldeutigkeit, die sich ergibt, wenn das Nichtverstehen sich nicht auflösen will und der Sinn nicht eindeutig ist. In der Stadt Delft stand eines Tages ein Matrose an einer Stelle des Markts, wo viele Leute vorbeigingen. Er hatte in der einen Hand einen Hering, in der anderen eine Sparbüchse und fragte jeden Vorbeigehenden: „Ihr sollt mir sagen, welches das beste Stück am Hering ist, oder Ihr sollt einen Deut in die Sparbüchse stecken.“ Die Leute lachten, es betraf einen Deut; also ließ jeder sich ein, sagte: der Kopf, das Mittelstück oder sonst etwas. Der Matrose schüttelte bei jeder Antwort den Kopf, und es kam ein Deut in die Büchse. Schließlich fragte ihn jemand: „Ihr sagt immer, wir wissen es nicht, was das beste Stück ist, so sagt Ihr es uns doch endlich, damit wir es wissen.“ Der Matrose antwortete: „Ich weiß es auch nicht, ich muss also auch einen Deut in die Dose stecken.“ Das tat er und ging mit der Büchse fort.

Der sokratisch-sophistische Matrose ist offenkundig ein Schlitzohr; er beutet die Homonymie und daraus entstehende Polysemie von Deut und Deutung aus. Indem er sein Nichtwissen geltend macht, kann er an Stelle des hermeneutischen den ökonomischen Gewinn einstreichen. Aber sein Verhalten trägt auch der Tatsache Rechnung, dass die Vieldeutigkeit nicht so einfach auf eine wahre oder richtige Bedeutung zu reduzieren ist, genauer: dass sie nur um den Preis auf eine Bedeutung zu reduzieren ist, dass einer sich zum Heringsfachmann erklärt und daraus eine Autorität ableitet, indem er behauptet, er wisse, welches die richtige Antwort sei, weil er vielleicht Heringswissenschaften studiert habe. Für den Hering ist das eine Posse, aber schon bei größeren Tieren wird sofort einsichtig, dass deren „beste Stücke“ auch von der jeweiligen kulinarisch-gastronomischen Kultur abhängig sind.

Das bedeutet umgekehrt auch, dass dort, wo jemand den Anspruch auf Alleinvertretung für richtige Auslegung erhebt, in der Regel Autorität und Macht im Spiel ist. Das bedeutet allerdings nicht, dass alle Auslegungen und Deutungen beliebig sind, nur dass sie nicht notwendig eindeutig und oft sogar konstitutiv mehrdeutig sind. Ich werde darauf im Zusammenhang des Strukturalismus zurückkommen. Das bedeutet schließlich auch, dass ein – und vielleicht der wichtigste – Sinn des Studiums der Literaturwissenschaft ist, den Umgang mit solchen nicht eindeutigen und mehrdeutigen Phänomenen und Verhältnissen zu erlernen und zu begreifen, dass darin nicht eine Schwäche dieser Disziplin liegt, sondern ihre Stärke.

Eine Konsequenz aus der Unabschließbarkeit des Verstehens ist, dass die Hermeneutik sich auf eine allgemeine Kulturgeschichte öffnet, denn die Texte und Kontexte sind ja nicht nur sprachlich im engeren Sinn. Das Verstehen zielt auf alle symbolischen Prozesse, wie das Beispiel der Farbe Weiß angedeutet hat. Diese Konsequenz einer kulturgeschichtlich ausgeweiteten Hermeneutik lässt sich am Werk von Clifford Geertz (1926-2006) verfolgen, der ein US-amerikanischer Ethnologe war. Ein wichtiges Moment der ethnologischen Forschung ist der Aufenthalt in einer fremden Kultur, die sogenannte Feldforschung. Sie stellt unmittelbar zwei Aufgaben, die sich in einer Frage formulieren lassen: Wie versteht man eine fremde Kultur?

Das ist zunächst die Frage: Wie *versteht* man überhaupt etwas Fremdes? Das absolut Fremde ist nicht verstehbar. Für die ägyptischen Hieroglyphen brauchte man, als die Sprache unbekannt geworden war, um sie – wieder – verstehbar zu machen, ein bekanntes Mittleres: den Rosetta-Stein. Entsprechend sucht der Ethnologe, der bei der Feldforschung einer fremden Kultur näherkommen will, sich zum Beispiel einen möglichst zweisprachigen Informanten, der ihm als Mittler fungiert. Und so sucht der Sprachwissenschaftler, Literaturwissenschaftler und jeder, der eine Sprache wirklich lernen will, Muttersprachler, um die Besonderheiten der Sprache zu verstehen.

Die Hermeneutik gründet auf der Annahme, dass es absolut Fremdes auf Erden wohl nicht gibt, da wir alle Menschen sind und für alle ein allgemein Menschliches als Mittleres fungiert – von dem allerdings nicht so genau zu sagen ist, worin es denn eigentlich besteht. Das heißt auch, die Hermeneutik hat ihre Grenze nicht nur an nichtsprachlichen Phänomenen (Lachen, Weinen etc.), sondern wahrscheinlich auch am Nichtmenschlichen oder Un-Menschlichen: Tiere, Götter, Außerirdische oder im 20. Jahrhundert: Untermenschen. Was Menschen dazu führt, anderen Menschen das Menschsein abzusprechen, und mehr noch, was in solchen Nichtmenschen vorgeht, ist wohl in keinem vernünftigen Sinn verstehbar. Berichte und Zeugnisse von Lagerinsassen, Folter- und Vergewaltigungsopfern aller Art zeigen das eklatant. Ebenso wenig gibt es absolut Bekanntes. Texte in der eigenen Sprache können sehr wohl große Verständnisprobleme stellen; und wir selbst sind uns ebenfalls oft höchst fremd und nichts weniger als (selbst)verständlich. Das hat die Psychoanalyse etwas besser verstehen gelehrt. Das Ich ist nicht „Herr im eigenen Hause", so die berühmte Formel von Sigmund Freud (1856-1939), das Unbewusste bildet Träume, die unverständlich sind, und wir handeln bisweilen so, dass wir uns selbst nicht verstehen.

Eine zweite Aufgabe der Feldforschung, der zweite Aspekt der eben formulierten Frage ergibt sich aus einer leicht veränderten Betonung. Wie versteht man eine *fremde* Kultur? Wie kann man methodisch einigermaßen abgesichert die Eigentümlichkeiten einer fremden Kultur wahrnehmen und verstehend erkennen, so dass man sie dann ethnologisch beschreiben kann? Was bedeuten und welche

Funktion haben bestimmte Verhaltensweisen und Handlungen der Mitglieder einer fremden Gesellschaft?

Clifford Geertz hat die Rolle des Hahnenkampfs in Indonesien untersucht. Handelt es sich dabei um ein Spiel oder ein Ritual, um Sport, Glückspiel oder Religion? Entsprechend könnte sich ein Feldforscher in mitteleuropäischen Ländern fragen, welche Funktion und Bedeutung es hat, dass allwöchentlich zu festgelegten Zeiten in eigens dafür errichteten ovalen Bauwerken zweiundzwanzig Männer auf einer rechteckigen Rasenfläche mit einem kleinen runden Gegenstand zunächst vollkommen unverständliche Aktionen durchführen, an denen ein um die Fläche sitzendes Publikum mehr oder weniger frenetischen Anteil nimmt. Ist das ein Ritual, eine künstlerische Performance, ein Spiel oder eine kanalisierte Aggressionshandlung oder vielleicht noch etwas ganz anderes? In Spanien ist die *corrida de toros* ein verstehensbedürftiges Phänomen. Ist der Stierkampf eine rituelle Opferung, ein Sündenbockritual, eine sportliche künstlerische Performance mit großem Schauwert, ein barbarisches Relikt vorzivilisatorischer Triebenthemmung als reine Lust an der Grausamkeit oder noch etwas ganz anderes? Und welche soziale Dynamik führt dazu, dass diese Veranstaltung, die lange Zeit als *fiesta nacional* verstanden wurde, heute von den Spaniern selbst zunehmend abgelehnt wird?

Geertz ist von seinen Feldforschungen in Indonesien und in Nordafrika auf die erkenntnistheoretischen und methodischen Grundsatzüberlegungen gestoßen worden. Was sind die Bedingungen der Möglichkeit für eine Ethnologie oder Anthropologie, die eine Kultur als Gesamtheit verstehen und beschreiben will? *Dichte Beschreibung – The Interpretation of Cultures* (1973) ist ein Buch, in dem solche Fragen teils allgemein theoretisch, teils an konkreten Beispielen (Hahnenkampf) diskutiert werden. Es geht aus von der Annahme, dass Kultur ein Netz von Bedeutungen ist, die untereinander verknüpft sind und so die kulturellen, sozialen, religiösen Beziehungen, alle Formen von Kommunikation und jegliches Handeln einer Gesellschaft leiten. Jede individuelle Handlung ist Teil dieses allgemeinen Bedeutungsnetzes und wirkt ihrerseits wieder mit an seiner weiteren Gestaltung. Jede einzelne Handlung steht in diesem großen Kontext und wird von ihm geprägt, getragen, geleitet und wirkt ihrerseits auf diesen Kontext zurück, gibt ihm eine leicht modifizierte Gestalt, prägt ihn und trägt ihn ihrerseits. Das ist offenkundig wiederum eine Gestalt des Zirkels.

Der Begriff der „dichten Beschreibung" (*thick description*) ist ein Instrument, um diese Dynamik zu erfassen, ohne sie stillzustellen. Man kann das Kulturhermeneutik nennen. Stephen Greenblatt hat für seinen New Historicism der 80er und 90er Jahre viel von Geertz gelernt. „Dichte Beschreibung" ist ein programmatischer Text; er geht von einem semiotisch-symbolischen Kulturbegriff aus. Kultur ist ein Gewebe von Bedeutungen. Das entstammt wiederum dem metaphorischen Feld des Textes, der Sprache als Gewebe und Netz. Daraus ergibt sich eine grundlegende Bestimmung der Wissenschaft von der Kultur. Sie ist nicht eine experimentelle Suche nach Gesetzen, sondern eine interpretierende

Suche nach Bedeutungen. Der Ethnologe als Feldforscher ist somit ein Kulturwissenschaftler, der „dichte Beschreibung“ praktiziert. Geertz erläutert das an einem Beispiel aus dem Alltagsleben. Ist eine bestimmte Bewegung des Auges ein unwillkürliches Zucken, ein absichtliches Zwinkern, eine Parodie auf ein Zucken oder möglicherweise eine Übung, um gegebenenfalls absichtlich zwinkern zu können?

Daraus ergibt sich eine weitere Bestimmung der Wissenschaft von der Kultur. Gegenstand der Ethnologie / Kulturwissenschaft sind die verschiedenen hierarchisch geordneten Schichten bedeutungsvoller Strukturen, durch die Verhalten erzeugt, verstanden und – als Zucken oder Zwinkern – gedeutet werden kann. Die ausführlich entfaltete Geschichte mit den Schafen aus Marokko zeigt, wie verschiedene, nicht miteinander vermittelte Kodes zu Sprachverwirrung und sozialem Unfrieden führen. Um den Konflikt zu verstehen, muss man die „Vielfalt komplexer, oft übereinander gelagerter oder ineinander verwobener Vorstellungsstrukturen“ erfassen, die nicht nur verschieden sind, sondern sich gegenseitig so fremd sein können, dass sie, wenn sie in Handlungen überführt werden, zu Konflikten führen.

In Mitteleuropa bilden beispielsweise Fälle von Ehrenrache ein analoges Phänomen. Ein türkischer oder arabischer Mann, ein Vater, Bruder, Ehemann, tötet eine Frau, seine Tochter, Schwester, Ehefrau, weil sie die Familie entehrt hat. Das ist im Kode der Ehre eine Pflicht, im Kodex des Rechts ein Mord. Das ergibt einen weiteren Aspekt der oben angesprochenen Frage der Zugehörigkeit der Türkei zu Europa und des möglichen Beitritts zur EU. Die historischen Anfänge Europas in Anatolien und die soziale Mentalität der Bürger des Landes heute sind zwei Elemente der Bedeutung der Türkei. Der moderne Verfassungsstaat Atatürks und die muslimisch geprägte Präsidialdiktatur Erdogans sind zwei weitere Elemente der Bedeutung. Das ergibt ein Bündel von semantischen Elementen, die sich gegenseitig ausschließen – dekonstruieren –, die aber trotzdem und irreduzibel zum Komplex der Bedeutung „Türkei“ gehören.

Das zeigt auch, dass jede scheinbar neutrale, wertfreie Datensammlung bereits interpretierend ist; sie ist immer schon in ein Netz von Bedeutungen verfangen. Darin liegt die Ähnlichkeit der Ethnologie mit der Literaturwissenschaft. Der Ethnologe „liest“ eine Kultur wie einen Text; er will verschiedene, über- und nebeneinander liegende Vorstellungs- und Bedeutungsfelder unterscheiden und verstehen. Der Literaturwissenschaftler versucht, die verschiedenen Kodes in einem Text zu unterscheiden; er liest ihn wie eine kulturelle Textur. In Corneilles *Le Cid* löst der Ehrenkode den Konflikt aus. Was für den Vater Ehrenpflicht ist, stellt für den Sohn Liebesverrat dar; der Kode der Ehre und der Kode der Liebe stehen im Widerstreit. In Tirso de Molinas *Burlador de Sevilla* führen der Kode der Ehre und der Kode der Lust zu einem Konflikt. Was für Don Juan die Erfüllung seiner Wünsche ist, wird für die Frauen zur Entehrung.

Was ist mit dem Begriff der Kultur nach Geertz gemeint? Kultur besteht aus Ideen, die nicht nur in den Köpfen der Menschen, sondern auch im öffentlichen

Raum vorhanden und wirksam sind. Sie ist unkörperlich, aber keine okkulte Angelegenheit von Geistern, sondern ein geistiges Phänomen. Ihre Träger sind die menschlichen Handlungen, die mit Bedeutungen ausgestattet sind. Kultur ist symbolisches Handeln. Das soll heißen, Kultur wird gebildet durch eine Ansammlung von Dingen und Handlungen, die Bedeutung haben. Solche Bedeutung ist nicht „subjektiv", von einzelnen Individuen nach deren Vorstellungen gebildet, sondern „objektiv": eine öffentliche und verbindliche geistige Sphäre. Kultur ist demnach das Ensemble objektiver Bedeutungen von menschlichen Handlungen und Verhaltensweisen. Das symbolische Handeln der Mitglieder einer Gesellschaft bildet die Kultur als den objektiven Geist dieser Gesellschaft. Entscheidend ist, dass es dabei nicht so sehr um ein Wissen geht, sondern um ein Handeln, das allerdings wissensgestützt sein muss. Nicht die Summe alles möglichen Wissens von der Musik um 1800 oder vom Fußball im 20./21. Jahrhundert bildet ein Quartett von Beethoven oder das Fußballspiel, sondern die Musik selbst als aufgeführte und das Spiel als stattfindendes. Das geschieht allerdings nicht ohne dieses Wissen – sonst ergibt sich etwa eine Wahrnehmung wie die eben beschriebene für den Fußball.

Kultur ist etwas Öffentliches, da Bedeutung öffentlich und objektiv ist. Man muss dieses kulturelle System kennen, um ihm gemäß handeln zu können. Aber die Kultur ist nicht das Wissen von ihr, sondern das Verhalten in ihr und mit der – impliziten oder expliziten – Kenntnis der Regeln und Zusammenhänge. Das impliziert weiter, Verstehen von kulturellen Zusammenhängen ist nicht das Wissen, was man davon haben kann, sondern die Erfahrung, die man macht, wenn man sich in ihnen handelnd bewegt. Der objektive Charakter der Kultur bewirkt nicht, dass die Dinge nach den Regeln starr und eindeutig stattfinden. Das Regelsystem gibt lediglich ein Dispositiv vor, innerhalb dessen die Handlungen einzeln und jeweils anders stattfinden. Das Quartett kann auf historischen oder heutigen Instrumenten, schnell, langsam, als Ganzes im Konzert, als Kuschelstückchen im Klassikradio, als Teil einer Filmmusik oder in einer Rock- oder Jazzbearbeitung gespielt werden. Das Fußballspiel kann defensiv, offensiv, mit dem einen oder dem anderen Spielsystem, mit durchgehend derselben Mannschaft oder mit ausgewechselten Spielern stattfinden. Jede dieser Handlungen hat einen eigenen Bedeutungsraum im Rahmen des allgemeinen Bedeutungsfelds, in dem ein Fußballspiel ein Fußballspiel ist und ein Beethoven-Quartett als Beethoven-Quartett erkennbar bleibt.

Für den Kultur- und Literaturwissenschaftler heißt das allerdings nicht, Einheimischer zu werden oder die literarischen Texte nachzuahmen oder sich in sie einzufühlen oder sie nachzuspielen, sondern mit ihnen „ins Gespräch zu kommen". Wenn man derart mit dem Gegenüber Austausch pflegt, erweitert man das jeweils eigene „Uni-versum", und macht es zu einem „Duo- oder Multi-versum". Kultur wird so verstehbar als Ensemble ineinandergreifender Systeme von bedeutungsvollen Zeichen; Kultur ist ein Kontext, in dem Handlungen verstehbar und beschreibbar werden.

Ethnologie ist dann die Beschreibung und Deutung fremder Symbolsysteme aus der Perspektive des Fremden. Das gilt für die Literaturwissenschaft als Fremdkulturwissenschaft entsprechend; aber auch, auf etwas andere Weise, für die Literaturwissenschaft als historische Disziplin. Die Vorstellungen des petrarkistischen Liebeskodex, der die Lyrik der frühen Neuzeit prägt, sind nur schwer mit dem zu vereinbaren, was heute unter Liebe verstanden wird. Und der prämoderne Ehrenkodex, den man in älteren Texten findet, ist einem Mitteleuropäer heute so fremd und fern wie die Welt des Feudaladels – oder die Welt des heutigen Orients – und er ist mit unserer Vorstellung von der Freiheit und Würde der Frauen nicht zu vereinbaren.

Daraus ergibt sich eine entscheidende Konsequenz. Der Untersuchungsgegenstand und die Untersuchung sind zu unterscheiden. Als deutende Analyse der Kultur prägt die Deutung den Gegenstand mit; sie konstituiert ihn nicht, aber sie interpretiert ihn spezifisch und beeinflusst ihn so auch. In der Literaturwissenschaft ergibt sich daraus eine eigene Methode. Die Rezeptionsgeschichte trägt der Tatsache Rechnung, dass ein Text zu verschiedenen Zeiten verschieden gelesen und gedeutet wurde, und dass diese verschiedenen Deutungen auf eine bestimmte Weise dann zu diesem Text dazugehören; sie bilden die Tradition, in der und als die der Text überliefert worden ist. Der Heidelberger Philosoph Hans Georg Gadamer (1900-2002) hat sie in *Wahrheit und Methode* (1960) begründet; die Konstanzer Schule um Hans Robert Jauß (1921-1997) und Wolfgang Iser (1926-2007) hat sie für die Literaturwissenschaft erschlossen, und der Heidelberger Ägyptologe Jan Assmann (*1938) hat sie als Erinnerungsgeschichte auf eine allgemeine kulturgeschichtliche Perspektive geöffnet.

Wenn die Untersuchung von ihrem Gegenstand zu unterscheiden ist, heißt das auch, sie ist etwas zusätzlich Gemachtes, ein Konstrukt. Geertz nennt sie gar eine Fiktion. Das soll aber keineswegs bedeuten, sie sei etwas Unwirkliches, Scheinhaftes. Sie ist ein mögliches, aber keineswegs beliebiges Interpretament. Jede Deutung hat ihr Korrektiv gegen Beliebigkeit der Konstruktion und Fiktion in der fremden Wirklichkeit. Wenn die dichte Beschreibung den Unterschied von Zwinkern und Zucken oder die Rolle von Hahnenkampf und Fußballspiel so erklärt, dass auch ein Einheimischer diese Erklärung akzeptieren kann, dann ist sie wohl angemessen. Daraus wird ersichtlich, dass Bedeutungen im Sinne von Geertz – und der Hermeneutik allgemein – nicht einfach eine Sache der Beziehung von Signifikanten und Signifikaten sind; sie haben vielmehr etwas mit der Rolle zu tun, die diese Bedeutungsträger im Leben spielen. Deshalb ist auch nicht so sehr Kohärenz, interne Plausibilität, das Kriterium für die Richtigkeit und Qualität einer Interpretation. Eine Deutung ist eine mögliche Lesart; ihr Kriterium ist, ob sie Zugang zu dem gedeuteten Phänomen verschafft. Das kann allerdings nur heißen, nicht die Beschreibung eines Hahnenkampfs, eines Fußballspieles oder eines Dramas ist der Zweck der kultur- oder literaturwissenschaftlichen Analyse; eine solche Beschreibung ist lediglich die Voraussetzung für den Zugang zu dem, was in diesem kulturellen Ereignis – Hahnenkampf, Fußballspiel, Drama – zum Ausdruck kommt und bedeutet wird. Deshalb sind Interpretationen nicht experimentell überprüfbare (Hypo)Thesen, sondern Deutungen, die durch andere ergänzt oder modifiziert werden können.

Was wie eine Unschärfe oder mangelnde Präzision erscheint, nämlich im Verhältnis zu den Naturwissenschaften und deren präzisen und eindeutig gültigen Ergebnissen, hat objektive Gründe und markiert gerade die spezifische Wissenschaftlichkeit von Deutungswissenschaften. Sie haben ihr Modell an der Situation des Gesprächs, in dem man sich nach und nach im Austausch über eine Sache verständigt; ein Interpret ist niemals sein eigener Herr, seine Deutung ist konstitutiv nicht eindeutig, weil sie immer und ganz elementar die Instanz des Anderen zu berücksichtigen hat. Das ist so sehr der Fall, dass sie gerade von ihm ausgeht und zu ihm hin will. Es ist ja das Fremde, so hatte ich zu Anfang gesagt, das verstanden werden will. Deshalb muss das Verstehen sich von diesem Fremden vorgeben lassen, was es mit seiner Bedeutung auf sich hat. Das ist der Grund dafür, dass interne Kohärenz und Eigenlogik einer Interpretation nicht das letzte Kriterium sein können. Verschiedene Deutungen eines Phänomens, wenn sie angemessen sind, konkurrieren nicht miteinander und schließen sich nicht aus, sondern ergänzen sich und führen zu immer besserem und tieferem Verständnis des Phänomens. Jede neue Lektüre und Deutung eines Textes liest ihn auf neue Weise und macht ihn dadurch reicher, sinnvoller, bedeutungsvoller.

III Formalismus und Strukturalismus

1 Theorie

Im Unterschied zur Hermeneutik fragt die formale und strukturale Analyse von Literatur zunächst nicht nach der Bedeutung von Texten, sondern nach ihrer formalen Verfassung; sie interessiert sich nicht primär für das, was ein Text sagt, sondern wie er es sagt. Eine weitere Heringsgeschichte kann das verdeutlichen. Der Sprachwissenschaftler Roman Jakobson (1896-1982) hat sie in seinem Aufsatz „Über den Realismus in der Kunst“ (1921) als ein „armenisches Rätsel“ überliefert: „Es hängt in einem Gastzimmer und ist grün. Was ist das? Es stellt sich heraus: ein Hering. Warum in einem Gastzimmer? Warum sollte man ihn nicht dort aufhängen? Warum grün? Man hat ihn gefärbt. Und warum? Um das Erraten zu erschweren.“ Für das Rätsel ist es offenkundig nebensächlich, dass es sich um einen Hering handelt. Es geht nicht um das Was des zu Erratenden, es geht überhaupt nicht um irgendetwas Sachhaltiges; das verrätselte Ding könnte auch irgendein anderes sein, und das Rätsel würde genauso gut funktionieren. Stattdessen geht es um das Wie seiner Verrätselung, um die Art und Weise, wie es dargeboten wird, also um die Form der Darbietung.

Die Unterscheidung von Was und Wie, das wird sich noch zeigen, ist vorläufig. Sie hat vor allem analytischen Charakter, denn das Was und das Wie sind an Dingen und in Texten immer gleichzeitig vorhanden. Die Unterscheidung von Was und Wie korrespondiert der traditionellen Unterscheidung von Inhalt und Form. Dann wird klar, dass jeder Inhalt – ob er bildlich oder sprachlich gefasst wird –, also jedes Was immer schon irgendeine Gestalt haben muss; einen reinen Inhalt ohne eine Form gibt es nicht. Das bedeutet auch, dass die von manchen Philosophen gehegte Vorstellung, es gäbe reines Denken, eine Illusion ist.

Gibt es aber reine Formen ohne Inhalte? Die Frage, ob jede Form auch einen Inhalt haben muss, ist nicht so leicht zu beantworten. Die gegenstandslose, abstrakte Malerei des 20. Jahrhunderts hat den Anspruch erhoben, mit reinen Formen zu malen; sie heißt so, weil sie die Formen von den Gegenständen abgezogen, abstrahiert hat. Aber auch die reinen geometrischen Formen, mit denen solche Maler zum Teil gearbeitet haben, bleiben doch Dreiecke, Vierecke, Kreise, sind also irgendwie inhaltlich bestimmt. Und auch die nichtgeometrischen Formen, einfache Linien und Flächen, behalten als geschwungene, geschlängelte oder im Zickzack geführte Linien ebenfalls ein – gleichwie rudimentäres – Moment von Inhalt.

Aber bei Texten jeder Art ist eine reine Form nicht vorstellbar. Texte bestehen aus Sprache, und Worte haben immer eine Bedeutung. Ich führe zwei Sonette des chilenischen Dichters Nicanor Parra (1914-218) an. Es sind die ersten beiden Sonette von *Los cuatro sonetos del apocalipsis – Die vier Sonette der Apokalypse* aus dem Gedichtband *Hojas de Parra* (1985).

1
†††† ††† ††††† †† †† †††††† †††
†† †† †††† ††††† † ††††† †† †††††† †††
††††† †† †† †††† †††††† †††† ††† †††††††
†† ††† ††††††† ††† ††† †††† ††† ††††††

†† ††† †††† ††††††† ††††† ††† ††† †† ††††††
††††††† † †††† †††††††††† †††† †††† †††
†††† †††† ††††† † †††† †††† †††† †††† ††††††
††† ††† ††††††††† †† †† †††† †††† †††††

††† ††† †† †††† ††††††† †††††† †††† †††
†††† †† † †††† †††††† † †††† ††† †††††
††††††† †† †† †††† †††† ††††† †††† ††††††††

†† †† ††† ††††† †††† ††† ††††† ††††††††
†††† †††† †† †††††††† † †††† ††† †††
††† ††† ††††† †††† †††††† ††††††† †† †

Die Gedichte scheinen die reine Form des Sonetts zu verwirklichen: zwei Strophen mit vier Zeilen und zwei Strophen mit drei Zeilen. Sie enthalten keine Worte, sondern nur kreuzartige Zeichen, die in unterschiedlichen Mengen gruppiert und durch Leerzeichen voneinander getrennt sind. Sie haben die formale Gestalt von Worten, sind aber keine Worte. Das könnte man für die reine Realisierung der Form des Sonetts halten, ohne Worte und deshalb auch ohne Inhalt. Allerdings gibt es einen Titel, der aus Worten besteht: „Die vier Sonette der Apokalypse“. Das spielt auf die vier Reiter der Apokalypse aus dem sechsten Kapitel der Offenbarung des Johannes an. Mit Rücksicht auf diesen Titel und den entsprechenden biblischen Text wird das zunächst scheinbar beliebige kreuzartige Zeichen plötzlich doch zu einem Inhalt, denn das Kreuz ist das grundlegende Zeichen des Christentums und wird deshalb in der westlichen, vom Christentum geprägten Zivilisation als Zeichen für den Tod gebraucht. Die Zeichen, mit denen das Sonett scheinbar nur formal realisiert wird, haben schlagartig eine Bedeutung. Sie verweisen auf die christliche Vorstellung, dass das endliche Leben der Menschen und die ebenso endliche Dauer der Welt nach dem Ende in anderer Form weitergehen; die verschiedenen, doch immer gleichen Kreuze verweisen darauf, dass im Tod alle Menschen gleich sind etc. Die scheinbar reine Form hat also doch einen Inhalt und Gehalt – und was für einen! Die Sonette können einen Leser zu einer Reflexion über die letzten Dinge überhaupt führen.

Form und Inhalt, Was und Wie sind aufeinander bezogen. Die Frage ist dann, auf welche Weise sie aufeinander bezogen sind. Ist die Form einfach nur die neutrale Verpackung für den Inhalt oder hat sie Auswirkungen auf die Wahrnehmung des Inhalts und bestimmt ihn gar auf elementare Weise mit? Die formale Fragestellung in der Literaturwissenschaft verdankt sich der Einsicht, dass literarische Texte motivisch und inhaltlich selten originell sind, dass vielmehr ihre Motive traditionell sind und kaum verändert werden. Das zeigt die Anekdote von dem Autor aus Hollywood, der im Traum einen genialen Drehbucheinfall hat, im Halbschlaf die Idee auf einem Zettel notiert und am nächsten Morgen den Satz findet: *boy meets girl*. Das ist banal und gar nicht genial, da es überhaupt nicht originell ist. Das Spannende ist aber nicht – ob in einem Gedicht, Drama, Roman oder Film –, eine originelle Liebesgeschichte zu erzählen. Liebesgeschichten sind immer banal. Das Spannende ist, dieses ganz gewöhnliche Motiv auf eine Weise zu gestalten, dass das Gewöhnliche ungewöhnlich wird. Das erreicht ein Kunstwerk, so Viktor Šklovskij (1893-1984), mit Hilfe von „Kunstgriffen", mit formalen Mitteln, die das Vertraute und Bekannte wieder unvertraut erscheinen und es so neu wahrnehmbar werden lassen. Das kann dramaturgisch durch die Einführung von Hindernissen geschehen: *boy meets girl, girl meets another boy*. Es kann dann eine Konkurrenz der beiden Männer geben, und die Spannung besteht darin, wer von den beiden die Frau bekommt; oder die Frau nimmt sie beide, und die Männer müssen Freunde werden. Führt man eine vierte Person ein, wird die Struktur – affektiv und dramaturgisch – komplexer. Verbindet man das heterosexuelle Register – *boy meets girl* – mit einem homosexuellen Register – *girl meets girl* –, wird die Affektstruktur noch um einiges verwickelter.

Wenn man sich die dramatischen Strukturen in dieser formalen Verfassung einmal klar gemacht hat, wird deutlich, dass die einzelnen Personen, die in eine gefühlsstarke Liebesgeschichte verwickelt sind, in dramaturgischer Hinsicht weniger Personen als Funktionen sind. Samuel Beckett (1906-1989) hat in seinen späten Stücken die Figuren konsequenterweise einfach Sie und Er oder noch einfacher A und B genannt. Mit dieser Einsicht ist man auf der Ebene der formalen Betrachtung angekommen. Dann geht es nicht mehr um die Frage, wer wen liebt und ob die beiden sich am Ende bekommen, sondern darum, wie man diese Spannung am besten gestaltet und über neunzig Minuten oder in Romanlänge entwickelt.

Diese formale Art der dramaturgischen Konzeption gründet, psychologisch oder begehrenstheoretisch gesprochen, in der Einsicht, dass die Lust wesentlich Vorlust ist. Die Verpackung und das Auspacken eines Geschenks sind eigentlich das Vergnügen; die Sache selbst ist häufig eher banal. Der Anblick und der Duft der Speisen bewirkt eine intensive Vorfreude; wenn man dann wirklich zu essen beginnt, ist der Teller bald leer und die Freude vorbei. Das kann man auf andere Formen der Lust, vor allem auch auf die erotische übertragen. Allerdings gilt auch, dass irgendwann die Vorlust nicht mehr so lustvoll ist; dann möchte man doch zur Sache kommen.

Die Kunst hat in dieser formalen Hinsicht die Aufgabe, den Automatismus der Gewohnheit und Tradition zu durchbrechen und die Wahrnehmung neu zu sensibilisieren. Einen vielzitierten Satz von Franz Kafka (1883-1924) kann man so verstehen: „Ein Buch muss die Axt sein für das gefrorene Meer in uns." Die verwendeten Kunstgriffe sind im Wesentlichen in zwei Arten zu unterteilen. Die Dinge werden verfremdet, und die formale Gestalt wird kompliziert gestaltet, um die Wahrnehmung zu erschweren und den Vorgang zu verlängern. „In der Kunst ist der Wahrnehmungsprozess ein Ziel in sich und muss verlängert werden" (Šklovskij). Das trägt der trieb- und affektpsychologischen Erfahrung Rechnung, dass die Lust durch den Aufschub gesteigert wird. Und es erinnert auch an die taoistische Weisheit, der zufolge der Weg das Ziel ist.

Es geht bei dieser Art der formalen Betrachtung nicht um die Bedeutung des Dargestellten, sondern um seine formale Gestalt; nicht um Erkenntnis eines Sinns, sondern um Wahrnehmung einer Form. Zeitgleich mit der formalen Schule entwickeln sich die künstlerischen Avantgarden, die ebenfalls jeweils neue Sehweisen einzuführen versuchen: beispielsweise der Kubismus in der Malerei, der Futurismus, Dadaismus oder Surrealismus in der Literatur. Die Kunstgriffe machen das Ding oder die Geschichte auf neue und ungewohnte Weise wahrnehmbar. Entscheidend ist dabei die kunstvolle Konstruktion, die „Kunst als Verfahren oder Kunstgriff (*priem*)". Zu Anfang hatte ich darauf hingewiesen, dass Poesie vom griechischen *poiein – machen, ins Werk setzen* abstammt; an diese Urbedeutung knüpfen die Formalisten offenbar an. Der künstlerisch gebildete literarische Text ist die „Summe der Verfahren oder Kunstgriffe", mit denen das zu Grunde liegende Material bearbeitet wird. Deshalb ist die Sprache der Dichtung schwierig, gehemmt, umschreibend. Der Weg der Kunst ist der Umweg.

In dieser Perspektive ist das Prinzip der Kunst wesentlich erotisch und nicht semantisch. Erotik zielt nicht auf Sinn und Bedeutung, sondern auf Lust. Die Kunstgriffe sind demnach Mittel der intellektuellen Luststeigerung. Schon Aristoteles hatte in seiner *Poetik* die *hedonè – die Lust* als ein entscheidendes Kriterium des Interesses an der Dichtung erkannt und beschrieben. Das markiert einen ersten und deutlichen Unterschied zur Hermeneutik. Für Formalisten und Strukturalisten geht es beim Lesen literarischer Texte nicht so sehr um das Erschließen der Bedeutungen und um die Freilegung des Sinns, sondern um die Analyse der formalen Strukturen und um die Erzeugung von – ästhetischem – Genuss. Das muss aber keineswegs ein ausschließender Gegensatz sein; so wenig wie die formale Analyse von Sprachkunstwerken vom Sinn abstrahieren kann, so wenig ist die deutende Lektüre genussfrei. Aber die Lust an der Erkenntnis ist vielleicht doch etwas anderes als ästhetischer Genuss.

Diese formale Analyse zielt nicht nur auf die interne Gestalt eines Einzelwerks, sondern betrachtet dieses auch vor dem Hintergrund anderer Werke und im Zusammenhang mit ihnen. Ich werde darauf im Zusammenhang der Lyrik des Petrarkismus zurückkommen. Für Gattungsliteratur im Allgemeinen, etwa Kriminalromane oder -filme, gilt das besonders. Das Handlungsmuster ist absolut monoton. Es geschieht ein Verbrechen, die Polizei oder ein Detektiv sucht den Täter und überführt ihn am Ende. Wenn allwöchentlich zahllose Menschen diese Geschichten goutieren, dann nur, weil die banale, vollkommen vorhersehbare Handlung immer wieder neu durch formale Variationen spannend gestaltet wird. Trotzdem bleibt die Frage, warum allwöchentlich Millionen und Abermillionen von Menschen so etwas anschauen oder lesen. Und das ist die Frage nach der Bedeutung der Gattung Krimi.

Das entscheidende Kriterium der formalen Analyse ist in jedem Fall die Abweichung, die Differenzqualität: intratextuell wie intertextuell. Innerhalb des Werks geschieht das durch Hemmung, Aufschub oder Umschreibung: *girl meets another boy*, Achill ist ein Löwe, die Natur ist ein Tempel. Und es geschieht zwischen verschiedenen Texten als Parallele, Variation oder Gegenmodell: neue Varianten des Genres Liebesgeschichte oder Krimi, Nichtauflösung des Verbrechens als Gegenmodell. Handlungen und Handlungsfolgen sind in dieser Perspektive nicht referentiell, auf eine außertextliche historische, soziale oder sonst bedeutsame Wirklichkeit bezogen, sondern sie sind nach den literarischen Gesetzen des Handlungsaufbaus verbunden. Historisch betrachtet kann die formale Schule zu Anfang des 20. Jahrhunderts auch als Gegenbewegung zu einer bestimmten Konzeption des literarischen Realismus des 19. Jahrhunderts verstanden werden.

Als Beispiel für das formale und strukturale Denken wird gern das Schachspiel angeführt. Der König im Schachspiel hat nichts mit einem wirklichen König zu tun, er ist lediglich eine Figur im Unterschied zu anderen Figuren des Spiels, deren Spielwert und Spielraum durch die Regeln des Spiels festgelegt sind. Die Regeln, nach denen die Figuren bewegt werden können, sind die Verfahrensform, der Kunstgriff des Spiels, mit dem das Ziel des Spiels, das Abräumen der Figuren erschwert und das Spiel überhaupt erst ermöglicht wird. Das Spiel ist nichts weiter als der Vollzug der Regeln. Den Zügen im Schachspiel, die durch die Regeln oder die Spieltradition kodiert sind, entsprechen in der Literatur die Motive: Liebe und Krieg, Ehre und Verrat, Verbrechen und Strafe. Dem je besonderen Spiel während einer bestimmten Schachpartie entsprechen die besonderen Variationen eines Motivs: die jeweils unterschiedliche Verwirklichung der Grundfiguren der petrarkistischen Liebeslyrik. Entscheidend bei dem Beispiel des Schachs ist, dass es seinen Sinn in sich hat. Es funktioniert nur aus seinen Regeln und hat in ihnen seine Bedeutung. Die Lust beim Spiel ergibt sich daraus, im Rahmen der Regeln neue Züge und Kombinationen, Strategien und Schwierigkeiten zu entwickeln. Man kann sich allerdings auch fragen, warum das gerade ein Spiel um den König ist. Geht es bei einem Spiel wirklich nur darum, einen regelgeleiteten Vorgang durchzuführen? Sind Spiele reine Form oder geht es dabei doch um „etwas“? Die Frage ist dann, was dieses Etwas sein könnte.

Zeitgleich zu diesen literaturwissenschaftlichen Überlegungen der russischen Formalisten in St. Petersburg hat der Sprachwissenschaftler Ferdinand de Saussure (1857-1913) in Genf seine Vorlesungen zur allgemeinen Sprachwissenschaft gehalten, die in der Buchpublikation durch seine Schüler als *Cours de linguistique générale* (1916) zum Grundtext des linguistischen – und später auch ethnologischen, psychoanalytischen, literaturwissenschaftlichen etc. – Strukturalismus geworden sind. Der Strukturalismus ist eine der einflussreichsten und folgenreichsten geistigen Bewegungen des 20. Jahrhunderts. Die strukturale Analyse der Sprache fragt ebenfalls danach, wie, nach welchen Regeln und Gesetzen die Sprache funktioniert. Und Saussure hat ebenfalls das Schachspiel als Vergleichsmoment zum Spiel der Sprache herangezogen. Spiel meint dabei nicht, sich irgendwie beliebig und nach Gusto zu verhalten. Spiel ist ein Begriff und bedeutet: regelgeleitetes Handeln, das im Rahmen der Regeln einen Spielraum hat. Mit Clifford Geertz war die Kultur allgemein als soziales Handeln im Spielraum der Regeln erkennbar geworden.

Zwei Begriffe hat Saussure in die Überlegungen eingeführt, die von allgemeiner Tragweite sind: den Begriff der Geltung oder des Werts und den Begriff der Differenz, des Unterschieds. Die Figuren des Schachspiels und die Zeichen einer Sprache haben nicht für sich und aus sich einen Wert, sondern nur im Rahmen des Spiels, im Zusammenhang seines Systems und seiner Regeln. Ein Springer ist außerhalb des Spiels ein etwas sonderbar geformtes Stück Holz oder Plastik, das nichts darstellt, vage an ein Pferd erinnert, ohne dass dies bedeutsam wäre, und das vor allem keinerlei Funktion hat. Eine Funktion hat er nur innerhalb des Spiels, in dem er mit einer bestimmten Geltung ausgestattet ist und den Wert „Springer" verkörpert. Ginge er verloren oder zerbräche er, könnte man ihn durch irgendeinen anderen Gegenstand, der äußerlich nichts mit einer Schachfigur gemein hat, ersetzen, sofern beide Spieler sich darauf einigen könnten; dieser Gegenstand hätte dann durch seine Funktion im Spiel den Wert „Springer".

Entsprechendes gilt auch für die Sprachen. Ein bestimmtes Wort einer Sprache ist in einer anderen ein bloßes Geräusch und ohne jegliche Funktion. Seine Funktion und seine Geltung als Wort dieser Sprache erhält es nicht aus sich, sondern weil es im System der Sprache einen Wert hat. Den erhält es, weil es sich von anderen Worten dieser Sprache unterscheidet. Die *R*osen unterscheiden sich von den *H*osen und den *D*osen oder wiederum die R*o*sen von den R*ie*sen und dem R*a*sen jeweils nur durch eine minimale lautliche Differenz.

Allerdings verweisen die Figuren des Schachspiels – König, Dame, Bauer oder der an eine Burg erinnernde Turm – auf eine feudale Welt und deuten so an, dass es sich beim Schachspiel – wie vielleicht bei einem Großteil der Spiele – nicht nur um sinnfreien, regelgeleiteten Vollzug handelt, sondern dass sie in einer nicht leicht zu verstehenden und zu erklärenden Weise auf die sozialen Verhältnisse bezogen sind. Man wird offenbar die Frage des Inhalts und der Bedeutung nicht so leicht los. Vielleicht sind sie eine Art Einübung in das soziale Leben. Dann wäre es für das Verständnis einer Zivilisation und Kultur von großer Bedeutung zu wissen, welche Spiele zu welcher Zeit in Umlauf waren oder sind und auf welche Weise sie bedeutsam sind.

Der Wert und die Funktion eines sprachlichen Zeichens – von der untersten Ebene der Phonetik bis zur Lexik – ergibt sich, wie der einer Spielfigur im Schachspiel, aus seiner Beziehung zu den anderen Zeichen, genauer aus seinem Unterschied zu den anderen Zeichen. Wert und Differenz sind folglich Korrelationsbegriffe. Sie ergeben sich aus dem Gesamtsystem und den Regeln dieses Systems. Im Schachspiel unterscheidet sich der Springer vom Turm durch seine jeweils verschiedene Funktion für das Spiel; das Schachspiel selbst unterscheidet sich vom Damespiel durch die jeweils verschiedenen Regeln. Ein solches regelgeleitetes System ist eine Struktur. Sie ist nicht in erster Linie ein geregeltes System von Elementen, sondern vor allem ein System von Beziehungen. Die Beziehungen sind den Elementen vorgeordnet. Man nimmt die Dinge nicht als Dinge wahr, sondern im Unterschied zu anderen Dingen.

Roman Jakobson hat an einem Beispiel gezeigt, wie elementar die Relationalität und Differentialität der Wahrnehmung ist. Sie bestimmt auch die von Tieren. Eine Gruppe von Hühnern war so dressiert worden, dass sie von Körnern, die auf einer grauen und einer schwarzen Fläche lagen, nur die von der grauen Fläche pickten und die auf der schwarzen Fläche nicht anrührten. Als man die schwarze Fläche durch eine weiße ersetzte, pickten die Tiere die Körner von dieser weißen Fläche, weil offenbar die relativ hellere Fläche für sie das entscheidende Merkmal war. Sie haben nicht die Farbwerte Grau und Schwarz wahrgenommen, sondern die Differenz von hell und dunkel; und die hatte sich nach dem Austausch der schwarzen durch die weiße Fläche verkehrt, so dass die Hühner nun die Körner von der relativ helleren Fläche pickten. Das maßgebliche Kriterium für den Wert eines Elements in einem System ist demnach das Anderssein. Die Beziehungen ergeben sich durch Differenz, durch Opposition und Kontrast. Dieses Anderssein bildet den Wert eines Elements.

Um in dieser strukturellen Ungewissheit einen festen Punkt zu haben, hat man immer wieder versucht, feste Orientierungsmaßstäbe zu etablieren. Die Ökonomen haben, um das Fluktuieren des Geldwerts zu fixieren, den Goldstandard als feste Bezugsgröße eingeführt. Aber der Wert des Goldes ist nichts weniger als absolut; auch er bemisst sich in Relation zu anderen Metallen. Deshalb wird heute der Wert von Währungen und Waren durch die jeweils aktuellen Bewegungen des Handels weltweit bemessen. Andere Versuche, absolute Werte vorzugeben – prominent sind die verschiedenen Figuren des Göttlichen in den Religionen –, sind in der Regel leicht als Ideologie zu durchschauen, weil die Gültigkeit des jeweiligen Absoluten auf der Annahme von bestimmten Prämissen beruht.

In den Naturwissenschaften dagegen hat man sich auf ein System metrischer Einheiten geeinigt, das die Messwerte nicht an konventionellen Referenzobjekten – Urmeter, Urkilogramm – orientiert, sondern auf Naturkonstanten rekurriert. Eine Sekunde wird ausgehend von periodischen Veränderungen im Caesium-Atom, ein Meter im Verhältnis zur Lichtgeschwindigkeit und ein Kilogramm nach Maßgabe des planckschen Wirkungsquantums festgelegt. Entsprechendes gilt für die anderen Maßeinheiten: Ampere, Kelvin, Mol. Das könnte erneut einen Unterschied zwischen Geistes- und Naturwissenschaften markieren. Die Gesetze der Natur gründen in Naturkonstanten, die Regeln der Kultur werden von den Menschen im Laufe der Geschichte gebildet und können deshalb zeitlich und räumlich verschieden sein.

Die Elemente eines kulturellen Systems haben nicht von Natur aus ihre Funktion im System, sondern durch Konvention, durch Übereinkunft. Dieses so und so geformte Stück Holz soll der Läufer in diesem Spiel sein; dieses so und so gebildete Wort Rose soll in der deutschen Sprache zur Bezeichnung dieser Pflanze dienen. Ein solches Zeichen ist demnach nicht nur konventionell, durch die Konvention eines geregelten Systems motiviert, sondern auch arbiträr, willkürlich. Das heißt nicht, dass es absolut willkürlich und beliebig ist, es also ins Belieben eines einzelnen Menschen gestellt wäre, ein Wort neu zu bilden. Man hat in der Regel nicht die Möglichkeit, ein Wort durch ein anderes zu ersetzen oder ein neues zu bilden. Ausnahmen bilden die „Privatsprachen“ von Verliebten, Verrückten oder dergleichen. Aber auch die bilden dann wiederum ein neues und eigenes System.

Arbiträr ist das Wort „Rose“, weil es aus Differentialen besteht und an sich nichts mit der Sache „Rose“ zu tun hat. Der linguistische Strukturalismus erlaubt es, das Kriterium der Differenzqualität, das für die formale Analyse entscheidend ist, als das Moment herauszuarbeiten, das die Funktion von Sprache überhaupt charakterisiert. Und da die Sprache das Medium der Literatur ist, hat man mit der formalen und strukturalen Analyse eine Methode, die dem Anspruch an strenge Wissenschaftlichkeit genügt, weil sie auf dem materiellen Medium der Literatur, nämlich der Sprache beruht. Der Anspruch einer strukturalen Analyse von Literatur ist es also, die Beschäftigung mit Kunst allgemein und mit Literatur besonders aus dem unverbindlichen Feld der Geschmacksfragen, der persönlichen Meinung und der vorgeblich subjektiven Sinnfragen herauszulösen und sie wissenschaftlich verbindlich zu machen, die Beschäftigung mit Literatur also überhaupt erst wissenschaftlich zu machen. Der objektiv wissenschaftliche Charakter liegt in der Analyse der formalen Verfasstheit, der internen Strukturen literarischer Texte.

Aber das Wort Rose ist nicht nur ein differentielles Klangphänomen zur Bezeichnung einer Blume aus der Gattung der Rosazeen. Es steht seit der orientalischen und griechisch-römischen Antike in einer vielfältigen semantisch-symbolischen Tradition. Die Rose ist ein Symbol der Liebe und ihrer Gefühlsambivalenz; sie ist schön und wohlriechend, aber auch dornig und verletzend. Das Blut der Liebesgöttin Aphrodite, die ihren Fuß an einer dornigen Rose verletzte, hat sie rot gefärbt. Deshalb sind rote Rosen unter Liebenden beliebt. Im Christentum gehört die Rosensymbolik zur Ikonik der Marienbilder. Maria ist die *rosa mystica*, die Rose ohne Dornen. Die Gebetsform des Rosenkranzes, die Rosette in den Kathedralen und die Himmelsrose sowie der rosenförmige Kreis aus drei Kreisen im *Paradiso* der *Göttlichen Komödie* Dantes (1265-1321) sind weitere Elemente dieser christlichen Semantik der Rose. Im Barock wird sie in einer Unzahl von Gedichten als ambivalentes Symbol der Pracht und Schönheit, aber auch der Vergänglichkeit und Sterblichkeit alles Irdischen besungen. Und vom *Rosenroman* des Guillaume de Lorris und Jean de Meung aus dem 13. Jahrhundert über Goethes *Heidenröslein* (1770) bis zum *Wunder der Rose* (1946) von Jean Genet und dem *Namen der Rose* (1980) von Umberto Eco hat sie auch eine jeweils verschiedene konkret sexuelle Konnotation. Der Geheimbund der Rosenkreuzer oder die Windrose der Welt- und Seekarten sind weitere Aspekte dieses Bild- und Bedeutungsfelds. Die Rose in der E-Mail-Adresse des Seminars, an dem diese Vorlesung entstanden ist und gehalten wurde – @rose.uni-heidelberg.de –, ist zwar eine arbiträre Bildung aus *Ro*manisches *Se*minar, sie fügt sich aber gleichwohl nachträglich auch in diese Tradition ein. Die Heidelberger Romanisten schreiben im Namen der Rose.

Roman Jakobson, der in seiner Jugend dem Kreis der russischen Formalisten in St. Petersburg angehörte, hat die strukturalistische Linguistik in der Nachfolge Saussures entscheidend geprägt. Und er hat sich als Sprachwissenschaftler immer auch für Fragen der Literatur interessiert. Der Aufsatz „Linguistik und Poetik" (1960) hat in dieser Hinsicht programmatischen Charakter. Er versucht, Fragen der Poetik und allgemeinen Literaturwissenschaft von der Sprachwissenschaft her anzugehen und zu beantworten. Er ist einer der wirkungsmächtigsten Texte der letzten sechzig Jahre gewesen. Von ihm ausgehend hat sich eine Reihe von literaturtheoretisch maßgebenden Überlegungen dieser Zeit entwickelt. Der Aufsatz hat seinen konzeptuellen Grund in der einfachen, aber entscheidenden Frage, was eine alltagssprachliche Nachricht von einem literarischen Kunstwerk unterscheidet. Wie unterscheidet man eine fiktive von einer dokumentarischen Darstellung, einen Roman von einem Bericht? Und wie verhält sich eine gefälschte Nachricht zu einer Fiktion? Man denke an die retuschierten Archivbilder der Stalin-Zeit, auf denen plötzlich bestimmte Personen nicht mehr zu sehen waren. Es gibt aber auch die heute beliebte Mischform aus Dokumentation und Fiktion, die sogenannte Dokufiktion. Oder es gibt die fiktive Darstellung historischer Fakten. Der Roman *Die Wohlgesinnten* (2006) von Jonathan Littell (*1967) oder die Kinofilme *Schindlers Liste* (1993) von Steven Spielberg (*1946), *Der Untergang* (2004) von Oliver Hirschbiegel (*1957) und *Inglourious Basterds* (2009) von Quentin Tarantino (1963) oder auch die Computersimulationen von Dinosauriern, die vor Jahren zu „dokumentarischen" Zwecken entwickelt wurden, werfen diese Fragen nach einem Kriterium für die Unterscheidung von Dichtung und Wirklichkeit auf.

Der literaturwissenschaftliche Strukturalismus fragt nach der formalen Verfassung von Texten. Die Frage zielt nicht darauf, ob ein literarischer Text sich von anderen Textarten durch seinen besonderen Inhalt oder seine eigentümliche Bedeutung unterscheidet, sondern ob eine spezifische Art der Sprachverwendung für ihn charakteristisch ist. Wenn die Literatur so betrachtet wird, bedeutet dies von Anfang an, dass sie nicht auf ihre Inhalte und Bedeutungen hin analysiert wird. Die formale Fragestellung sieht zunächst davon ab, dass eine Sprachäußerung eine Nachricht ist, die von einem Sender an einen Empfänger gerichtet ist und sich auf etwas, einen Referenten bezieht. Neben dieser referentiellen Funktion hat Jakobson weitere Sprachfunktionen erkennbar gemacht. Sie sind in jeder Sprachäußerung am Werk, und ihre jeweils verschiedene Gewichtung macht das Charakteristische einer Äußerung aus. Stehen der Sender und seine Gefühlslage im Zentrum, ist sie emotiv, wird der Empfänger angeredet oder aufgefordert, ist sie konativ, wird – etwa als Gespräch über das Wetter – einfach nur der Kontakt gepflegt, ist sie phatisch. Das könnte man als reine Kommunikation ohne Kommuniziertes verstehen; das Medium selbst ist die Botschaft. Die Hauptfunktion der Sprache ist die referentielle Funktion; man teilt etwas mit. Das zeigt allerdings auch sofort, dass die formale und strukturale Analyse ihre Grenze an diesem „Etwas“ der Mitteilung hat. Das, was mitgeteilt wird, kann in letzter Instanz nicht durch formale Analyse, sondern muss durch semantische Deutung erschlossen werden.

Außerdem kann man sich sprachlich auf die Sprache selbst beziehen. Ein solcher metasprachlicher Satz – „Dies ist eine Aussage“ – ist mit einem referentiellen Satz – „Dies ist ein Stuhl“ – formal identisch. Im einen Fall ist der Referent ein Ding aus der Umwelt, im anderen ein Ding aus der Sprache. Schließlich hat Jakobson die poetische Funktion beschrieben. Sie ist auf die Nachricht selbst bezogen. Sie macht die Zeichen als Zeichen, das Medium als Medium erfahrbar. Das bedeutet auch, sie ist nicht auf die Dichtung beschränkt, sondern eine bestimmte Form der Sprachverwendung, die auch in alltagssprachlichen Äußerungen als Erfahrung der Materialität des sprachlichen Mediums am Werk ist. Das bedeutet umgekehrt, Dichtung ist nicht auf die poetische Funktion beschränkt. Sie ist, je nach Gattung, auch referentiell, emotiv, konativ. Aber das Poetische ist ihr Spezifisches.

Eine entscheidende Einsicht der strukturalen Analyse liegt darin, dass die referentielle Funktion in unterschiedlicher Form realisiert werden kann. Die Frage ist dann, wie das Verhältnis zwischen Form und Inhalt, Wie und Was zu verstehen ist. Dieses Verhältnis und das Besondere der poetischen Sprachfunktion will ich an der Analyse eines Werbeslogans verdeutlichen, den eine Elektronikhandelskette kurz nach der Jahrtausendwende im deutschen Sprachraum verwendet hat: „Geiz ist geil“. Das war die Zeit, als billige Preise von Waren für die Käufer offenbar wichtiger waren als Qualität, Funktionsfähigkeit oder Haltbarkeit.

Um die Wirkung dieses Werbespruchs zu verstehen, muss man sich vergegenwärtigen, dass es zwei Arten der sprachlichen Operation gibt: die Selektion und die Kombination; die Auswahl von Wörtern aus dem Wortschatz und die Verbindung dieser Wörter zu Sätzen nach den Regeln der Grammatik. Die Selektion besteht darin, aus einem gegebenen Paradigma, einem Vorrat von Möglichkeiten nach Kriterien der Äquivalenz, der Ähnlichkeit oder Unähnlichkeit, der Synonymie oder Antonymie eine Auswahl zu treffen. Im Beispiel „Geiz ist geil“ sind Sparsamkeit, Preisbewusstheit, Geldgier Synonyme, die neben Geiz zur

Wahl stehen. Großzügigkeit, Vergeudung, Verschwendung sind Gegenbegriffe, die ebenfalls zum Paradigma, zum semantischen Feld „Geldausgeben" gehören. Für geil kann man das analog durchspielen: hervorragend, großartig, lustvoll, sinnlich, (sexuell) erregend oder erregt sind Synonyme. Und unangenehm, abstoßend, unerträglich, verabscheuungswürdig sind Antonyme. Sie kann man dem Paradigma, dem semantischen Feld „Qualitäts- und Werturteil" zuordnen.

Die zweite Operation der Sprache, die Kombination, verbindet diese aus dem Paradigma ausgewählten Elemente zu einem Syntagma: einem Satz, der die gewünschte Nachricht übermittelt. Eine durch die Möglichkeiten der deutschen Lexik gegebene Alternative zu „Geiz ist geil" ist demnach: „Sparsamkeit ist großartig"; eine andere ist: „Geiz ist abstoßend". Die Mitteilung der Aussage „Sparsamkeit ist großartig" ist inhaltlich in etwa die gleiche wie die von „Geiz ist geil"; die Werbewirksamkeit wäre vermutlich gleich Null. Das gilt offenkundig noch stärker für die zweite der gewählten Alternativen: „Geiz ist abstoßend". Das ist eine deutlich negative Aussage, die ihre Mitteilung aus dem Arsenal der Moralistik bezieht. Geiz ist ein Laster, und Laster sind unmoralisch. Tatsächlich haben die Kirchen seinerzeit gegen den Werbespruch protestiert.

Mit diesen Alternativen deutet sich auch bereits an, was die Wahl „Geiz ist geil" so besonders macht und was sie bewirkt. Sie wirkt zunächst und zu einem guten Teil auch durch die formale Gestalt des Klangs, den stabreimenden Anlaut – *G*eiz ist *g*eil – und den Gleichklang der Vokale – G*ei*z ist g*ei*l –, der fast einen Reim bildet. Formal gesprochen bedeutet das, die Wirksamkeit ergibt sich aus der Struktur der Wiederholung, die der Klang erzeugt. Der Unterschied zwischen den beiden Sätzen – „Sparsamkeit ist großartig" und „Geiz ist geil" –, die semantisch gleichwertig sind, liegt in der formalen Gestalt des Klangs von „Geiz ist geil". An ihr wird die poetische Funktion erkennbar.

Jakobson definiert sie zunächst recht kryptisch und orakelhaft: „Die poetische Funktion überträgt das Prinzip der Äquivalenz von der Achse der Selektion auf die Achse der Kombination. Äquivalenz wird zum konstitutiven Mittel einer Sequenz." In der Alltagssprache wird aus äquivalenten Möglichkeiten jeweils eine ausgewählt und mit anderen ausgewählten Elementen zu einem Satz zusammengesetzt, in dem möglichst keine Äquivalente vorkommen sollen, da er sonst redundant wird: „Sparsamkeit ist hervorragend und großartig" fügt der Aussage kaum etwas hinzu. Wenn ich allerdings sage: „Geiz bedeutet übertriebene Sparsamkeit", sage ich auch zweimal dasselbe. Das ist dann aber keine alltagssprachliche Aussage mehr, sondern eine metasprachliche.

Die poetische Funktion besteht auch darin, dass gleiche oder gleichwertige Elemente ein Syntagma bilden. Der Werbespruch besteht ebenfalls aus gleichen oder gleichwertigen Elementen. Hier ist es aber weder die semantisch redundante Wiederholung „hervorragend und großartig" noch die semantisch signifikante, metasprachliche Wiederholung „Geiz bedeutet Sparsamkeit". Die Wiederholung hat vielmehr materiellen Charakter, sie wird zunächst und vor allem durch das Material der Sprache selbst gebildet. Das hat bedeutende Konsequenzen. Zum einen impliziert es, dass nicht die Referenz, sondern die Bildung des Satzes selbst das entscheidende Moment für die Bildung des Satzes ist. Wenn die Klanggestalt ausschlaggebend für die Bildung des Satzes „Geiz ist geil“ ist, hat das Wie erkennbar Vorrang vor dem Was. Das bedeutet zum anderen, dass Wiederholung das Prinzip der poetischen Funktion ist.

In dieser Perspektive gilt für diesen Satz und die poetische Funktion in Texten generell, dass Wortfolgen bestimmter Art vergleichbar und so aufeinander beziehbar werden. Die Wiederholung von Klangstrukturen und Wahrnehmungsmustern allgemein erzeugt eine bestimmte Art von Lust. Es gibt offenbar neben der erwähnten Lust am Neuen auch eine Lust der Wiederholung. Sie wird durch Wortfolgen wie „Geiz ist geil“ bedient. Zugleich geschieht allerdings auch etwas über die reine Wiederholung hinaus. Durch die Lautfolge [gai] werden die Worte „Geiz“ und „geil“ in eine zusätzliche, über die syntaktische Beziehung der Aussage hinausgehende Beziehung gesetzt, die durch die Wiederholungsstruktur gestiftet wird. Diese Wiederholung hat dann nicht mehr nur einfach klanglichen Charakter, sondern wird auch semantisch bedeutsam.

Die Gleichwertigkeit von Elementen durch die materiell-klangliche Wiederholung hat tiefere Folgen; sie wirkt sich auch auf die Bedeutung aus. Solche Wiederholungsstrukturen werden in der Dichtung zum Beispiel auch durch den Reim oder die strophische Ordnung gebildet. Der Reim ist zunächst und formal die Wiederholung äquivalenter Lautfolgen; aber durch diese klangliche Beziehung wird auch eine semantische Beziehung zwischen den Reimen gestiftet. In nichtlyrischen Texten kann etwa durch die Komposition, also durch die formale Gestaltung der Handlung und des Textes ein zusätzliches Beziehungsgefüge über die bloße Abfolge der Sätze gelegt werden. Ich werde im Zusammenhang von Maurice Blanchots Erzählung *La folie du jour* darauf zurückkommen.

Die erste Strophe des Gedichts *L'art* von Théophile Gautier (1811-1872) zeigt diese Wirkung des Reims auf eindrückliche Weise. Gautier hat die These vertreten, die Kunst sei nichts weiter als die Erzeugung von Schönheit durch formale Komposition. Die Kunst hat keinen Zweck außer sich selbst; sie ist Kunst um der Kunst willen: *l'art pour l'art*.

> Oui, l'œuvre sort plus belle
> D'une forme au travail
> Rebelle,
> Vers, marbre, onyx, émail.
>
> Ja, das Werk geht schöner hervor / aus einer Form, die für die Arbeit / widerständig ist, / Vers, Marmor, Onyx, Email.

Die Schönheit ist eine Sache der formalen Gestalt, die dann besonders schön ist, wenn zu ihrer Verwirklichung Widerstand – die Autoren der 1960 gegründeten Gruppe Oulipo sprechen von *contrainte* – zu überwinden ist. Das kann ein besonders widerständiges Material sein: Stein oder Metall. Das kann in der Dichtung eine besonders raffinierte Komposition sein: ein komplexes Metrum oder Reimschema, eine strenge strophische Gliederung wie die des Sonetts. Im Gedicht von Gautier wird das über die reine Aussage hinaus durch den Reim von *belle* und *rebelle* deutlich gemacht; das eine ist im andern enthalten. So zeigt sich, dass Schönheit und Widerstand auf wesentliche Weise miteinander verbunden sind. Schönheit ist nicht einfach eine wohlgefällige Gestalt, sondern eine, in der eine Spannung aus widerständigen und negativen Elementen herrscht.

Auch im Satz „Geiz ist geil“ hat die klangliche Wiederholung eine semantische Wirkung. Die Lautfolge [gai] bringt das Substantiv „Geiz“ in ein Verhältnis zum Adjektiv „geil“, bei dem das unmoralische Laster des Geizes durch „geil“ rückwirkend eine semantische Umwertung erfährt und zu einer Tugend wird. In Zeiten wirtschaftlicher Not ist es wohl angebracht, dass die Laster zu Tugenden werden. Vermutlich wird dabei auch noch als weitere Form der Lust die an der Verbotsübertretung bedient.

Es geht also bei der formalen Analyse um Wiederholungsstrukturen, die durch Regelhaftigkeit erzeugt werden: als Parallele, als Variation, als Opposition. Entscheidend ist dabei, dass solche formalen Wiederholungen ebenfalls Wiederholungen in den Gedanken erzeugen. Die Klangwiederholung des Reims oder die formale, strukturelle Querbeziehung im Text „holt“ auch das vorherige Wort, die vorherige Passage und damit den vorherigen Gedanken „wieder“. Der Parallelismus der Struktur erzeugt einen Parallelismus der Gedanken. Entsprechend kann man auch die Tropen, die rhetorischen Figuren als formale Parallelismen begreifen. Die vergleichende oder antithetische Metapher setzt Dinge und mit ihnen Bedeutungen zueinander in Beziehung.

Die Lautäquivalenz impliziert immer auch Bedeutungsäquivalenz. Allgemeiner heißt das, äquivalente Wiederholungen erzeugen immer auch semantische Äquivalenz. Daraus ergibt sich die elementare Polysemantik der Dichtung. Mehrdeutigkeit wird zum konstitutiven Strukturmerkmal dieser poetischen Verfahren. Ein literarischer Text ist demnach durch den Vorrang der Form vor der einfachen Referenz gekennzeichnet. Das heißt aber gerade nicht, dass dadurch der Bedeutungscharakter der Sprache ausgelöscht würde. Der Vorrang der Form macht die Sprache vielmehr doppel- und mehrdeutig. Der Geiz wird zu einer Tugend und bleibt doch ein Laster. Die formale Gestaltung ist also nicht ein ornamentaler Sprachgebrauch, ist nicht Redeschmuck, sondern eine grundlegend geänderte Einstellung zur Sprache, die nicht referentiell eindeutig, sondern poetisch mehrdeutig wird. Die Einstellung auf die sprachliche Verfassung und den materiellen Charakter der Sprache, die durch die poetische Funktion der Sprache bewirkt wird, hat eine doppelte Wirkung: ästhetische Lust an der Wiederholung und genau dadurch semantische Mehrdeutigkeit sowie eine intellektuelle Lust an geistiger Komplexität.

Wenn ich zu Anfang die Frage gestellt hatte, ob die Form nur die neutrale Verpackung für den Inhalt ist oder ob sie Auswirkungen auf die Wahrnehmung des Inhalts hat, ihn gar auf elementare Weise mitbestimmt, hat sich nun gezeigt, auf welche Weise die Form den Inhalt und seine Bedeutung prägt. Das zeigt schließlich auch, dass der Strukturalismus nicht so sehr, wie es zunächst den Anschein geben konnte, ein Gegenmodell zur Hermeneutik ist, sondern dass er die Fragen der Hermeneutik, nämlich die nach der Bedeutung von Texten, neu zu formulieren gestattet. Wenn die besondere formale Gestaltung die dichterischen Texte wesentlich mehrdeutig macht, werden die Bedeutungsanalyse und die Deutung schwierig. Wie soll man konstitutiv mehrdeutige Texte verstehen?

Die radikalsten Konsequenzen aus diesen Einsichten hat die literaturtheoretische Schule der Dekonstruktion gezogen. Deren Grundgedanken will ich kurz andeuten. Eine dekonstruktive Lektüre trägt der elementaren Mehrdeutigkeit Rechnung. Ein mehrdeutiger Text errichtet auf der einen Ebene der Bedeutung eine gedankliche Konstruktion, die durch eine andere Bedeutung wieder de-konstruiert wird. Es gibt auch eine dekonstruktive Schule in der Architektur. Ein berühmtes Beispiel ist das Feuerwehrhaus der Vitra-Werke in Weil am Rhein, das Zaha Hadid (1950-2016) gebaut hat. Dekonstruktive Gebäude wirken so, als würden sie jeden Moment zusammenstürzen. Wer einmal im Libeskind-Bau des Jüdischen Museums in Berlin war, wird sich an das körperliche Schwindelgefühl erinnern, das einen befällt, wenn man mit der schiefen Konstruktion konfrontiert wird, die der Garten des Exils hat.

Und entsprechend erzeugt die intellektuelle Dekonstruktion einen geistigen Schwindel, wenn man etwas und zugleich etwas anderes – gar das Gegenteil – denken soll. Das hatte sich schon an den verschiedenen Bedeutungsdimensionen von „Türkei“ gezeigt. Der Werbespruch „Geiz ist geil“ ist ein gutes Beispiel für eine dekonstruktive Konstruktion. Geiz als Laster wird durch die positive Semantik des Adjektivs geil dekonstruiert; und umgekehrt wird der Satz „Geiz ist geil“ durch die Semantik des Worts Geiz dekonstruiert. Der Satz sagt also gleichzeitig von ein und derselben Sache aus, dass sie ein Laster und eine Tugend ist. Das ist nicht nur eine intellektuelle, sondern auch eine moralische Dekonstruktion. Wenn ein Laster zugleich eine Tugend und eine Tugend zugleich ein Laster ist, kann einem schon schwindlig werden.

2 Strukturalismus und Literatur

Abschließend will ich den Essay „Die strukturalistische Tätigkeit“ von Roland Barthes (1915-1980) kommentieren. Barthes hat als einer der Ersten die Möglichkeiten gesehen, die der linguistische Strukturalismus für die Literaturkritik haben kann. Er hat sowohl theoretische Reflexionen zur strukturalen Analyse von literarischen Texten angestellt als auch Musteranalysen durchgeführt. Die bedeutendste ist in dem Buch mit dem Titel *S/Z* (1970) enthalten. Es handelt sich um das Ergebnis eines Seminars, in dem er über zwei Semester mit den Studierenden die Erzählung „Sarrasine“ von Honoré de Balzac (1799-1850) analysiert hat. Da die Erzählung kaum mehr als dreißig Seiten lang ist, handelt es sich um eine sehr minutiöse Lektüre. Sehr einflussreich ist auch sein Buch von 1957, *Mythologies – Mythen des Alltags*. Das sind kurze Analysen von Alltagsphänomenen, wie dem damals neuen Citroën DS, der Vorliebe der Franzosen für Steak und Pommes frites oder der seinerzeit zunehmenden Verbreitung von Alltagsgegenständen aus Plastik. Heute müsste man, wollte man Entsprechendes machen, vielleicht, um Beispiele aus denselben Feldern zu nehmen, das Elektroauto, die epidemische Vorliebe für vegane Küche oder die Produkte von 3-D-Druckern einer solchen Analyse unterziehen. Das Buch analysiert nicht nur solche Alltagsphänomene und zeigt, wie sie „funktionieren", sondern gibt in einem zweiten Teil auch eine methodische Anleitung für solche Untersuchungen. Sie hat ihr theoretisches Rüstzeug aus der strukturalen Linguistik bezogen.

Der Essay über die strukturalistische Tätigkeit gibt eine Antwort auf die Frage: „Was ist der Strukturalismus?". Da der literaturwissenschaftliche Strukturalismus vom linguistischen Strukturalismus ausgeht, ist dessen Konzeption des Zeichens grundlegend. Ein Zeichen hat die beiden Seiten des Signifikanten und Signifikats, des Bedeutenden und des Bedeuteten. Entscheidend ist für Barthes das aktive Moment der strukturalen Analyse; es ist eine Tätigkeit, und zwar nicht nur im Feld der Wissenschaft, sondern auch der Kunst. Musiker, Maler, Schriftsteller sind gleichermaßen als „strukturale Menschen" zu bezeichnen, wie die Kritiker und Wissenschaftler, die deren Werke untersuchen. Es geht dabei um die formale Verfassung von Werken.

Die Tätigkeit der strukturalen Analyse besteht in der „geregelten Aufeinanderfolge einer bestimmten Anzahl geistiger Operationen". Es geht darum, den Untersuchungsgegenstand – das Bild, den Text – so zu analysieren, dass deutlich wird, nach welchen formalen Prinzipien und Regeln er gemacht ist und wie er funktioniert: also seine „Kunstgriffe" aufzuzeigen. So wird der Text, indem er analysiert und in Hinsicht auf seine Funktionsweisen auseinandergenommen wird, zugleich auch wieder neu aufgebaut, denn die strukturale Analyse durchdringt die Oberfläche des Inhalts und zeigt das formale Gerüst eines Textes. Weil das etwas ist, das nicht unmittelbar sichtbar und zudem ein formales, also geistiges Moment ist, nennt Barthes das Konstrukt einer solchen Analyse ein Simulakrum des untersuchten Objekts: eine Nachahmung.

Es gibt zunächst das Bild oder den Text, und es gibt dann die Beschreibung der formalen Verfassung des Bilds oder Texts, die aber nicht einfach das Bild oder der Text selbst ist, sondern die Nachbildung seiner Form. Die Analyse macht etwas sichtbar, das in dem Bild oder Text, so wie er vor Augen liegt, nicht sichtbar ist. „Der strukturale Mensch nimmt das Gegebene, zerlegt es, setzt es wieder zusammen." Das ist weniger banal, als es sich anhört, denn die analytische Nachbildung ist nicht einfach das Bild oder der Text noch einmal, sondern „etwas Neues" im Verhältnis zu ihm. „Und dieses Neue ist das allgemein Intelligible" an dem Bild oder Text, das, was an ihm für den Intellekt erkennbar ist und was der Intellekt dem Bild oder Text durch seine Erkenntnis hinzufügt, indem er es in dem Bild oder Text als seine interne Regelhaftigkeit und formale Verfassung erkennt und sichtbar macht.

Das Simulakrum ist nicht eine simple Kopie des untersuchten Gegenstands, es macht eine eigene Dimension an ihm deutlich. Es ist ihm ähnlich, aber nicht als Nachbildung, sondern als Analogie, in der die Funktionsweise des Gegenstands erkennbar wird. Die Untersuchung fügt dem untersuchten Gegenstand etwas hinzu: die Erkenntnis seiner formalen Verfassung und der Regeln seines Funktionierens. In Hinsicht auf einen literarischen Text bedeutet das, die Analyse ist nicht eine Paraphrase des Inhalts. Sie zeigt vielmehr, auf welche Weise der Inhalt dargestellt wird, und weiter, was diese besondere Form der Darstellung für diesen Inhalt bedeutet. Die Analyse macht etwas an dem Text verstehbar und zeigt so, dass die Form des Textes ein Moment seiner Bedeutung ist.

Dabei geht der strukturalistische Kritiker mit dem Text so vor, wie der strukturalistische Linguist mit der Sprache. Er zerlegt den Text in kleinste distinktive Merkmale. Das sind nicht irgendwie wahllos erzeugte Bruchstücke, sondern aufeinander bezogene Elemente, Oppositionspaare, die – wie in der Sprache allgemein – Bedeutung bilden: Rose / Dose; Rose / Rosse. An Baudelaires Sonett habe ich gezeigt, indem ich eine Reihe von Elementen des Gedichts isoliert habe – Natur / Tempel, Bäume / Symbole, natürliche Geräusche / wirre Worte –, dass es in ihm um die Idee der Natursprache geht, die auf eine bestimmte Weise, durch Korrespondenzen, Bedeutung erzeugt. Diese Zerlegung in Einzelelemente kann dann im nächsten Schritt das Gedicht als ein Erkanntes und Verstandenes wieder neu zusammensetzen. Die Natur spricht, indem sie Korrespondenzen bildet, die wiederum dem Menschen verstehbar werden, sofern er selbst in Korrespondenzen zu denken lernt. Das lernt man, indem man Gedichte liest, die ebenfalls in solchen Korrespondenzen denken.

Das dergestalt wieder zusammengesetzte Werk ist nicht einfach das Werk selbst, sondern das Werk als erkanntes. Die Analyse hat die inneren Gesetze aufgedeckt und gezeigt, dass die Verknüpfung der Worte und Sätze nicht beliebig ist, sondern einem dem Werk zu Grunde liegenden Regelapparat folgt. Die Erkenntnis, dass der Text nach Regeln gebildet und nicht nur eine zufällige Anordnung der Elemente ist, zeigt, „das Kunstwerk ist, was der Mensch dem Zufall entreißt“. In dieser Perspektive ist die Kunst ein Moment der menschlichen Zivilisation, durch das der Mensch zeigt, wie er gegenüber der Natur eine Position beziehen kann. Das leistet auch die Technik oder die Politik. Der Ingenieur erfindet Apparate, um die physische Natur in Zivilisation zu verwandeln und sie zu beherrschen oder für den Menschen nutzbar zu machen: Ackergeräte, um den Boden zu kultivieren und Nahrung anzubauen; Maschinen, um Metall und anderes zu verarbeiten und Autos zur Fortbewegung. Der Politiker macht Gesetze, um die menschliche Natur in Zivilisation zu verwandeln und sie zu beherrschen und das Zusammenleben der Menschen zu ermöglichen. Die Frage ist dann, welche Einstellung gegenüber der Natur die Kunst und die Dichtung haben und welche zivilisatorische Leistung sie erbringen. Baudelaires Gedicht hat einen ersten

Zugang zu dieser Frage eröffnet. Die Dichtung bildet eine besondere Art des Denkens, und der Inhalt ihres Denkens scheint auch mit dem Verhältnis des Menschen zur Natur zu tun zu haben. Aber sie verwandelt die Natur nicht einfach, wie Technik und Politik, in Kultur und Zivilisation, sondern sie macht dieses Verhältnis der menschlichen Kultur zur physischen Natur selbst zu ihrem Thema und zeigt, inwiefern der Mensch ein Wesen ist, in dem Natur und Kultur, Körper und Geist zusammenwirken. Und dieses Zusammenwirken ist, was man Bedeutung oder Sinn nennt. Baudelaire analysiert und beschreibt die Bedeutung als Korrespondenz.

Der Regelapparat eines Werks entspricht dem, was in der Sprache die Grammatik ist, die regelt, wie Worte zu Sätzen verbunden werden. Die Grammatik eines literarischen Textes kann zwei Dimensionen haben. Die eine folgt allgemeinen Regeln, die zum Beispiel durch die Gattung vorgegeben sind. Die andere folgt den eigenen Regeln des jeweils konkreten Werks, das für sein besonderes Thema quasi eine eigene Grammatik bildet. Ein Drama ist nach einem bestimmten Schema in Akte und Szenen eingeteilt, und diese Einteilung gibt dem dargestellten Inhalt eine Form. Bei dem Gedicht von Baudelaire handelt es sich um ein Sonett, dessen Einteilung in zwei Strophen mit vier Versen und zwei Strophen mit drei Versen wiederum eine bestimmte Form der Darstellung des Inhalts impliziert. In den Quartetten wird das Thema des Gedichts vorgestellt: in diesem Fall die Natursprache als Denken in Korrespondenzen. In den Terzetten wird dieses Thema vertieft und in seinen Konsequenzen aufgezeigt: das Verhältnis von Körper und Geist, Sinnlichkeit und Sinn als Korrespondenz und deren moralische Implikationen. Die Form des Sonetts bildet die Grammatik der Gattung. Die Elemente der Natursprache und ihr besonderes Funktionieren bilden die Grammatik dieses besonderen Gedichts.

Auf diese Weise macht die strukturale Analyse, indem sie das Funktionieren des Werks aufzeigt, die Art und Weise und den Vorgang erkennbar, „durch den die Menschen den Dingen Bedeutung geben“. Entscheidend dabei ist, dass diese Analyse nicht fragt, was ein Text bedeutet, sondern wie, auf welche Weise er Bedeutung bildet. Deshalb kann Barthes sagen, der Gegenstand der Analyse ist zuletzt der Mensch, der Bedeutungen erzeugt: der *homo significans*. Die strukturale Analyse ist demnach eine elementare Form der Aufklärung, wenn diese ihr Prinzip darin hat, eine analytische und methodisch geregelte Distanz zu den Dingen und zur Welt einzunehmen und zu zeigen, wie die Dinge funktionieren. Wenn man den Blitz wissenschaftlich untersucht, stellt man fest, dass er nicht ein übernatürliches Phänomen, eine Bekundung der Macht Gottes oder dergleichen ist, sondern ein natürliches Phänomen, das man als elektrostatische Aufladung der Atmosphäre und entsprechende Entladung erklären kann. So erklärt man, nach welchen Gesetzen ein Blitz entsteht. Entsprechend zeigt die strukturale Analyse, dass die Entstehung von Bedeutung nicht einfach durch einen Gedankenblitz geschieht, der sich auf übernatürliche Weise, durch Inspiration oder dergleichen bildet, sondern nach formal beschreibbaren Regeln und Gesetzen. Die strukturale

Analyse zielt auf die Dinge, sofern sie gemacht sind; und sie macht dieses Gemachtsein deutlich. Die Dinge sind, was sie sind, weil sie zu dem gemacht wurden, was sie sind. Das gilt auch für das Verhältnis zur Geschichte. Die Frage ist dann nicht, was so alles passiert ist, sondern wie es dazu gekommen ist, dass dies und das passieren konnte.

IV Lyrik

1 Allgemeines

Im Folgenden werde ich an Textbeispielen der traditionellen literarischen Gattungen einige für diese Gattungen spezifische literaturwissenschaftliche Fragen untersuchen und dabei die große methodische Zweiteilung von Bedeutungs- und Strukturanalyse nicht aus dem Blick verlieren. Die Einteilung in die drei Hauptgattungen, so hatte ich anfangs gesagt, geht auf das 19. Jahrhundert zurück. Der Theaterkritiker Alfred Kerr (1867-1948) hat in der ersten Hälfte des 20. Jahrhunderts gemeint, eine vierte Gattung hinzufügen zu sollen. Die Literatur besteht demnach aus Lyrik, Dramatik, Epik und Kritik – eine immerhin bedenkenswerte Hinzufügung. Die Einteilung in die drei Gattungen ist häufig kritisiert worden, und man sollte bei ihr auf jeden Fall im Sinn behalten, dass sie ein Interpretament ist, das zu einer bestimmten historischen Zeit entstanden ist und deshalb möglicherweise nur konventionellen Charakter hat. So gesehen hat die Einteilung – fast – nur heuristischen Wert; sie dient als ein konventionelles Schema, um die Vielfalt der Phänomene zu ordnen. Denkbar wäre zum Beispiel auch ein anderes Schema, das die Vielfalt der Texte nicht nach Gattungen, sondern nach Themen und Motiven ordnete.

Die Grenzen zwischen den Gattungen Lyrik, Dramatik, Narrativik sind keineswegs eindeutig zu ziehen. Balladen sind erzählende Gedichte, das Prosagedicht verdankt seinen Namen der Tatsache, dass es in metrisch ungebundener Prosa geschrieben ist, aber doch Poesie sein will. Ein Drama kann ein „lyrisches Drama“ sein, Teile des Dramas der Monolog, der Botenbericht – können erzählenden Charakter haben. Ein Roman kann dialogisch und dramatisch organisiert sein. Wenn ich allerdings gesagt habe, diese Einteilung habe fast nur heuristischen Wert, so deshalb, weil die damit benannten Unterschiede ja doch – irgendwie – zu existieren scheinen.

Lyrik gilt traditionell als die höchste der Künste; das Dichten ist der Inbegriff, das Ideal des künstlerischen Umgangs mit der Sprache. Entsprechend ist das Lesen von Gedichten der Gipfel der Kunst des Lesens. Das Wort Lyrik geht auf das griechische *lyra* zurück und meint entsprechend einen von der Leier begleiteten Gesang. Der Dichter ist Sänger, seine Kunst macht die Sprache zum Gesang. Deshalb hat Bob Dylan 2016 den Nobelpreis für Literatur zu Recht bekommen. Das Lyrische verweist zum einen darauf, dass Dichtung eine Form des Umgangs mit der Sprache bildet, der an die Musik angrenzt und Schnittmengen mit ihr bildet, zum anderen darauf, dass die angemessene Form der Rezeption von Lyrik nicht das Lesen, sondern das Hören ist, dass die Klanggestalt des Gedichts von großer Bedeutung ist und – so hatte sich in der Analyse des Werbespruchs gezeigt – in einer komplexen Beziehung zur Semantik steht.

Man könnte meinen, die spezifisch lyrische Form der Sprache bestehe in den besonderen Formen ihrer Gebundenheit: also der rhythmischen Gliederung, der metrischen Bindung, dem Reimschema und der Strophenform. Für diese Art der formalen Behandlung der Sprache ist das Moment der Wiederholung von zentraler Bedeutung. Als Kriterium für Lyrik ist es allerdings nicht unproblematisch, wie man an dem Merkvers aus dem Geographieunterricht sieht:

> Iller, Lech, Isar, Inn
> fließen rechts zur Donau hin.
> Wörnitz, Altmühl, Naab und Regen
> kommen ihr von links entgegen.

Die Donau fließt von Westen nach Osten. Die Nebenflüsse münden in dieser Reihenfolge. Die Flüsse, die von Süden einmünden, kommen von der Fließrichtung der Donau aus gesehen von rechts; die Flüsse, die von Norden einmünden, kommen von links. Der Spruch enthält alle angeführten Momente: eine Strophe aus vier Zeilen, von denen jeweils zwei paarig gereimt sind und die alle aus vierhebigen Jamben gebildet sind. Aber ist das deshalb Lyrik? Und was soll man zu Wiegenliedern sagen?

> Schlaf, Kindchen, schlaf,
> der Vater hüt' die Schaf,
> die Mutter schüttelt's Bäumelein,
> da fällt herab ein Träumelein,
> schlaf, Kindchen, schlaf.

Oder was sind Abzählverse? „Ene mene mu, und raus bist du"? Das ist metrisch gebunden und hat Reime. Aber ist das auch Lyrik?

Am anderen Extrem zeigen sich ähnliche Schwierigkeiten. „Singe, oh Muse, den Zorn des Peliden Achilleus", so beginnt die *Ilias* von Homer (≈ 8. Jh. v. Chr.) und führt sich damit selbst als Gesang ein; und die *Aeneis* Vergils (70-19 v. Chr.) beginnt entsprechend: „arma virumque cano". Auch die neueren Epen sind in Versform gestaltet und tragen den Gesang im Titel: *La chanson de Roland* (zwischen 1075 und 1110), *El cantar del Cid* (zwischen 1195 und 1207), *Das Nibelungenlied* (Anfang 13. Jh.). Und Theaterstücke sind bis ins 20. Jh. häufig metrisch gebunden. Endgültig verwirrt sich jeder Definitionswille, wenn im sogenannten freien Vers die metrische Bindung und der Reim aufgegeben werden und im 19. Jahrhundert gar eine lyrische Gattung aufkommt, die sich Prosagedicht nennt, die tatsächlich – etwa in Baudelaires *Le spleen de Paris* (1869), ein Buch, mit dem er diese Gattung mehr oder weniger begründet hat – formal nicht von erzählender Prosa zu unterscheiden ist, aber doch den Anspruch erhebt,

Gedicht zu sein. Dazwischen liegen die im engeren Sinn lyrischen Formen vom Epigramm über das Sonett und die Ode bis zur Hymne. Sie allein sind schon kaum unter eine Definition zu bringen; alles zusammen aber entzieht sich endgültig jeder sinnvollen Definition.

Die formale Verfassung der Wiederholung, deren Bedeutung sich im Zusammenhang der Diskussion des Strukturalismus gezeigt hat, sticht in der Lyrik besonders hervor. Sie ist in pragmatischer Hinsicht von großer Wirksamkeit. Metrum und Rhythmus, Reim und Strophengliederung sind die ausdrücklich und bewusst eingesetzten Formen dieser Wiederholungsstruktur. Die gebundene Sprache ist eine Form der Gedächtniskunst – ein metrisch formatierter, mit einem Reimschema und strophischer Gliederung ausgestatteter Text prägt sich dem Gedächtnis besser ein. Die Nebenflüsse der Donau merkt man sich in Versform einfach leichter. In dieser Perspektive hat man die Versform der Epen auch als ein Mittel der Gedächtnisstütze gefasst; sie erleichtert dem Vortragenden seinen Vortrag und dem Zuhörer das Zuhören.

Ein weiterer Aspekt ist der ästhetische Genuss, den die Klanggestalt gebundener Sprache verschafft. Metrisch geformte und rhythmisierte, durch Reime weiter gestaltete, also musikalisierte Sprache ist dem Ohr angenehm, eine sinnliche Freude vor aller Bedeutung, die durch das Ohr den ganzen Körper erfasst und ihn auf einen Ton „stimmt" und eine „Stimmung" erzeugt oder ihn gar zur Bewegung anreizt. Der Tanz hat ebenfalls eine Schnittmenge mit der Lyrik, die damit zum Ausdruck einer Stimmung, eines Körpergefühls, ja, eines Lebensgefühls wird. Der Abzählvers „Ene mene mu, und raus bist du" ist, gerade weil er – fast – gar nichts bedeutet, eine reine Ausprägung dieser Seite der lyrischen Sprache. Oder *Das große Lalula* von Christian Morgenstern (1871-1914):

> Kroklokwafzi? Semememi!
> Seiokronto – prafriplo:
> Bifzi, bafzi; hulalemi:
> quasti basti bo …
> Lalu lalu lalu lalu la! etc.

Verfolgt man diese Überlegung weiter, kann man sagen, dass anthropologisch gesehen die Wiederholung eine elementare Verfassung der menschlichen Natur ist. So könnten der Herzschlag und der Atem den Ur-Rhythmus bilden: Systole, Diastole; Einatmen und Ausatmen. Die gebundene Sprache wäre dann eine Gestalt, die rhythmische Form der Lebensprozesse sprachlich auszudrücken – und sie könnte dann umgekehrt wiederum ein Formatierungsmedium für diese Lebensprozesse sein, indem sie neue, künstliche Rhythmen und Metren schafft. Das Metrum – das Wort geht wie Meter auf das griechische *metron* zurück – gibt das Maß der Bewegung, etwa der Schrittfolge, an; deshalb bezeichnet man umgekehrt die elementare Einheit des Metrums als Versfuß. Metrum und Rhythmus sind Formatierungen von Stimmung, Körpergefühl und allgemein Lebensgefühl.

Es leuchtet unmittelbar ein, dass Marschmusik, Hard-Rock oder Techno-Musik, Walzer, Foxtrott oder Tango, Ragtime, Swing oder Bebop, gar Free Jazz in dieser Hinsicht jeweils andere Wirkungen haben. Das wäre immerhin ein Indiz für die hohe Wertschätzung der Lyrik als höchster Form der Kunst.

Schließlich hat die Wiederholungsstruktur einen chronologischen Aspekt; sie macht die Zeit als Zeit, nämlich als vergehende erfahrbar. Metrum und Rhythmus wären so das Maß der vergehenden Zeit. Bereits die natürlichen Prozesse verlaufen in verschiedenen Rhythmen: Tag und Nacht, die Jahreszeiten bis hin zu kosmischen Zyklen. Die Lyrik bildet so gesehen eine elementare Form des menschlichen Verhältnisses zur Zeit. Das lyrische Maß ist ein Zeitmaß, das lyrische Sprachgefühl ein Zeitgefühl. Eine Frage ist dann, und sie ist für das Zeitgefühl wie für das vorher angesprochene Körper- und Lebensgefühl von gleicher Tragweite, was der fundamentale Unterschied in der lyrischen Formsprache im Wechsel von welthistorischen Epochen einerseits, also geschichtlich, und im Unterschied verschiedener Sprachen und Kulturen andererseits, also gleichzeitig, „bedeutet"? Und was bedeutet die maschinelle, chronometrische Zeitrechnung durch die Uhr im Unterschied zur lyrischen Zeitmessung durch die metrisch und rhythmisch gebundene Sprache für die verschiedenen Zeitauffassungen und das Zeitgefühl? Das sind Fragen, denen hier nicht weiter nachzugehen ist. Aber wenn die Lyrik dergestalt eine elementare Beziehung zur Zeit und zu fundamentalen Wiederholungsstrukturen des menschlichen Lebens stiftet, könnte das ein weiterer Grund für ihre traditionelle Hochschätzung sein.

Die Unterscheidung von gebundener und ungebundener Sprache, von Poesie und Prosa, ist allerdings traditionell als ein wichtiges Kriterium gesehen worden. Zwar ist nicht jede metrisch gebundene Sprachäußerung notwendig ein Gedicht, aber umgekehrt ist bis zum 19. Jahrhundert ein metrisch ungebundener Prosatext wohl niemals als Lyrik aufgefasst worden. Das Wort Metrum zeigt an, dass die Sprache der Dichtung gemessen wird, an einem vorgegebenen Ordnungsschema ihr Maß nimmt. Dieses Maß wird als regelmäßiges erst erkennbar, wenn es wiederholt wird, also eine weitere Wortfolge mit demselben Maß folgt. So kann man sagen, dass es einen Vers allein – wie auch ein Wort allein – eigentlich gar nicht gibt, da er als Vers erst durch die Wiederholung des metrischen Musters deutlich wird – so wie das Wort erst durch die Differenz zu einem anderen Wort konstituiert wird und Bedeutung erhält.

Wichtig ist nun, dass die verschiedenen Sprachen und Literaturen sich auch in ihren lyrischen Formen unterscheiden. Sie bilden eigene Typen der metrischen Bindung oder der strophischen Gliederung aus, die wiederum zu verschiedenen Zeiten unterschiedliche Gestalt annehmen – und jeweils andere Formatierungen von Stimmung, Körpergefühl und Lebensgefühl zu verschiedenen Zeiten und in unterschiedlichen Sprachräumen bewirken.

Für die französische Lyrik gibt es die *Französische Metrik* von Theodor Elwert oder die *Einführung in die französische Verslehre* von Rudolf Baehr, für die spanische Lyrik die *Spanische Verslehre* von Rudolf Baehr und für die italienische Lyrikdie *Italienische Metrik* von Theodor Elwert. In der Bibliographie finden sich weitere Titel. Das sind Lehr- und Handbücher, mit denen man die elementaren Techniken der französischen, italienischen und spanischen Verskunst studieren kann. Wenn ich vorhin von einem vierhebigen Jambus gesprochen habe, ist damit bereits das wichtigste Unterscheidungsmerkmal der deutschen zur Metrik der romanischen Sprachen benannt. In ihnen werden die Versarten nicht nach Hebungen und Senkungen, sondern nach der Gesamtzahl der Silben benannt. Das Prinzip der deutschen Metrik nennt man das akzentuierende Versprinzip, bei dem die Abfolge von betonten und unbetonten Silben oder der Wechsel von Hebungen und Senkungen entscheidend ist. Das Prinzip der romanischen Lyrik nennt man das silbenzählende oder numerische Versprinzip, bei dem die Anzahl der Silben den jeweiligen Verstyp bestimmt: Viersilber, Achtsilber, Elfsilber etc.

Die Zählung der Silben geschieht nach Regeln, die klären, was dabei zu berücksichtigen ist. Entscheidend ist, dass eine metrische Silbe nicht immer identisch ist mit einer Wortsilbe. Was damit gemeint ist, werde ich an einem Beispiel erklären, das für alle drei romanischen Sprachen Gültigkeit hat. Ansonsten sind die Besonderheiten der metrischen Silbenzählung zu groß, um sie in diesem Rahmen vorstellen zu können. An den folgenden drei Sonetten werde ich einige Momente der Analyse von Gedichten zeigen.

Francesco Petrarca (1304-1374): *Canzoniere* III

Era'l giorno ch'al sol si scoloraro
per la pietà del suo Factore i rai,
quando i'fui preso, et non me ne guardai,
ché i be' vostr'occhi, Donna, mi legaro.

Tempo non mi parea da far riparo
contra colpi d'Amor; però n'andai
secur, senza sospetto: onde i mei guai
nel comune dolor s'incominciaro.

Trovommi Amor del tutto disarmato,
et aperta la via per gli occhi al core,
che di lagrime son fatti uscio et varco.

Però, al mio parer, non li fu honore
ferir me de saetta in quello stato,
a voi armata non mostrar pur l'arco.

Es war der Tag, als der Sonne Strahlen sich verdunkelten / aus Mitleid mit ihrem Schöpfer, / als ich gefangen wurde, da ich nicht auf der Hut war, / weil Eure schönen Augen, Herrin, mich gefesselt haben. // Es schien mir nicht die Zeit, aufmerksam zu sein / auf Amors Pfeile; vielmehr ging ich / in Sicherheit, ohne Verdacht. Deshalb haben meine Leiden / im allgemeinen Schmerz begonnen. // Es fand mich Amor vollkommen ohne Rüstung, / und offen war der Weg durch die Augen zum Herzen, / die durch die Tränen weit offene Tore geworden sind. // Aber, so scheint mir, war es für ihn nicht ehrenhaft, / mich zu verletzen mit dem Pfeil in jenem Zustand, / und Euch, in voller Rüstung, nicht einmal den Bogen zu zeigen.

Garcilaso de la Vega (1501-1536): Soneto XXXVIII

Estoy continuo en lágrimas bañado,
rompiendo el aire siempre con sospiros;
y más me duele el no osar deciros
que he llegado por vos a tal estado;

que viéndome do estoy, y lo que he andado
por el camino estrecho de seguiros,
si me quiero tornar para huiros,
desmayo, viendo atrás lo que he dejado;

y si quiero subir a la alta cumbre,
a cada paso espántanme en la vía,
ejemplos tristes de los que han caído

Sobre todo, me falta ya la lumbre
de la esperanza, con que andar solía
por la oscura región de vuestro olvido.

Ich bin unaufhörlich in Tränen gebadet / und zerbreche die Luft immer mit Klagen; / und mehr noch schmerzt mich, dass ich nicht wage, Euch zu sagen, / dass ich Euretwegen in solchem Zustand bin; // denn wenn ich sehe, wo ich stehe und was ich gegangen bin / auf dem engen Weg Euch nachfolgend, / und wenn ich umkehren will, um Euch zu fliehen, / werde ich ohnmächtig, sehe ich hinter mir, was ich zurückgelassen habe; // und wenn ich hinaufsteigen will zum höchsten Gipfel, / erschrecken mich bei jedem Schritt auf dem Weg / traurige Beispiele derer, die abgestürzt sind. // Vor allem fehlt mir aber bereits das Licht / der Hoffnung, mit der ich sonst gegangen bin / durch die dunkle Gegend Eures Vergessens.

Pierre de Ronsard (1524-1581): *Amours de Cassandre* XX

Je voudrais bien richement jaunissant
En pluie d'or goutte à goutte descendre
Dans le beau sein de ma belle Cassandre,
Lors qu'en ses yeux le somme va glissant.

Je voudrais bien en taureau blanchissant
Me transformer pour finement la prendre,
Quand en avril par l'herbe la plus tendre
Elle va, fleur, mille fleurs ravissant.

Je voudrais bien alléger ma peine,
Être un Narcisse, et elle une fontaine,
Pour m'y plonger une nuit à séjour;

Et voudrais bien que cette nuit encore
Durât toujours sans que jamais l'Aurore
Pour m'éveiller ne rallumât le jour.

Ich möchte gern reichlich und gelb / als Goldregen Tropfen für Tropfen hinabsteigen / in den Schoß meiner schönen Cassandra, / wenn der Schlaf in ihre Augen gleitet. // Ich möchte gern in einen weißen Stier / mich verwandeln, um sie sanft aufzunehmen, / wenn im April auf dem weichsten Gras / sie geht, eine Blume, tausend Blumen entzückend. // Ich möchte gern, meine Leiden zu erleichtern, / ein Narziss sein, und sie soll eine Quelle sein, / um in sie für eine Nacht einzutauchen. // Und ich möchte gern, dass diese Nacht zudem / für immer dauere, ohne dass je die Morgenröte, / um mich zu wecken, den Tag erhellte.

Ein Hauptpunkt bei der metrischen Silbenzählung ist die Frage der metrischen Handhabung aufeinandertreffender Vokale. Daran lässt sich der Unterschied der metrisch gebundenen zur alltagssprachlichen Rede deutlich machen. Die Vokale sind das fließende Moment der Sprache, die Artikulation findet durch Konsonanten statt. Wenn in einem Vers zwei oder drei Vokale aufeinanderfolgen, werden sie nicht mehr als einzelne Silben gezählt, sondern verschliffen und als eine einzige Silbe gezählt. Eine solche Synalöphe oder Synärese genannte Zusammenziehung der Vokale ist keine Elision. Die einzelnen Vokale werden nicht fortgelassen, sondern lediglich zu einem einzigen verschliffen. Das kann innerhalb eines Wortes in Form von Diphthongen der Fall sein (Synärese) oder es ergibt sich, wenn ein Wort mit Vokal endet und das nächste mit Vokal beginnt (Synalöphe). Das Problem wird im Französischen noch verschärft durch die

Tatsache, dass viele Worte ein geschriebenes „e“ am Ende oder in der Mitte haben, das aber nicht gesprochen wird (*„e“ caduc*): *richement, belle* im Sonett von Ronsard. Dieses alltagssprachlich stumme „e“ innerhalb eines Wortes wird metrisch als Silbe gezählt und gesprochen: *ri-che-ment* (V. 1): *Je vou-drais bien ri-che-ment jau-nis-sant*; die alltagssprachlich neun werden metrisch zu zehn Silben. Das stumme „e“ am Ende eines Wortes wird, wenn ihm ein Wort mit konsonantischem Anfang folgt, metrisch gezählt und auch gesprochen: *ma bell-e Cassandre* (V. 3). Wenn ihm ein Vokal folgt, wird es nicht gezählt: *goutte_à gout-te*; die drei alltagssprachlichen Silben werden zu vier metrischen Silben. Eine Ausnahme bildet das unbetonte „e“ am Versende, das zwar gesprochen, nicht aber metrisch gezählt wird.

In dem spanischen Sonett von Garcilaso de la Vega gibt es in der ersten Zeile ein weiteres Phänomen, das in dieser Hinsicht metrisch bedeutsam ist: *Estoy continuo en lágrimas bañado*. Hier wird der Diphthong *uo* in *continuo* verschliffen und als eine Silbe gezählt; und weil das nächste Wort *en* mit einem Vokal beginnt, wird auch dieses verschliffen. So fließen die Vokale wirklich ineinander: *Estoy continuo_en lágrimas bañado*. Das Fließen der Vokale stellt geradezu das Fließen der Tränen dar. Bei Petrarca werden die Synalöphen schon als Elisionen geschrieben: *Era'l giorno ch'al sol si scoloraro*. Eigentlich müsste es heißen: *Era il giorno che al sol si scoloraro*.

Daraus wird ersichtlich, dass „Silbe“ in der Metrik nicht im grammatischen Sinn verwendet wird. Eine grammatische Silbe ist nicht notwendig identisch mit einer metrischen Silbe; die grammatische Silbe ist Teil eines Wortes, die metrische Silbe ist Teil eines Verses. Und ein Vers besteht nicht aus Worten, sondern aus Klängen, gebildet aus rhythmischen und metrischen Elementen. Für diese Klangeinheiten sind nicht notwendig die Wortsilben, sondern die metrischen Silben entscheidend. Aber ganz allgemein wird erkennbar, dass das Metrum eine zweite Ebene der Klangstruktur über die Alltagssprache – wie die Fiktion eine zweite Ebene der Vorstellung und des Denkens über die Alltagswelt – legt.

Ein weiteres Merkmal der drei Gedichte ist, dass sie Endreime aufweisen. Als Reim bezeichnet man die klangliche Übereinstimmung von Worten am Ende zweier Verse. Die antike Dichtung kennt keine Endreime. Die alte germanische Dichtung auch nicht; dafür hatte sie Stabreime. Es gibt verschiedene Formen der Reimfolge; gewöhnlich werden die einzelnen Reime durch Buchstaben gekennzeichnet: 1) ein fortgesetzt gleichbleibender Reim: aaaa; 2) der Paarreim, bei dem jeweils zwei gleiche Reime aufeinanderfolgen: aabbccdd; 3) der umschlingende Reim, bei dem ein Paarreim von einem anderen Reim umschlungen wird: abba, cddc; 4) der Kreuzreim, bei dem sich zwei Reime jeweils abwechseln: abab, cdcd. Das Reimschema des Gedichts von Petrarca und Garcilaso ist: abba / abba / cde / cde; im Gedicht von Ronsard weicht das Schema von dieser üblichen Form ab: abba / abba / ccd / eed.

Die Gedichte weisen eine weitere formale Besonderheit auf. Mehrere Verse sind zu einer größeren Einheit verbunden: der Strophe. Sie bildet in der Regel eine syntaktische Einheit und hat ein je eigenes Reimschema. Gedichte können strophisch gegliedert sein, sie können aber auch aus fortlaufenden Versen bestehen. Die Zahl der Strophen und ihre jeweils besondere Gestalt, zum Beispiel die Zahl ihrer Verse, hängen von den lyrischen Gattungen und ihren jeweiligen formalen Vorgaben ab. Strophen werden nach der Zahl ihrer Verse benannt: Zweizeiler, Dreizeiler / Terzett, Vierzeiler / Quartett, Fünfzeiler, Sechszeiler etc.

2 Prämoderne Dichtung

Die Gedichte von Petrarca, Garcilaso und Ronsard sind Sonette. Das ist eine im Mittelalter aufgekommene, in der Antike nicht vorkommende Gedichtform, die im europäischen und im von Europa kolonisierten Kulturraum wohl die erfolgreichste und verbreitetste lyrische Form überhaupt ist. Sie ist im 13. Jahrhundert entstanden und von Petrarca in seinem *Canzoniere* durchgesetzt worden; im Zuge des Petrarkismus ist das Sonett nahezu allgegenwärtig geworden. In Spanien ist es im 16. Jahrhundert von Juan Boscán (1490-1542) und Garcilaso de la Vega, in Frankreich ebenfalls im 16. Jahrhundert von Ronsard und Joachim du Bellay (1522-1560) und der Dichtergruppe der *Pléiade* eingeführt worden. Es besteht aus vierzehn Versen, die in einer festen Strophenform angeordnet sind; zwei vierzeilige Strophen, die Quartette, werden mit zwei dreizeiligen Strophen, den Terzetten, kombiniert. Die Unterteilung in Quartette und Terzette ist nicht nur ein formaler Aspekt, sondern die strenge Form ist auch für Fragen des Inhalts und Gehalts von Bedeutung. Ich werde das an kurzen Interpretationen zeigen.

Bei dem erwähnten Petrarkismus handelt es sich um eine lyrische Tradition, die ausgehend von Petrarca und seinem *Canzoniere* in den nachfolgenden Jahrhunderten in ganz Europa und auch in Amerika von höchster Wirkmächtigkeit gewesen ist. Die Dichtung Petrarcas und seiner Nachfolger handelt vor allem und auf eine besondere Weise von der Liebe; deshalb wird diese Liebeslyrik Petrarkismus genannt. Aus der Distanz betrachtet sind die Gedichte ziemlich stereotyp. Aber das ist in der Liebe wohl immer der Fall. Heinrich Heine (1797-1856) hat das im 19. Jahrhundert im *Buch der Lieder* ironisch nach dem Muster *boy meets girl, girl meets another boy* gefasst:

> Ein Jüngling liebt ein Mädchen,
> Die hat einen Andern erwählt;
> Der Andre liebt eine Andre
> Und hat sich mit ihr vermählt.
> […]
> Es ist eine alte Geschichte,
> Doch bleibt sie immer neu;
> Und wem sie just passieret,
> Dem bricht das Herz entzwei.

Das ist die Grundkonstellation des Petrarkismus. Ein Liebender dichtet seine Geliebte an, die sich ihm entzieht: weil sie maßlos schön und deshalb unnahbar ist, weil sie spröde und abweisend oder weil sie gestorben ist. Liebe wird dadurch in einem elementaren Sinne als Passion konzipiert: als Leidenschaft, deren Wesen das Leiden ist – an der Ferne und Abwesenheit der Dame. Der Petrarkismus breitet sich im Laufe des 16. Jahrhunderts in ganz Europa aus, ist also ein gesamteuropäisches Phänomen, das nicht einzelsprachlich und nationalphilologisch zu erklären ist.

Die petrarkistische Lyrik macht eine bestimmte Form von Liebe, die leidenschaftliche Liebe, zu ihrem Thema. Das erstreckt sich explizit bis ins 17. Jahrhundert und lässt sich in bestimmten Transformationen auf jeden Fall bis tief ins 19. Jahrhundert verfolgen. Die romantische Liebe ist sicherlich ein Erbe der Liebeskonzeption, die in Petrarcas Dichtungen einen Ausdruck gefunden hat. Das ergibt vom ausgehenden 14. Jahrhundert bis zum 17. Jahrhundert eine unmittelbare Wirkungsgeschichte von 350-400 Jahren und weitere 200-250 Jahre Nachwirkung. Ob wir heute noch immer nach diesem Muster lieben, ob die Persönlichkeitsstruktur, die Petrarca zum ersten Mal ausführlich erkundet und dargestellt hat, noch heute existiert, ist einer Frage wert.

Der Einfluss Petrarcas auf die Dichtung und die Kultur der folgenden Jahrhunderte dürfte der größte gewesen sein, den ein Dichter in dieser Zeit je gehabt hat. Er hat offenbar dem Gefühlshaushalt einer kollektiven Psyche und deren Befindlichkeit eine angemessene Gestalt gegeben. Petrarca hat als ein Einzelner eine allgemeine Gefühlslage zum Ausdruck gebracht, der für diese Gemeinschaft dergestalt anschlussfähig war, dass er die kollektive Gefühlslage weiter formatiert hat. Das könnte eine Funktion von Literatur – und Kunst – allgemein sein. Sie bildet ein Scharnier zwischen dem Einzelnen und dem Allgemeinen im Medium des kollektiven Imaginären.

Es gibt einige wiederkehrende Elemente, die zur Grundverfassung der petrarkistischen Liebe gehören. Die Geliebte ist eine *donna*, eine Herrin, die streng, spröde, fern ist. Sie ist zudem unendlich erhaben, eine engelhafte Schönheit (*donna angelicata*). Das impliziert auch, dass sie ein fast körperloses Wesen ist; die Liebe ist ein Akt der sublimierenden Vergeistigung. Die Überhöhung der Geliebten macht den Liebenden strukturell zu einem niederen Wesen. Aus dieser Spannung von Überhöhung und Erniedrigung entsteht eine Gefühlsdynamik, bei der Hass und Liebe sich abwechseln. Ambivalenz bildet das Prinzip und die Tiefenstruktur der Trieb- und Affektverfassung. Das ergibt die paradoxen Formeln für diese Liebe, die rhetorisch als Oxymoron zu beschreiben sind. Es hat in den topischen Figuren des eisigen Feuers, der glücklichen Qual Ausdruck gefunden. Der Inbegriff dieser bitter-süßen Liebe ist die geliebte Feindin. Sie zeigt, dass Liebe und Hass und schließlich Leben und Tod aufs Engste mit dieser Form der Liebe verbunden sind. Das alles sind Figuren der Ambivalenz; ihre Wirkung ist von großer Tragweite. Sie wirkt auf mehreren Ebenen und hat durchweg den Charakter eines Konfliktes, der aus dem Begehren selbst entspringt. Die Ambivalenz von Liebe und Hass macht die Liebe und das Begehren in sich selbst konflikthaft und antagonistisch. Die Liebe ist elementar und strukturell Widerstreit von Liebe und Hass.

Die Literatur der Liebe behandelt also nicht ein irgendwie besonders interessantes Thema, sie handelt vom Menschen selbst und von seinem Lebensprinzip. Und indem sie davon handelt, gestaltet sie dieses Lebensprinzip zunehmend aus. Das ist ein dialektischer Prozess. Das Leben hat sein Prinzip in der Liebe. Die Liebe findet Ausdruck in der Literatur, die wiederum die Gestalt der Liebe und somit des Lebens ausbildet. Deshalb bleibt sie in den folgenden Jahrhunderten eines der wichtigsten Themen der Literatur.

Die Grundfigur der Liebeskonzeption als einer konfliktiv gespannten Gefühlslage bedeutet pointiert: Liebe ist Krieg. Das ergibt als Assoziations- und Bildfeld die Figur der Belagerung und Eroberung. Frauen werden – bis heute – erobert und genommen. Das ergibt weiter das Bildfeld der Verwundung und der Liebeswunde und schließlich, allerdings in umgekehrter Beziehung, das Feld von Gefangenschaft und Versklavung. Der zutiefst ambivalente Grundzug lässt einerseits den Liebenden die Geliebte erobern wollen, andererseits die Geliebte den Liebenden dominieren, unterwerfen und versklaven. Das hat schon in der Antike seinen bildlichen Ausdruck in dem mit Pfeil und Bogen bewaffneten Amor gefunden. Die Tiefenstrukturen dieses Komplexes liegen womöglich viel weiter in der Vergangenheit. Sieg und Niederlage mit Gefangenschaft und Knechtschaft, Ketten und andere Fesseln verweisen auf einen Grundzug der Gewalt. Der Brauch, Ketten und Ringe zu schenken und sie als Schmuck zu tragen, ist ein kaum sublimierter Ausdruck dieser Verfassung.

Ein Grund für den Konflikt ist die übermenschliche Schönheit der Geliebten; sie ist eher ein Ideal als ein Mensch. Die Kluft ist so groß, dass sie unüberwindlich und die Frau deshalb zu Recht abweisend, spröde und grausam ist. Das ergibt das Vokabular der Vergöttlichung, der Verehrung und Anbetung. Und daraus entsteht der Katalog der idealisierten Schönheit: Die Frau ist ein Engel. Das Schönheitsideal ist typisiert: goldene Haare – eine Blondine –, weiße Haut, rosarote Wangen, korallen- oder rubinrote Lippen, perlweiße Zähne, dunkle – vorzüglich grüne – Augen, von denen die Strahlen der Pfeile Amors ausgehen.

Das Lob der Schönheit, das der Liebende-Dichter der Geliebten zollt, ist einerseits der Tribut, den er als treuer Vasall und Sklave zahlt; andererseits ist es auch ein Moment in der sadomasochistischen Dynamik der Beziehung. Der Liebende ist unterwürfiger Sklave; die Geliebte ist gebieterische Herrin. Aber der Liebende erinnert die Dame auch daran, dass sie nicht immer jung und schön und irgendwann auch tot sein wird. Dann ist von ihrer ganzen Schönheit nichts mehr übrig – es sei denn, der Liebende verewigt diese Schönheit, indem er sie in ein Gedicht verwandelt. Die Versklavung ergibt ein weiteres Feld der Konzeptualisierung: Liebe – Minne – ist Dienst. Umgekehrt heißt das, die Dame hat Macht über Leben und Tod des Liebenden. Der Liebende hofft auf ihr Mitleid, ihre Gunst. Das ergibt das Feld der Liebe als Gunst der Frau. Der Diener-Sklave ist zur Treue verpflichtet. Liebe ist Treue – selbst bei Untreue der Dame und über deren Tod hinaus und bis zum Tod des Liebenden.

Die Erniedrigung des Liebenden korrespondiert der Vergöttlichung der Geliebten; sie ist ein unmittelbares Resultat davon. Sie zeigt sich in Selbstverachtung und Selbstmitleid, denn er ist ihrer nicht würdig. Sie zeigt sich weiter in Leiden, Trauer und Melancholie. Liebeskummer ist die elementare Gestalt der Liebe. Liebe ist Passion – Leid und Leidenschaft. Dieses Leiden und die Erniedrigung sind auf sonderbare Weise ein Element der Lust: aus Leiden Freuden, so der Psychoanalytiker Theodor Reik (1888-1969). Das ergibt einen masochistischen Zug im Liebenden, dem ein ebenso sadistischer Zug in der Geliebten – der *donna* als *domina* – entspricht.

Die Unerreichbarkeit der Geliebten führt zur Fetischisierung der Liebe. Objekte, die mit der Geliebten verbunden sind, treten an ihre Stelle und werden geliebt. Der Ort, an dem sie gewesen ist oder an dem der Liebende ihr das erste Mal begegnet ist, wird zum Erinnerungsort und Ort der Verehrung. Dinge der Geliebten werden begehrt: Briefe, die sie geschrieben, Kleidungsstücke, die sie getragen hat – vom Handschuh bis zur Leibwäsche sind da der mehr oder weniger perversen Phantasie keine Grenzen gesetzt –, und schließlich Körperteile, wie die berühmte Haarlocke und wer weiß was noch.

Höchst bedeutsam ist schließlich das Bild der Geliebten, das man bei sich trägt und bei dessen Betrachtung die Liebe belebt wird. Das Bild ist die Gestalt des Fetischs, die den Gedanken nahelegt, das Begehren könne in seiner elementaren Verfassung fetischistisch sein. Es wird geweckt durch den Anblick der Geliebten; ihr Wahrnehmungsbild dringt durch die Augen in die Seele ein. Das Begehren ist von Anfang an mit dem Bild verbunden; es entzündet sich am Bild. Deshalb kann das Bild die Geliebte ersetzen. Womöglich ist die Liebe überhaupt „Ersatz" – nämlich für ein unvordenklich Verlorenes.

Die Augen sind deshalb ein besonders wichtiger Sinn. Sie nehmen das Bild der Geliebten wahr und übertragen es in die Seele, wo es sich einprägt und die Seele von Grund auf neu konfiguriert. Baldassare Castiglione (1478-1529) hat das in seinem für ganz Europa stilbildenden Traktat *Il libro del cortegiano* (1528) beschrieben. Der bereits erwähnte Juan Boscán hat ihn 1534 als *El libro del cortesano* ins Spanische übersetzt. Eine französische Übersetzung von Jacques Colin: *Le courtisan* erschien 1538 und eine zweite von Gabriel Chappuy: *Le parfait courtisan* 1585. Manfred Hinz hat in seinen *Studien zu den italienischen Hofmannstraktaten* (1992) die Karriere von Castigliones Buch in der europäischen Prämoderne dargestellt. Der Bedeutung des Bilds korrespondieren die idealisierte Schönheit und der Zug zur Vergeistigung und „Platonisierung" der Liebe. Sie scheint einerseits ganz unkörperlich zu sein; andererseits wird der Körper ständig genannt und beschrieben. Um dieses für die europäische und in Teilen auch für die von Europa kolonisierte Welt höchst bedeutende Phänomen des Petrarkismus und seiner Konzeption von Liebe besser verstehbar zu machen, werde ich nun die drei zitierten Sonette kurz kommentieren.

Den Anfang bildet das Sonett von Petrarca, dessen *Canzoniere* das Muster für diese Art der Dichtung in den folgenden Jahrhunderten war. Das ist eine Sammlung von Gedichten, in denen die Liebe zu einer Frau namens Laura besungen wird. Das Ich hat sie in jungen Jahren getroffen, sich in sie verliebt, ohne Gegenliebe gefunden zu haben, bis Laura schließlich gestorben und als tote Frau endgültig unerreichbar geworden war. Zur Erinnerung an sie hat er die Gedichte geschrieben und in ihnen seine Liebe dargestellt. Das ergibt eine Gliederung in zwei Teile; die Gedichte 1-263 bilden den ersten Teil, in dem Laura zu Lebzeiten, die Gedichten 264-366 den zweiten Teil, in dem sie als Tote besungen wird. Der Tod der Geliebten bildet das Artikulationsmoment der beiden Teile. Die Erinnerung an Laura ist zugleich die Erinnerung an seine Liebe zu ihr, die sein Leben ausgemacht hat.

Der *Canzoniere* besteht aus 366 Gedichten. Die Zahl verweist auf die Zahl der Jahrestage. Das Leben des Ich wird mit dem Jahresablauf parallelisiert. Dann können etwa die verschiedenen Phasen des Lebens, die Altersstufen, in Analogie zur Abfolge der Jahreszeiten gesetzt werden: Frühling und Kindheit, Sommer und Jugend etc. Der Jahresablauf wird dann zur Allegorie des irdischen Lebens. Das ergibt ein Gliederungs- und Ordnungsprinzip der Gedichte. Zudem ermöglicht er, ein zweites Gliederungsprinzip einzuführen. Nicht nur die weltliche Zeit des Kalenders, sondern auch die liturgische Zeit wird im Jahreszyklus gemessen; auch das Kirchenjahr hat 365 Tage, die aber im Verhältnis zum kalendarischen Jahr verschoben sind. Es beginnt mit dem ersten Advent; die Hochfeste Weihnachten und Ostern bilden die wichtigsten Stationen. Sie feiern Christi Geburt und Tod, der für die Christen das entscheidend Artikulationsmoment im Leben Christi ist. Das letzte 366. Gedicht ist nicht mit Rücksicht auf das Schaltjahr zu verstehen, es ist das Gedicht, das über die irdische Zeit hinausweist: thematisch ein Gedicht auf die Schönheit und Vollkommenheit der Jungfrau Maria.

Die zeitliche Verfassung verweist auf ein weiteres Moment der Struktur des *Canzoniere*. Er folgt in groben Linien einer „Handlung" und erzählt die Geschichte der Liebe des Ich zu der Dame namens Laura. Die Elemente dieser Geschichte sind die Begegnung mit der Geliebten, die Werbung um ihre Gunst und Liebe, die Sprödigkeit der Dame, die die Liebe nicht erwidert, die Entfernung des Liebenden und die daraus erwachsende Sehnsucht, die Hoffnung und Verzweiflung, der Tod Lauras, der dann die Erinnerung an sie im zweiten Teil endgültig macht, weil sie jetzt die absolute Fernliebe ist.

Die Liebe zu der geliebten Dame hat den Status einer absoluten Verehrung; die Dame wird angebetet und zu einer gottähnlichen Instanz. Eine Tendenz dieser Liebeslyrik besteht darin, die Liebe zur Dame an die Stelle der Liebe zu Gott treten zu lassen. Das Sonett 3 macht das explizit. Der „Tag, an dem die Sonne sich aus Mitleid mit dem Schöpfer verdunkelte" ist der Karfreitag, an dem Christus am Kreuz gestorben ist. Das Ich setzt seine Liebe, seine Leidenschaft und sein Leiden, die Passion des Begehrens unmittelbar mit der Passion Christi in Konstellation. Das Ich ist am Karfreitag vom Amorpfeil getroffen worden. Die

Sonne verdunkelt sich (Lk 23) und die Augen der Geliebten strahlen, was ihn zum Gefangenen macht. Er war nicht gefasst auf den Amorpfeil, weil er, wie alle anderen, religiös gestimmt war. Desto stärker hat es ihn aber getroffen. Seine Passion aus Liebe tritt unmittelbar an die Stelle Gottes und dessen Passion. Seine Liebesqualen beginnen während der allgemeinen Compassion mit der Passion Christi in der Passionswoche, am Karfreitag; sie beziehen deshalb einen Teil ihrer Energie aus dieser Passion. Das ist die Urszene der Liebe als Passion – Leidenschaft und Leid –, die ihre psychische Energie und ihre Gefühlsintensität aus dieser – perversen – Beziehung zur Gottesliebe bezieht.

Das Sonett von Garcilaso zeigt die Leidensseite der Liebesleidenschaft. Das liebende Ich klagt in dem Gedicht sein Leid. Der Liebende weint und seufzt unaufhörlich vor Liebeskummer, weil die Dame ihn nicht erhört und überhaupt einfach vor Sehnsucht. Der Kummer wird dadurch noch gesteigert, dass er sich nicht einmal traut, ihr zu sagen, wie sehr er ihretwegen leidet. Vielleicht befürchtet er, dadurch ihren Zorn und ihre Sprödigkeit zu steigern; vielleicht ist sie aber auch so entrückt, dass er gar nicht mit ihr reden kann. Wenn er nun, in einem Moment der Reflexion, einhält, sich über seinen desolaten Zustand Klarheit verschafft und sich sagt, dass es wohl vernünftiger wäre, die Liebe aufzugeben und der Dame nicht nur nicht mehr nachzugehen, sondern sie zu meiden – „und wenn ich umkehren will, um Euch zu fliehen" –, dann verliert er regelrecht die Besinnung vor noch größerer Sehnsucht, da er nun die Geliebte nicht einmal mehr sieht. Die Situation am Ende der beiden Quartette ist absolut ausweglos. Liebt er sie, ist er unglücklich, weil sie ihn nicht zurückliebt oder weil sie fern ist; lässt er ab von seiner Liebe, ist er noch unglücklicher. Deshalb muss er sie weiter lieben, darf ihr aber sein Unglück nicht eingestehen, wodurch er wiederum unglücklicher wird und sich überzeugt, dass es besser wäre, die Liebe aufzugeben…

Die beiden Terzette überführen diese Lage zunächst ins Allgemeine. Wenn er sie weiterhin liebt – „und wenn ich hinaufsteigen will zum höchsten Gipfel" –, wenn er ihr weiter nachsteigt und zum Gipfel, zum Höhepunkt seiner Liebe kommen will, dann sieht er am Wegesrand all die vielen Beispiele derer, die schon auf der Strecke geblieben und abgestürzt sind, die also ebenfalls nicht erhört worden sind. Das erfüllt ihn erneut mit Schrecken und Entsetzen. Das zweite Terzett bindet das nun zurück an die Situation des im Gedicht sprechenden Liebenden, die sich durch diese Einsicht in die allgemeine Lage noch verschlimmert. Angesichts all der Opfer, die sich in der Liebe zu der spröden oder jedenfalls unerreichbar fernen Dame schon verzehrt haben, muss das Ich sich sagen, dass auch er ohne Hoffnung ist. Das verschlimmert seine Lage noch einmal. Die Hoffnungslosigkeit der Liebe bringt den Liebenden zur absoluten Verzweiflung. Wenn das Licht der Hoffnung erlischt, wird alles schwarz: zur „dunklen Gegend Eures Vergessens".

Diese absolute Trostlosigkeit treibt den Liebenden – und genau so hat ja das Gedicht begonnen – zur Klage, die aber nicht einfach ein formloses Jammern ist, sondern präzise die Form des petrarkistischen Gedichts annimmt. Der Liebende verwandelt seine unerfüllte Sehnsucht in ein Gedicht, sublimiert die Triebentsagung in Kunst. Der Verdacht ist nicht von der Hand zu weisen, wenn man sich die unzähligen petrarkistischen Entsagungsgedichte ansieht, dass die Liebe womöglich nur der Vorwand für das Gedicht ist. Der Dichter wird zum Dichter durch die – unglückliche – Liebe, die ihn überhaupt erst dazu bringt, sein Leid als Klage zu formulieren; er muss leiden, um dichten zu können. In genau dem Maße, wie er Dichter sein will, darf die Liebe sich nicht erfüllen, denn die erfüllte Liebe würde keine Sublimierung möglich machen und so die Kunst verhindern. Dichtung – Kunst im Allgemeinen – und Entsagung gehen in dieser Perspektive eine enge Verbindung ein. Die Form der Dichtung, die aus dem Glück und dem Überschwang entsteht, ist der Hymnus.

Das Sonett von Ronsard ist Ausdruck der Sehnsucht und des Begehrens, das der Liebende empfindet. Jede Strophe beginnt mit der Artikulation dieses Wunsches: „Ich möchte gern… Ich möchte gern… Ich möchte gern… Und ich möchte gern…“ Das lyrische Ich will sich als Liebender mit der Geliebten vereinigen. Der umschlingende Reim der beiden Quartette bildet diesen Wunsch des lyrischen Ich geradezu ab – und zeigt ihn als bereits erfüllt. Die umschlingenden Reime sind männliche, die beiden umschlungenen sind weibliche Reime. In dieser Perspektive wird auch die minimale Abweichung vom üblichen Reimschema bedeutsam; sie bildet eine Entsprechung zum Inhalt des Gedichts. Die letzten vier Verse bilden erneut einen umschlingenden Reim, mit den männlichen Reimen außen und den weiblichen innen.

Indem ich etwas ausführlicher darauf eingehe, wie das lyrische Ich seinen viermal artikulierten Wunsch im Einzelnen zum Ausdruck bringt, kann ich einen Begriff einführen, der in der Literaturwissenschaft der vergangenen vierzig Jahre sehr bedeutend und folgenreich geworden ist: den der Intertextualität. Der Liebende versetzt sich bei dem viermaligen „ich möchte gern“ jeweils in eine bestimmte Situation und weist sich dabei eine Rolle zu. Beim ersten Mal würde er gern „als Goldregen Tropfen für Tropfen hinabsteigen / in den Schoß meiner schönen Cassandra“. Damit wird ein griechischer Mythos evoziert. Danae, eine junge Frau, wird von ihrem Vater in einen Turm gesperrt, um sie von der Welt und vor allem von den Männern fernzuhalten. Der Gott Zeus, der sich immer wieder mit irdischen Frauen einließ, kommt in Gestalt eines Goldregens über sie und schwängert sie. Der Liebende schlüpft also in die Rolle eines Gottes, des obersten Gottes zudem, um die Verschlossenheit der vermutlich wiederum spröden Geliebten zu durchdringen. In der Malerei der Renaissance ist Danae ein Bildmotiv, das – des Goldregens wegen – zur Darstellung von Kurtisanen, also Prostituierten dient; das macht die Assoziation ambivalent. Das zweite „ich möchte gern“ evoziert ebenfalls eine mythische Assoziation. Wiederum geht es um den Gott Zeus, der sich dieses Mal in das Mädchen Europa verliebt hatte und sie in Gestalt eines Stiers von Kleinasien nach Kreta entführte. Der Liebende phantasiert sich als mächtigen Stier.

Das dritte „ich möchte gern“ ist mit dem isolierten Paarreim am Beginn des ersten Terzetts verbunden; es ist durch diese formale Besonderheit aus dem Rest des übrigen Gedichts isoliert. Es könnte demnach sein, dass hier auch eine besondere Aussage getroffen wird. Erneut wird ein antiker Mythos angesprochen. Dieses Mal ist es der Mythos des Narziss, eines schönen jungen Mannes, der sich, als er sich in einem klaren Wasserspiegel sieht, im Glauben, er sähe einen anderen, in sich selbst verliebt und sich, um sich mit dem geliebten Gegenüber zu vereinigen, ins Wasser stürzt. Das ergibt zwei sonderbare Assoziationen, die zunächst und eigentlich nicht in den Duktus des Gedichts zu passen scheinen. Die erste Unstimmigkeit – Narziss verliebt sich ja in sich selbst in Gestalt des Spiegelbilds im Wasser – wird hier umgangen, indem die Geliebte als das Wasser imaginiert wird, in das der Liebende eintauchen will. Die andere Unstimmigkeit ist, dass Narziss bei der Vereinigung mit seinem Spiegelbild stirbt. Das wirft ein sonderbares Licht auf das Begehren, in die Geliebte „für eine Nacht einzutauchen“.

Die letzte Äußerung des Wunsches ist nur indirekt durch Anspielung mit einem Mythos assoziiert. Den Wunsch, die Liebesnacht solle dauern, hat sich Zeus erfüllt, als er Alkmene, die Frau des Amphitryon, in dessen Gestalt besuchte. Plautus, Molière und Kleist haben aus dieser Geschichte Theaterstücke, und zwar Komödien, gemacht. Was an dieser Konstellation komisch ist, wäre einer eigenen Frage wert. Die Wunscherfüllung wird hier einerseits hyperbolisch überboten, indem die Liebesnacht ewig dauern soll. Die formale Gestalt dieser Verse entspricht dem Inhalt. Wenn ein Satz über das Versende hinaus in den folgenden Vers fortgesetzt wird, ist das ein Enjambement. Das französische *enjamber* bedeutet überschreiten, überspringen, lange Schritte machen; der Versfuß macht einen langen Schritt. Das hat metrisch-rhythmische Folgen, weil die semantisch-syntaktische Fortführung des Satzes die metrische Zäsur am Versende neutralisiert. So wird die metrische Eintönigkeit aufgelockert. Dadurch wird aber auch der in den folgenden Vers überspringende Teil des Satzes hervorgehoben; sein Inhalt wird markiert. Im Sonett von Ronsard gibt es in den letzten drei Versen ein bedeutsames Enjambement: „que cette nuit encore / fût éternelle“. Der Wunsch nach ewiger Dauer der Liebesnacht wird so betont. Andererseits ist aber die ewige Nacht eine Umschreibung für den Tod. Das wird verstärkt dadurch, dass das Wort „Nacht“ bereits in der Zeile zuvor im Zusammenhang des Narziss-Mythos benutzt wurde; der Liebende als Narziss möchte sich „für eine Nacht“ ins Wasser stürzen. Die Erfüllung des Begehrens ist offenbar auf sonderbare Weise mit dem Tod verbunden.

Die besondere Stellung des Narziss-Mythos ist vielleicht noch anders bedeutsam. Darin spricht sich – wenn auch vermutlich nur unbewusst – eine tiefe, ja, vielleicht die tiefste Wahrheit des Petrarkismus und seiner Liebeskonzeption aus. Auch das kann ich hier nicht weiter ausführen, lediglich für dieses eine Gedicht andeuten. Die Verfassung des Begehrens, das der Liebende in diesem Gedicht artikuliert, ist zutiefst narzisstisch. Die Frau kommt dabei als ein Gegenüber, als wahrgenommene andere gar nicht vor. In der ersten Strophe wird sie als Schlafende vorgestellt, in die der Liebende umstandslos eindringen kann. In der zweiten Strophe ist sie ein Mädchen, das von einem Stier willenlos entführt und vergewaltigt wird, und dann eine Blume. Und in der dritten Strophe wird sie zum Wasser, in das der Liebende eintaucht – eben als Narziss, für den das Wasser die Projektionsfläche für sein eigenes Bild ist. Er hat die ganze Zeit über nur sich selbst, sein eigenes Begehren begehrt. Diese Lesart wird durch die stereotypen Elemente des petrarkistischen Frauenlobs bestätigt; sie meinen ebenfalls nicht eine reale Frau, sondern bilden die Projektion einer narzisstischen Wunschphantasie – wie die Barbiepuppen-Frauen der Hochglanzzeitschriften heute. Das ist offenbar ein kulturgeschichtliches Phänomen von sehr langer Dauer.

Woher haben Ronsard und seine Leser diese Anspielungen auf die antiken Mythen? Im 16. Jahrhundert gehören umfassende Kenntnisse der antiken Literatur und Kultur zur humanistischen Bildung. Petrarca, Garcilaso und Ronsard schreiben in einer Zeit, die epochengeschichtlich als Renaissance bezeichnet wird. Die Epoche hat ihren Namen daher, dass die Dichter und Gelehrten in dieser Zeit die antike Dichtung, Kunst und Philosophie neu entdeckten und zum Vorbild nahmen. Ihr Ziel war es, das geistige Leben durch die Anknüpfung an antike Formen des Schreibens und Denkens neu zu gestalten und durch Nachahmung der antiken Dichter deren Nachfolge anzutreten und so die italienische, spanische, portugiesische und französische Sprache und Literatur auf das Niveau der antiken Sprachen, vor allem des Lateins zu bringen. Die romanischen Sprachen sind aus dem Lateinischen hervorgegangen und haben sich erst im Laufe des Mittelalters zu wirklich eigenen Sprachen ausgebildet. Und diese Sprachen mussten zunächst einmal eigene komplexe Formen ausbilden, um komplexe und differenzierte Informationen, Gedanken und Gefühle ausdrücken zu können. Ein Mittel dazu war, sich an den antiken Vorbildern zu orientieren; für die Dichter war das die antike Dichtung.

Ein solches Programm hat zwei bedeutende Implikationen. Zum einen ist damit ein Konflikt programmiert, der in der Folgezeit immer wieder ausbricht. Sind die Alten das – unerreichbare – Vorbild, dem gegenüber die Heutigen, die Modernen, nur folgsame, aber letztlich zweitklassige Nachfolger sind und sein können? Oder können die Modernen das Niveau der Alten erreichen und womöglich überbieten? Das ergibt die *Querelle des anciens et des modernes*, die als diese ausdrückliche Opposition am Ende des 17. und zu Anfang des 18. Jahrhunderts von Frankreich ausgehend in ganz Europa ausgefochten wird. Die leitende Frage dabei ist, wie die Geschichte verläuft. Ist sie Niedergang von einer anfänglichen Größe oder ist sie Fortschritt zu immer neuer Größe? Das 18. und 19. Jahrhundert hat sich deutlich für den Fortschritt entschieden – ob zu Recht oder Unrecht, kann ich hier nicht erörtern.

Die zweite Implikation des Programms der Orientierung an maßgeblichen Vorbildern ist poetologischer Art. Mimesis wird damit zum Produktionsprinzip der Dichtung. Mimesis bedeutet hier nicht im Sinne von Roland Barthes' „strukturalistischer Tätigkeit", dass der kritische Leser ein Simulakrum des Textes bildet, indem er analysiert, wie der Text gemacht ist und wie er funktioniert. Mimesis bedeutet hier auch nicht Nachahmung der außertextlichen Wirklichkeit; dazu komme ich später. Mimesis bedeutet in diesem Programm der Orientierung an Vorbildern die Imitation anderer Dichter und ihrer Dichtungen.

Petrarca hat dafür in *Epistulae familiares / Vertrauliche Briefe* (XXIII,19) ein ingeniöses Bild gefunden, das einiges über die Produktionsbedingungen von Dichtung aussagt und folglich zu verstehen gibt. Er sagt, der Nachahmende verhalte sich zum Nachgeahmten wie ein Sohn zu seinem Vater; er hat also mit ihm wesentliche Formen und Eigenschaften gemeinsam, gestaltet diese lediglich neu. Das Modell ist klar hierarchisch organisiert und geht zudem von einem versöhnten, befriedeten Generationenverhältnis aus. Spätestens ab dem 18. Jahrhundert ist das nicht mehr der Fall. Der Fortschrittsgedanke hält auch in die Dichtung Einzug und bringt das Originalgenie hervor, dessen Dichtungen sich dadurch auszeichnen, dass sie gerade nicht imitieren, sondern eigenständige Schöpfungen darstellen; und wenn sie sich an Vorbildern orientieren, dann um sie radikal zu überbieten.

Der US-amerikanische Literaturwissenschaftler Harold Bloom (1930-2019) hat in einer berühmten Studie – *The Anxiety of Influence – Einflussangst* (1973; dt. 1995) – daraus eine allgemeine Theorie der Entstehung von Dichtung in der Neuzeit entwickelt, die sich offenkundig an dem Bild von Petrarca orientiert, es aber umwertet. Auch der neuzeitliche Dichter verhält sich zu Vorbildern wie ein Sohn zu seinem Vater. Aber dieses Verhältnis ist nicht versöhnt, sondern agonal nach dem Muster des von der Psychoanalyse beschriebenen Ödipuskomplexes, dem zufolge der Sohn an die Stelle des Vaters treten will, indem er ihn beseitigt. Die Literaturgeschichte wird so eine Abfolge von Kämpfen zwischen den Dichtern, die ihr Modell an den Familienstreitereien im Rahmen des Generationenkonflikts haben.

Einige Jahre vor Harold Bloom hat die französische Literaturwissenschaftlerin Julia Kristeva (*1941) den Begriff der Intertextualität geprägt, um das Verhältnis zwischen Dichtern und zwischen Dichtungen formaler betrachten zu können. Damit wird die mythische Deutung durch den Generationenkonflikt überflüssig. Der Begriff Intertext / Intertextualität gehört ins Wortfeld von Text und ist in Analogie zu Prätext oder Kontext gebildet worden. Die Computertheoretiker haben entsprechend den Begriff des Hypertextes geprägt. Gemeint ist mit Intertextualität zunächst einmal jede Art der Beziehung, die ein Text zu anderen Texten produziert: von der Anspielung bis zum Zitat, von der Parodie bis zur Neubearbeitung eines Motivs. Der Begriff trägt der – eigentlich selbstverständlichen – Tatsache Rechnung, dass ein Text niemals in einem bezuglosen Raum entsteht, sondern immer auch auf andere Texte bezogen ist. Auch jedes noch so originelle Genie muss irgendwann einsehen, dass es das Rad nicht so leicht neu erfinden kann. Der Begriff der Intertextualität ist eine Weiterentwicklung des Begriffs der Differenz und der Differenzqualität, den ich im Zusammenhang von Formalismus und Strukturalismus erörtert habe.

Das hat entscheidende Konsequenzen für den Begriff der Mimesis, der Imitation, der Nachahmung. Das Phänomen der Intertextualität zeigt, dass Texte nicht so sehr auf die außertextliche Wirklichkeit bezogen sind, sondern auf andere Texte. Sie bilden ein Netz von Texten, eine eigene Textwelt, für die auch eigene Gesetze gelten, in der beispielsweise Bedeutung mehr ein intertextuelles als ein referentielles Phänomen ist, sich aus dem Gedächtnisraum der Texte generiert und nicht aus dem Bezug zur Welt. Eine weitere Konsequenz ist, dass jeder Text, weil er konstitutiv auf andere Texte bezogen ist, dialogisch und polyphonisch verfasst ist. Das macht ihn wesentlich ambivalent, mehrdeutig und vor allem offen; er ist nach allen Seiten anschlussfähig. Jeder Text, so Kristeva, ist eine Art „Mosaik aus Zitaten", er übernimmt und verwandelt andere Texte. Weil in jedem Text immer andere Texte mitanwesend sind, wird er mehrdeutig. Er wird zu einem „Resonanzkörper mit vielen Registern, und jedes seiner Elemente erhält viele Dimensionen".

Der Begriff des Intertextes meint nicht, dass ein Text aus einem anderen entstanden ist und auf ihn zurückgeführt oder aus ihm erklärt werden kann, sondern dass er in einer dialogischen Beziehung zu den anderen Texten steht. Wenn der Text ein Gewebe von vielen Texten ist und die Bedeutung aus der Beziehung zwischen den Texten entsteht, werden der Autor und die Autorintention sekundär und tendentiell unerheblich. Intertextualität ist von Kristeva explizit in Analogie zu Intersubjektivität und als deren Umwertung gebildet worden. Nicht Autoren, sondern Texte stehen in dialogischer Beziehung. Radikale Intertextualitätstheoretiker haben diese Konsequenz gezogen. Roland Barthes hat deshalb regelrecht vom „Tod des Autors" gesprochen: „Der Text ist ein Gewebe von Zitaten aus unterschiedlichen Stätten der Kultur. [...] Ein Text ist aus vielfältigen Schriften zusammengesetzt, die verschiedenen Kulturen entstammen und miteinander in Dialog treten, sich parodieren, einander in Frage stellen." Das Verhältnis zwischen Autor und Text ist ein elementares Problem der Literatur und der Wissenschaft von ihr. Die Frage, ob der Autor als Schöpfer einen Text erzeugt oder ob er lediglich als Medium den Text generiert, weil ihn, wie man früher annahm, die Muse in Gestalt einer Inspiration überkommt oder weil der Text durch intertextuelle Vernetzung entsteht, ist gewiss nicht leicht zu beantworten.

Wenn ich noch einmal auf die Beispiele zurückkomme, kann ich den Begriff der Intertextualität verdeutlichen. Petrarca lässt seine Begegnung mit Laura am Karfreitag stattfinden; damit wird die Bibel zum Intertext. Wenn er damit gleich zu Anfang des *Canzoniere* einen Dialog, eine Korrespondenz zwischen seiner Liebespassion und der Passion Christi eröffnet und später diese Beziehung immer wieder aufgreift, erhält seine Liebe zur angebeteten Laura eine abgründige Dimension; die Liebe wird zu einer säkularen Religion.

Für das Sonett von Ronsard kann man einen Intertext angeben, auf den die mythologischen Anspielungen aller Wahrscheinlichkeit nach bezogen sind, weil er im Umfeld humanistischer Gelehrsamkeit als ein Mustertext galt. Es handelt sich um die *Metamorphosen* Ovids (20 v. Chr.-17 n. Chr.), ein Buch, das nachgerade ein Kompendium der antiken Mythologie ist. Der Mythos von Danae und dem Goldregen wird dort immer wieder erwähnt; die Geschichte Europas und des Stiers wird im zweiten Buch, der Narziss-Mythos im dritten Buch erzählt. Die *Metamorphosen* sind ein Grundtext, wenn man sich mit der Dichtung der frühen Neuzeit beschäftigt. Alternativen dazu sind die in der Bibliographie angeführten mythologischen Handbücher.

Der Gewinn des Intertextualitätsbegriffs besteht darin, deutlich zu machen, dass Texte immer auf andere Texte bezogen sind, die in ihnen eine Wirkung erzeugen. Das hat Konsequenzen für die Bedeutungsbildung von Texten. Der Bezug auf andere Texte macht den einen Text vielfältig und mehrdeutig. Er ist überdies immer wieder neu anschlussfähig an andere Texte. Die Welt der Texte, die so entsteht, bildet ein dynamisches und offenes, sich beständig wandelndes und erneuerndes Universum. Im Zusammenhang der formalen Analyse habe ich die strukturelle Mehrdeutigkeit von literarischen Texten zu erkennen gelehrt. Das Phänomen der Intertextualität ist ein weiteres Moment, diese strukturelle Mehrdeutigkeit zu verstehen.

Die drei Sonette, so habe ich vorhin gesagt, gehören der Epoche der Renaissance an. Damit ist ein literaturwissenschaftliches Problem angesprochen, auf das ich nur kurz hinweisen will: die Frage der historischen Epochen. Ich habe schon von der Antike, vom Mittelalter, der frühen Neuzeit oder Prämoderne und der Moderne gesprochen. Das sind Versuche, im Ablauf der historischen Zeit mögliche Ordnungen zu etablieren, die der Tatsache Rechnung tragen, dass die Zeiten und die jeweiligen Menschen sich unterscheiden und dass zu verschiedenen Zeiten verschieden gelebt, gefühlt, gedacht wurde.

Innerhalb der Neuzeit unterscheidet man üblicherweise etwa folgende Epochen: die Renaissance, das Barock, die Klassik, die Aufklärung, die Romantik, die Moderne, die Avantgarden, die Postmoderne. Die Organisation des Denkens und Fühlens unterscheidet sich in der frühen Neuzeit deutlich von der Art, wie wir zu Beginn des 21. Jahrhunderts denken und fühlen. Liebe bedeutet heute vermutlich weitgehend etwas anderes als zur Hochzeit des Petrarkismus. Die Frage ist dann, wie man solche Epocheneinteilungen vornimmt und wie sie zu Stande kommen. Wenn die Epochen weit auseinanderliegen, springt der Unterschied deutlich ins Auge; schwierig wird es an den Übergängen. Wann genau hört die Renaissance auf und wann beginnt das Barock?

Eine zweite Schwierigkeit liegt in der Frage, welchen Status diese Einteilungen in Epochen überhaupt haben sollen. Sind sie rein konventionelle Ordnungsschemata oder entspricht ihnen etwas in der Wirklichkeit? Gibt es so etwas wie Renaissance, Barock, Romantik wirklich oder ist das nur ein Name, den wir einer Zeit geben – kaum bedeutender als die ganz konventionelle Einteilung der Zeit durch den Kalender? Da es einen deutlich wahrnehmbaren Wandel zwischen den Epochen gibt, könnte man auf die Idee kommen, dass ihnen wirklich etwas in der Wirklichkeit entspricht. Fraglich ist, was das sein könnte. Wie kommt der historische Wandel zustande? Wodurch, auf welche Weise und warum ist zu Beginn des 19. Jahrhunderts ganz Europa und auch Amerika „romantisch“? Und warum ist es dann nur wenig später, noch innerhalb desselben Jahrhunderts, „realistisch“, „naturalistisch“, „symbolistisch“ oder „dekadentistisch“? Solche Kurzzeitphänomene wird man nicht mehr ohne weiteres als Epochen bezeichnen, aber sie markieren doch erkennbar einen in der Zeit sich vollziehenden kollektiven Wandel. Das Phänomen der Mode schließlich ist noch um einiges kurzzeitiger. Wodurch motiviert und warum tragen große Gruppen von Menschen für eine bestimmte Zeit eine einheitlich geschnittene und gefärbte Kleidung oder Frisur und hören eine bestimmte Art von Musik? Solche Fragen haben einen Ausschlag ins Geschichtsphilosophische, weshalb es hier damit sein Bewenden haben soll.

3 Moderne Lyrik

Auf die Lyrik der Moderne werde ich abschließend nur kurz eingehen und verschiedene Formen moderner Dichtung andeutungsweise vorstellen. Charles Baudelaire ist über die französische Literaturgeschichte hinaus vielleicht der moderne Dichter überhaupt. Der Gedichtband *Les fleurs du mal – Die Blumen des Bösen* (1857) ist in den 150 Jahren nach seiner Veröffentlichung eines der einflussreichsten und folgenreichsten dichterischen Werke der neueren Zeit geworden. An dem Gedicht *Spleen* kann man sich ein Moment literaturwissenschaftlichen Vorgehens klarmachen, auf das ich im Zusammenhang der Hermeneutik bereits hingewiesen habe. Gemeint ist die Forderung, literarische Texte in den allgemeinen Kontext ihrer Zeit und der Geschichte, aus der sie stammen, einzubetten.

Schaut man sich das Inhaltsverzeichnis der *Fleurs du mal* an, begegnet man dem Begriff *spleen* mehrfach; er ist Teil der Überschrift für die umfänglichste Gedichtgruppe des Bandes „Spleen et Idéal“ und er bildet den Titel von vier einzelnen Gedichten. *Spleen* ist ein englisches Wort, das auf das griechische *splen – Milz* zurückgeht. Es bezeichnet eine Gemütsverfassung, eine Stimmung, deren französische Entsprechung im 19. Jahrhundert *ennui* war, die allerdings in ganz Europa grassierte: Langeweile, Überdruss, Melancholie, Depression. Von dieser Stimmung handelt im 19. Jahrhundert eine Unzahl von Texten; sie ist so epidemisch, dass man sie als *le mal du siècle* – die Krankheit, das Übel des Jahrhunderts bezeichnet hat. Baudelaires Spleen-Gedichte sind nicht so sehr Beschreibungen einer individuellen Verfassung, sie stehen vielmehr in diesem größeren Kontext und sind Teil des Ausdrucks eines allgemeinen Gefühls. Baudelaire hat dieses Epochengefühl als die Stimmung der Moderne diagnostiziert. Die Moderne ist melancholisch, heute sagt man depressiv.

Charles Baudelaire (1821-1867): *Spleen* LXXVI

J'ai plus de souvenirs que si j'avais mille ans.

Un gros meuble à tiroirs encombrés de bilans,
De vers, de billets doux, de procès, de romances,
Avec de lourds cheveux roulés dans des quittances,
Cache moins de secrets que mon triste cerveau.
C'est une pyramide, un immense caveau,
Qui contient plus de morts que la fosse commune.
– Je suis un cimetière abhorré de la lune,
Où comme des remords se traînent de longs vers
Qui s'acharnent toujours sur mes morts les plus chers.
Je suis un vieux boudoir plein de roses fanées,
Où gît tout un fouillis de modes surannées,
Où les pastels plaintifs et les pâles Boucher
Seuls, respirent l'odeur d'un flacon débouché.

Rien n'égale en longueur les boiteuses journées,
Quand sous les lourds flocons des neigeuses années
L'ennui, fruit de la morne incuriosité
Prend les proportions de l'immortalité.
– Désormais tu n'es plus, ô matière vivante!
Qu'un granit entouré d'une vague épouvante,
Assoupi dans le fond d'un Sahara brumeux;
Un vieux sphinx ignoré du monde insoucieux,
Oublié sur la carte, et dont l'humeur farouche
Ne chante qu'aux rayons du soleil qui se couche.

Ich habe mehr Erinnerungen, als wäre ich tausend Jahre alt. // Ein großes Möbel mit Schubläden, voller Rechnungen, / Versen, Liebesbriefen, Akten, Romanzen, / mit schweren Haaren eingewickelt in Quittungen, / verbirgt weniger Geheimnisse als mein trauriges Gehirn. / Es ist eine Pyramide, eine unermessliche Gruft, / die mehr Tote enthält als das Massengrab. // – Ich bin ein Friedhof, den der Mond verabscheut, / wo wie Gewissensbisse lange Würmer kriechen, / die sich immer wieder auf die mir liebsten Toten stürzen. / Ich bin ein altes Boudoir voller verwelkter Rosen, / wo ein Durcheinander veralteter Modegewänder ruht, / wo klägliche Pastellbilder und verblichene Bouchers / allein den Duft eines offenen Flakons einatmen. // Nichts gleicht der Länge lahmer Tage, / wenn unter den schweren Flocken schneeiger Jahre / die Langeweile, Ausgeburt der trübsinnigen Gleichgültigkeit, / die Ausmaße der Unsterblichkeit annimmt. / – Von nun an, o lebende Materie! / bist du nur noch ein Granitfels, umgeben von undeutlichem Entsetzen, / schlummernd in der Tiefe einer nebligen Sahara; / ein alter Sphinx, unbekannt der unbekümmerten Welt, / vergessen auf der Karte, und dessen wilde Stimmung / nur singt in den Strahlen der untergehenden Sonne.

Das Gedicht ist metrisch gebunden, aber strophisch ganz unregelmäßig gegliedert: 1 Vers, 6, 7, und 10 Verse. Es besteht aus Paarreimen, die über die strophischen Zäsuren hinausgehen können. Das leitende Motiv des Gedichts ist das Verhältnis zur Zeit, das durch die Erinnerung gestiftet wird. Zunächst spricht ein Ich, später wird ein Du angesprochen. Möglicherweise tritt das Ich zu sich selbst in ein Dialogverhältnis. Vielleicht wird mit dem Du auch der Leser angesprochen, so dass die Aussage des Gedichts sich vom sprechenden Ich ins Allgemeine wenden würde.

Das Gedicht beginnt mit der rhetorischen Figur der Hyperbel, der Darstellung durch Übertreibung: „J'ai plus de souvenirs que si j'avais mille ans – Ich habe mehr Erinnerungen, als wäre ich tausend Jahre alt". Die erste Hälfte des Gedichts führt eine Reihe von Vergleichen durch. „Mein trauriges Gehirn" enthält mehr Erinnerungen, als ein großes Möbel Plunder enthält. Es ist, zweiter Vergleich, eine Pyramide, ein Grab. Die Erinnerungen sind nicht lebendig, sondern wie Tote im Gedächtnis begraben. So können das Ich und sein Gedächtnis, dritter Vergleich, zum Friedhof werden. Von dort geht die Assoziationsreihe zurück zum anfänglichen Möbelstück, das noch einmal hyperbolisch überboten wird. „Ich bin ein altes Boudoir".

Die Vergleichsserie stellt die seelische Stimmung durch räumliche Szenarien dar. Das ist eine Darstellungstechnik, die Petrarca entwickelt hat. Die Gefühle im Innern werden durch Zustände im Äußern dargestellt: durch Räume und Landschaften etc. Die Melancholie wird nicht als sie selbst, sondern auf andere Weise dargestellt: als Allegorie in Form von Seelenräumen und Seelenlandschaften. In diesem Fall sind es Möbel, Zimmer, Pyramide, Friedhof. Und man kann sich fragen, was denn die Melancholie „selbst" sein könnte. Es gibt gute Gründe anzunehmen, dass der ganze Komplex der menschlichen Gefühle nur durch solche metaphorisch-allegorischen Darstellungen zugänglich ist. Gefühle brauchen, um wahrgenommen zu werden, eine Darstellung. Und die Literatur ist eine komplexe Form der Darstellung von komplexen Gefühlen.

In Baudelaires Gedicht wird die Stimmung des Ich in einer allgemeinen Reflexion als *ennui* charakterisiert und durch eine weitere Hyperbel ins Unermessliche gesteigert. Endlose Zeit wird zur Ewigkeit. Die „Langeweile" nimmt die „Ausmaße der Unsterblichkeit" an. So wird das dann angesprochene Du zur „lebenden Materie", ein seelenloser lebender Toter. Damit ist die Depression auf ihrer Höhe angekommen. Ein letzter Vergleich nimmt die „tausend Jahre" und die Pyramide wieder auf: „ein alter Sphinx", verloren und vergessen irgendwo in

Raum und Zeit, der, so die etwas überraschende Schlusswendung, singt, genauer: „dessen wilde Stimmung / nur singt in den Strahlen der untergehenden Sonne". Das Ich, der Dichter, ist dieser Sphinx; der Melancholiker singt, der Depressive dichtet.

Um diese Wendung zu verstehen, sind kulturgeschichtliche Hintergrundkenntnisse erforderlich. Das Krankheitsbild der Melancholie hat seinen Namen vom griechischen Adjektiv *melas* – *schwarz* und dem Substantiv *cholè* – *Galle*. Es steht im Zusammenhang der antiken, mittelalterlichen und noch bis tief in die Neuzeit leitenden Konzeption vom Menschen, der zufolge vier *humores* – *Körpersäfte* die menschliche Verfassung bilden: Blut, Schleim, gelbe und schwarze Galle. Die neuere Medizin kategorisiert den Menschen anatomisch anders, aber die Psychologen sprechen weiterhin vom Melancholiker, Choleriker, Sanguiniker und Phlegmatiker. In Baudelaires Gedicht ist es auch nicht der Sphinx selbst, der singt, sondern „l'humeur farouche – sein wilder Körpersaft". Er verwandelt seine trübsinnige Stimmung in Gesang. Im Rahmen der Humoralpathologie ist es so, dass ein Übermaß eines Körpersaftes den Charaktertyp erzeugt. Eine große Menge schwarzer Galle bildet den Melancholiker, den Depressiven.

Eine Tradition, die auf den Philosophen Aristoteles zurückgeht und die bis ins 20. Jahrhundert reicht, hat die Melancholie als die seelische Befindlichkeit diagnostiziert, die besonders in den Stand setzt, kreativ tätig zu sein. Die Melancholie ist die Gemütsverfassung der Genies. Raymond Klibanski (1905-2005), Erwin Panofsky (1892-1962) und Fritz Saxl (1890-1948) haben diese Tradition in ihrer Studie *Saturn und Melancholie* (1964) dargestellt. Wenn das melancholische Ich als Sphinx am Ende des Gedichts zu singen anfängt, charakterisiert es sich in der Tradition dieser Konzeption von Melancholie als ein besonders begabter Dichter. Das Gedicht ist demnach nicht einfach nur ein Beitrag zum *mal du siècle*, sondern überdies als eine poetologische Aussage zu lesen. Um die angemessen zu verstehen, muss man die kulturgeschichtlichen Hintergrundkenntnisse aufrollen.

Federico García Lorca (1898-1936): *Preciosa y el aire*

Su luna de pergamino
Preciosa tocando viene
por un anfibio sendero
de cristales y laureles.
El silencio sin estrellas,
huyendo del sonsonete,
cae donde el mar bate y canta
su noche llena de peces.
En los picos de la sierra
los carabineros duermen
guardando las blancas torres

donde viven los ingleses.
Y los gitanos del agua
levantan por distraerse,
glorietas de caracolas
y ramas de pino verde.

*

Su luna de pergamino
Preciosa tocando viene.
Al verla se ha levantado
el viento que nunca duerme.
San Cristobalón desnudo,
lleno de lenguas celestes,
mira la niña tocando
una dulce gaita ausente.

Niña, deja que levante
tu vestido para verte.
Abre en mis dedos antiguos
la rosa azul de tu vientre.

Preciosa tira el pandero
y corre sin detenerse.
El viento-hombrón la persigue
con una espada caliente.

Frunce su rumor el mar.
Los olivos palidecen.
Cantan las flautas de umbría
y el liso gong de la nieve.

¡Preciosa, corre, Preciosa,
que te coge el viento verde!
¡Preciosa, corre, Preciosa!
¡Míralo por dónde viene!
Sátiro de estrellas bajas
con sus lenguas relucientes.

*

Preciosa, llena de miedo,
entra en la casa que tiene

más arriba de los pinos,
el cónsul de los ingleses.

Asustados por los gritos
tres carabineros vienen,
sus negras capas ceñidas
y los gorros en las sienes.

El inglés da a la gitana
un vaso de tibia leche,
y una copa de ginebra
que Preciosa no se bebe.
Y mientras cuenta, llorando,
su aventura a aquella gente,
en las tejas de pizarra
el viento, furioso, muerde.

Mit dem Mond aus Pergament / in der Hand erscheint Preciosa, / und ihr Pfad ist ein Amphibium, / halb Kristall, halb Lorbeerwald. / Ihr Tamtam verjagt die Stille, / die fällt sternlos in die Wellen, / wo das Meer sich bricht und singt. / meine Nacht ist voller Fische. / Auf den Zacken des Gebirges / liegen schlafend die Gendarmen, / Wächter bei den weißen Türmen, / die die Engländer bewohnen. / Und die Meerzigeuner bauen / Pavillons aus Muschelschalen / und aus grünen Pinienzweigen / einfach so, zum Zeitvertreib. * Mit dem Mond aus Pergament / in der Hand erscheint Preciosa. / Schon hat sie der immerwache / Wind gesehen und sich erhoben. / Sankt Christophorus der Nackte / mit den tausend Himmelszungen / schaut dem Mädchen nach und spielt / eine unsichtbare Flöte. // Du, lass mich dein Kleid aufheben, / dass ich besser sehen kann. / Öffne meinen alten Fingern / die blaue Rose deines Bauches. // Ins Gebüsch das Tamburin! / Preciosa läuft, so schnell sie kann, / und der Wind mit blanker Klinge / tölpelt hitzig hinterher. // Schauder laufen übers Meer. / Das Olivenlaub erbleicht. / Schattenflöten werden laut / und der glatte Gong des Schnees. // Lauf, Preciosa, lauf, lauf, lauf, / soll der geile Wind dich packen? / Lauf, Preciosa, lauf, lauf, lauf, / denn er sitzt dir schon im Nacken! / Satyr mit den Phosphorzungen, / einem niederen Stern entsprungen. * Voll Entsetzen stürzt Preciosa / in das Haus, das auf der Höhe / oberhalb des Pinienwaldes / Englands Konsul sich gebaut. // Von den Schreien aufgeschreckt / kommen drei Gendarmen an, / schwarze Mäntel straff gegürtet, / Mützen in die Stirn gezogen. // Von dem Engländer bekommt / die Zigeunerin ein Glas / warme Milch und einen Gin, / den sie allerdings nicht trinkt. // Während sie ihr Abenteuer / schluchzend diesen Leuten schildert, / rast er übers Dach, der Wind, / und beißt wütend in die Schindeln. (Übersetzung: Martin von Koppenfels)

Das Gedicht entstammt Lorcas Band *Romancero gitano* (1928): entstanden zehn Jahre nach der russischen Revolution und dem Ende des Ersten Weltkriegs, kurz vor dem Ausbruch der Weltwirtschaftskrise. Inmitten von Futurismus, Kubismus, Dadaismus, Surrealismus und sonstigen Ismen der ästhetischen Avantgarden knüpft Lorca mit seiner Romanzendichtung an eine der ältesten und traditionsreichsten lyrischen Formen der spanischen Dichtungsgeschichte an. Kritiker, auch Freunde Lorcas – der Filmemacher Luis Buñuel (1900-1983) und der Maler Salvador Dalí (1904-1989) – haben das für einen Rückfall hinter die Positionen der Moderne gehalten und den gewaltigen Publikumserfolg des Gedichtbandes auch mit der vermeintlich modernitätsmüden Nostalgie und Traditionsduselei dieser Gedichte erklärt. Tatsächlich sind sie aber um einiges moderner, als der eingängige Ton, der fließende Duktus der Sprache und das Parlando der kleinen Geschichten zunächst den Anschein geben. Eines der wichtigsten poetologischen Prinzipien der Avantgarden war der Bruch mit der Tradition. Man kann die Romanzen Lorcas als eine Dichtungsform lesen, in der er das Verhältnis der Moderne zur Tradition erkundet – denn der Bruch ist ja auch eine verkappte Form der Beziehung zu dem, womit er bricht. Dann wäre Lorcas *Romancero gitano* ein hochreflektierter, poetologischer Kommentar zur Lyrik der Moderne.

Die Romanze ist eine der ältesten spanischen Lyrikformen. Der Name geht auf das Adverb *romanice* in der Verbindung *romanice fabulari* zurück: auf Romanisch, also in der Volkssprache, nämlich im Unterschied zum Latein der *clerici*, der Priester und Gelehrten, sprechen. Die Romanzen waren zunächst mündlich und anonym, also nicht auktorial überlieferte Dichtung. Sie wurden im ausgehenden Mittelalter gesammelt und schriftlich fixiert, im 16. Jahrhundert dann auch in gedruckter Form verbreitet. Die Dichter des 16. und 17. Jahrhunderts griffen die Romanzenform auf und machten sie zu einer nun auktorialen Kunstform. Im 18. Jahrhundert geriet sie in Vergessenheit und gelangte mit der Romantik zu neuer Popularität, die bis tief ins 20. Jahrhundert anhielt. In dieser Traditionslinie steht Lorcas *Romancero gitano*.

Die Form der Romanze ist über die sechs- bis achthundert Jahre ihrer überlieferten Geschichte ziemlich gleich geblieben, mündlich wie schriftlich. Es handelt sich um eine erzählende lyrische Dichtung, die in der Regel nicht strophisch gegliedert ist und die von sehr unterschiedlicher Länge sein kann, von zwanzig bis zweihundert und mehr Versen. Auch thematisch und inhaltlich kann so ziemlich alles zum Gegenstand werden. Die Romanze besteht aus achtsilbigen Versen, die nicht Reime, sondern Assonanzen bilden. Es werden nicht ganze Vokal- und Konsonantengruppen, also ganze Silben aufeinander bezogen, sondern nur gleiche Vokale. Die Assonanzen sind in der ganzen Romanze dieselben und finden sich in der Regel im zweiten, vierten, sechsten usw. Vers, während der erste, dritte, fünfte etc. Vers ohne Assonanzen bleibt. In Lorcas Gedicht sind es Assonanzen auf e-e. „Su luna de pergamino / Preciosa tocando vi*ene*, / por un anfibio sendero / de cristales y laur*eles*. / El silencio sin estrellas, / huyendo del sonson*ete*, / cae donde el mar bata y canta / su noche llena de p*eces*“ usw.

Das Gedicht ist formal in drei Teile gegliedert, die jeweils durch einen Stern voneinander getrennt sind. Der erste Teil führt das Gitano-Mädchen Preciosa ein, die nachts ihr Tamburin spielend unterwegs ist. Der zweite schildert, wie sie von einem nicht genau zu identifizierenden Verfolger bedroht wird und flieht, der dritte, wie sie sich in ein Haus rettet. Der erste Teil ist selbst nicht untergliedert, die andern beiden weisen eine Gliederung in Strophen aus vier und mehr Versen auf, die jeweils einzelnen Sequenzen der Begebenheit entsprechen. Die Sprache ist schlicht und eingängig, ohne sonderlich kühne Bilderfindungen. Lediglich im zweiten Teil könnte man einige moderne Prägungen ausmachen; „die blaue Rose deines Bauches“, „die Schattenflöten“ oder „der glatte Gong des Schnees“ und schließlich der „viento verde – der grüne / geile Wind“ sind Wortfügungen, die nicht einfach in Beschreibungswirklichkeit aufzulösen sind. Es dürfte nicht zufällig sein, dass sie ausschließlich im zweiten Teil zu finden sind.

Das auffälligste formale Element des Gedichts ist die Wiederholung seiner beiden ersten Verse zu Anfang des zweiten Teils. Sie ist zugleich auch eine Nichtwiederholung der dritten und vierten Verse, die syntaktisch mit ihnen eine Gruppe bilden. Dieses formale Spiel von Identität und Differenz deutet an, dass etwas in Veränderung begriffen ist. So lädt sich das Element, das wiederholt wird, mit einer anderen Bedeutung auf, die dann in dem, was folgt, explizit gemacht wird. Die idyllische Abendszene schlägt um und wird zu einem Horrorszenario. Die leichte Unbeschwertheit des tamburinschlagenden Mädchens verwandelt sich in panische Angst. Die wiederholten beiden Zeilen sind also semantisch mindestens zweideutig. Das hatte sich bereits zu Anfang durch den „amphibischen“ Weg angedeutet. Das Amphi-bion ist ein Lebewesen, das Anteil an zwei Lebensbereichen hat. Amphibische Zweipoligkeit ist ein formales und inhaltliches Merkmal des Gedichts von Anfang an. Es gibt die Opposition von Wasser und Land, Meer und Bergen; später die von „Gitanos“ und „Engländern / Gendarmen“. Weiter gibt es die Pole Licht und Dunkelheit sowie Stille und Geräusch. Elemente des Lichts sind Preciosa mit ihrem „Mond“, die „weißen Türme“ und die „Sterne“, die allerdings als abwesende angesprochen werden und so auf den anderen Pol, die Dunkelheit der „Nacht“ verweisen. Die Sterne sind so ihrerseits noch einmal ein amphibisches Element. Als Sterne sind sie Licht, als abwesende sind sie Dunkelheit. Die Stille der dunklen Nacht am Land ist dem „Tamtam“ Preciosas gegenübergestellt. Die Stille flieht vor diesem störenden Geräusch zum Meer, wo sie in dessen ebenfalls geräuschvollen Wellenschlag untergeht. Das ergibt schließlich eine weitere Polarität, die von Ruhe und Flucht, Verfolger und Verfolgtem. Preciosa mit ihrem Tamburin, einer elementaren Gestalt von Musik und Kunst also, erweist sich als Störenfried in der nächtlichen

Idylle der Stille, für die ihre Musik lediglich Lärm ist. Bereits hier deutet sich eine Personifizierung der Natur an.

Die Opposition von Verfolger und Verfolgtem kehrt sich im zweiten Teil um. Das Umschlagmoment ist die tamburinschlagende Preciosa, die nun selbst zur Verfolgten wird, wobei die gesamte Verfolgungssituation ihrerseits mit musikalischen Elementen angereichert ist. Das sind die bereits erwähnten „Schattenflöten" und der „glatte Gong des Schnees", vor allem aber eine Gestalt des Verfolgers selbst: „Sankt Christophorus der Nackte / [...] spielt / eine unsichtbare Flöte.". Es scheint, als hätte das Amphibische etwas mit der Art und Weise zu tun, in der die Kunst in diesem Gedicht konzipiert wird. Der Verfolger hat verschiedene Erscheinungsformen; er ist zum einen „Wind", zum andern „Sankt Christophorus" und „Satyr". Das sind allesamt wenig konkrete, „wirkliche" Gestalten, die vermuten lassen, dass die Verfolgung gar nicht in der Wirklichkeit, sondern in Presciosas Phantasie stattfindet. Ein Wirklichkeitselement, ein pfeifender Windstoß, der dem Mädchen unter die Röcke gefahren ist, wird von ihr als sexuelle Bedrohung und Gewalt phantasiert. Das Wirklichkeitselement wird durch das Medium der Phantasie ebenfalls amphibisch und erhält so eine zusätzliche zweite Wirklichkeit, die dann wirkliche Angst auslösen kann. Zwar ist der Wind nur Wind und sind der heilige Christophorus und der Satyr lediglich Gestalten der Legende und des Mythos, aber ihre Vorstellung ist offenbar so wirklich, dass sie panische Angst erzeugt. Oder umgekehrt: die Angst, die das Mädchen hat, nimmt in diesen Figuren Gestalt an. Die Phantasie ist das Vermögen zur Gestaltung von Gefühlen.

Eine vergleichende Lektüre mit Goethes „Erlkönig" könnte hier aufschlussreich sein. Die Angstphantasie des Kindes in Goethes Gedicht, die von dem väterlichen Schutz nicht gebannt werden kann, hat bei Lorcas Preciosa nicht einmal mehr diesen ohnehin nutzlosen, schützenden Arm des Vaters. Im Gegenteil, die legendenhafte Gestalt des Schutzes, der heilige Christophorus, der schützende Riese, der das hilflose Kind über das gefährliche Wasser setzt, wird hier selbst zum Verfolger, indem er mit dem „viento verde", dem „grünen Wind" – bei dem an den „viejo verde", den lüsternen Greis zu denken ist: deshalb der „geile Wind" – und dem „Satyr" – dem mythischen Archetypus des dauergeilen sexuellen Aggressors junger Mädchen – in eine Linie gestellt wird. Wo aber die Todesangst des Jungen bei Goethe am Ende tatsächlich zu seinem Tod führt, rettet sich Preciosa mit Müh und Not in das Haus des englischen Konsuls, der zusammen mit den „Gendarmen" eine schützende Autoritätsgestalt ist. Wenn der allerdings dem Mädchen Gin zu trinken gibt, kann man ins Grübeln kommen, ob nicht der vermeintliche Beschützer erneut eine Gestalt des Verfolgers ist und ob sie sich nicht aus einer phantastischen Gefahr in eine wirkliche geflüchtet hat – wie zu Anfang die Stille, die vor Preciosas „Tamtam" zum Meer geflohen und in dessen Lärm untergegangen war. Dazu wäre es sicherlich hilfreich, Informationen über die lebensweltlichen Beziehungen zwischen Gitanos, Engländern und Gendarmen im Andalusien der zwanziger Jahre zu haben.

Die Rede von der panischen Angst geht auf den antiken Gott Pan zurück, der ebenfalls eine amphibische, halb tierische, halb göttliche, satyrartige Gestalt mit Ziegenbocksbeinen und Hörnern war. Tauchte er in der sommerlichen Mittagsruhe auf, löste das bei den Nymphen in Arkadien Schrecken aus, der deshalb panisch genannt wurde. Damit ist ein weiterer Intertext eingeführt, der den Bedeutungs- und Deutungshorizont des Gedichts zu erweitern gestattet. Die Geschichte von Pan ist – außer in mythologischen Handbüchern – im ersten Buch von Ovids *Metamorphosen* nachzulesen. Platon gibt im *Kratylos* eine ingeniöse Deutung des Gottes (407e-408d). Der „zwitterhafte Sohn des Hermes" ist wie sein Vater eine Gestalt der Sprache in ihrer elementaren Vieldeutigkeit. Im Schlosspark in Schwetzingen gibt es, auf einem Felsen im Verborgenen sitzend, die Skulptur des Flöte spielenden Pan von Peter Simon Lamine (1738-1817).

Pan verfolgt die Nymphe Syrinx, die vor ihm flieht und zur Rettung vor dem sexuellen Aggressor an einem Flussufer in ein Schilfrohr verwandelt wird. Der durch das Schilfrohr fahrende und so Klang erzeugende Wind regt Pan – „ergriffen von der neuen Kunst" (*ars nova*) – zur Erfindung der Panflöte an, indem er Schilfrohre verschiedener Länge zusammenfügt. Der antike Mythos handelt von der sublimierenden Verwandlung frustrierter sexueller Begierde in Kunst. Bei Lorca ist das Szenario trotz aller Ähnlichkeit doch auch entgegengesetzt. Die Szene spielt nicht am hellen Mittag, sondern in finsterer Nacht. Das verfolgte Mädchen ist selbst eine Musikantin, und der Verfolger zeigt so wenig Sublimierungsneigung, dass er die Kunst der „unsichtbaren Flöte" seinerseits als Verführungs- und Verfolgungsmedium einsetzt. Die Gestalt des Gottes Pan ist übrigens in der christlichen Vorstellungswelt prägend in die Figur des Teufels eingegangen.

So deutet sich an, dass die Romanze Lorcas am Ende als eine poetologische Reflexion zu lesen ist, die die Rolle der Dichtung in der Moderne erkundet. Martin von Koppenfels hat im Nachwort zu seiner Neuübersetzung des *Romancero gitano* gemeint, Lorca habe mit der Wahl der Romanzenform sich noch einmal an die Tradition klammern wollen und damit die radikale Modernität vermieden, auf die er sich – allerdings kaum ein Jahr später – in dem Band *Poeta en Nueva York* (1929) ernsthaft eingelassen habe. Man muss das vielleicht nicht so sehen. Denkbar ist auch, dass er sich mit dem Szenario vom Vergewaltiger und dem Mädchen, das sich nicht in der rettenden Sublimierung auflöst, ins Herz der modernen Finsternis begeben und mit der Erkundung des Verhältnisses von Kunst und Gewalt in der Moderne begonnen hat. Hanno Ehrlicher hat in der Studie *Die Kunst der Zerstörung* (2001) die Spur der Gewalt durch die Avantgarden verfolgt. In dieser Perspektive ist die Romanzenform das selbst amphibische Medium, in dem eine traditionelle Form mit dem modernen Gehalt schlechthin artikuliert wird. Um das ernstlich zu diskutieren, müsste man weitere Gedichte des Bandes untersuchen.

Eugenio Montale (1896-1981): *I limoni*

Ascoltami, i poeti laureati
si muovono soltanto fra le piante
dai nomi poco usati: bossi ligustri o acanti.
Io, per me, amo le strade che riescono agli erbosi
fossi dove in pozzanghere
mezzo seccate agguantano i ragazzi
qualche sparuta anguilla:
le viuzze che seguono i ciglioni,
discendono tra i ciuffi delle canne
e mettono negli orti, tra gli alberi dei limoni.

Meglio se le gazzarre degli uccelli
si spengono inghiottite dall'azzurro:
più chiaro si ascolta il susurro
dei rami amici nell'aria che quasi non si muove,
e i sensi di quest'odore
che non sa staccarsi da terra
e piove in petto una dolcezza inquieta.
Qui delle divertite passioni
per miracolo tace la guerra,
qui tocca anche a noi poveri la nostra parte di ricchezza
ed è l'odore dei limoni.

Vedi, in questi silenzi in cui le cose
s'abbandonano e sembrano vicine
a tradire il loro ultimo segreto,
talora ci si aspetta
di scoprire uno sbaglio di Natura,
il punto morto del mondo, l'anello che non tiene,
il filo da disbrogliare che finalmente ci metta
nel mezzo di una verità.
Lo sguardo fruga d'intorno,
la mente indaga accorda disunisce
nel profumo che dilaga
quando il giorno più languisce.
Sono i silenzi in cui si vede
in ogni ombra umana che si allontana
qualche disturbata Divinità.

Ma l'illusione manca e ci riporta il tempo
nelle città rumorose dove l'azzurro si mostra

soltanto a pezzi, in alto, tra le cimase.
La pioggia stanca la terra, di poi; s'affolta
il tedio dell'inverno sulle case,
la luce si fa avara – amara l'anima.
Quando un giorno da un malchiuso portone
tra gli alberi di una corte
ci si mostrano i gialli dei limoni;
e il gelo dei cuore si sfa,
e in petto ci scrosciano
le loro canzoni
le trombe d'oro della solarità.

Die preisgekrönten Dichter, weißt du, sie / bewegen sich bloß unter den Gewächsen / mit seltenen Namen: Buchsbaum, Liguster, Akanthus. / Ich für mein Teil, ich mag die Wege, die / in Gräben münden, grasbedeckt, bei Tümpeln, / halb ausgetrockneten, die Buben fangen / dort etwa einen kümmerlichen Aal; / ich mag die Gänge längs den Straßenrändern, / hinab durch das Röricht und hinein in die Gärten, zu den Zitronenbäumen. // Besser, es endet das Vogelgeschrei / von der Bläue verschlungen: / deutlicher lässt sich das Raunen vertrauter / Zweige vernehmen durch die fast reglose Luft, / fühlsamer sprüht der Duft, / vom Erdreich noch immer nicht frei, / in die Brust unruhige Süße. / Wunderbar schweigt hier der Krieg / selbstvergessener Leidenschaften; / Reichtum wird auch uns Armen hier zugeteilt, / Düfte von den Zitronenbäumen. // In solchen Stillen, siehst du, wo die Dinge / sich gehen lassen, und es scheint, sie geben / bald ihr innerstes Geheimnis preis, / da rückt ein Fehler der Natur heran / zum Greifen nah, der tote Punkt der Welt, / der Ring, der nicht mehr hält, / der Faden, kaum entwirrt, er führt uns endlich / mitten in eine Wahrheit. / Der Blick forscht nach, umschließt, / der Geist erkundet, drängt zusammen, scheidet / im Duft, der überfließt, / je tiefer der Tag sich neigt. / In solchen Stillen; jeder Menschenschatten, / der sich entfernt, erscheint alse ine / aufgestörte Gottheit. // Doch dann versagt der Trug, die Zeit versetzt / uns in den Lärm der Städte, wo die Bläue / sich nur in Fetzen zeigt, hoch an den Simsen. / Der Regen wird die Erde peitschen; dicht / die Winterschwere auf den Häusern lasten; / das Licht uns meiden, leiden die bittere Seele. / Bis uns einmal zwischen den beiden / Flügeln eines Tores, aus den Bäumen / eines Hofs das Geld der Zitronen trifft, der Frost im Herzen vergeht, / in die Brust uns weht / der Gesang aus den goldenen / Sonnentrompeten der Helligkeit. (Übersetzung.: Hanno Helbling)

Das Gedicht von Montale entstammt dem Band *Ossi di sepia* (1925). An ihm zeigt sich ein weiterer Aspekt der modernen Dichtung. Zu Anfang hatte ich gesagt, dass metrische Bindung nicht notwendigerweise ein Kriterium für Poesie sei; ein gereimter Merkvers ist noch kein Gedicht. Diese Aussage impliziert dann auch die Möglichkeit ihrer Umkehrung. Auch ein ungereimter und metrisch ungebundener Text kann poetischen Charakter haben. Diese Konsequenz ist im 19. Jahrhundert zunehmend gezogen worden. Bereits die romantische Lyrik wendet sich von den strengen klassischen Versformen ab; und in Deutschland sogar schon die Dichtung des Sturm und Drang. Das ergibt den freien Vers. Er heißt so, weil er ungebunden, also von der metrischen Bindung frei ist. Er hat sein Charakteristikum darin, dass bei ihm die Silbenzählung als formales Prinzip endgültig aufgegeben ist. Freie Verse sind unterschiedlich lang und haben keine Reime. Gleichwohl bleiben sie als Verse im Schriftbild markiert: durch Zeilenumbruch, ja, sogar durch den Beginn der Zeile mit Majuskel, des Weiteren durch strophische Gliederung.

Eine letzte Konsequenz aus dieser Befreiung des Verses ist die Aufgabe des Zeilenumbruchs. Das ergibt das Prosagedicht. Der Übergang vom freien Vers zum Prosagedicht ist offenkundig fließend. Der Hauptunterschied liegt darin, dass auch die formale Anlehnung an die Versform aufgegeben ist und der Text wie ein Prosatext geschrieben wird. Baudelaire hat im Vorwort zu seinen *Petits poèmes en prose* (1869) ein formales Prinzip angegeben: „das Wunder einer poetischen Prosa, die musikalisch wäre ohne Rhythmus und ohne Reim, biegsam und eigenwillig genug, um sich den lyrischen Regungen der Seele, den Wellenbewegungen der Träumerei, den Erschütterungen des Bewusstseins anzupassen“. Wie die Grenze zwischen freiem Vers und Prosagedicht, so ist auch die Grenze zwischen Prosagedicht und Erzählung fließend. Vielleicht deutet sich darin an, dass die Moderne insgesamt einen Zug ins Prosaische hat. Aber das ist wirklich eine weiterreichende Überlegung, die nicht in eine Einführung gehört.

Montales Gedicht markiert selbst den Übergang von der gebundenen zur ungebundenen Sprache des freien Verses. Es besteht aus vier Strophen unterschiedlicher Länge: 10-11-15-13 Verse. Es gibt einige Reime, aber kein festes Reimschema; die meisten Verse sind nicht gereimt. Ebenso hat es kein metrisches Schema; es finden sich allerdings Anklänge an traditionelle Metren. Gleich die ersten beiden Verse sind klassische Elfsilber. Danach wird es metrisch kunterbunt. Das Gedicht steht, wie Lorcas Romanze, im Horizont der traditionellen Lyrik, wendet sich aber bewusst und explizit von ihr ab. Im ersten Vers werden die *poeti laureati – lorbeerbekrönten Dichter* der Tradition angesprochen. Der Lorbeer als Krone der Dichter geht auf den Mythos von Apoll und Daphne zurück. Als der Gott die Nymphe begehrend verfolgte, rief sie ihren Vater, den Flussgott Peneios um Hilfe an, der sie in einen Lorbeer – griechisch: *daphne* – verwandelte. Apoll bildete daraufhin – wiederum sublimierend – aus den Zweigen der verwandelten Nymphe einen Lorbeerkranz, der seitdem, weil Apoll auch der Führer der Musen war, das Insigne der Dichter ist. Die italienische Zwei-Euro-

Münze ist mit Dante als *poeta laureatus* geprägt. Das Bild ist dem Gemälde *La disputa del sacramento* von Raffael (1483-1520) entnommen. Gegen die *poeti laureati* setzt sich im vierten Vers ein Ich: „Io, per me". Es steht für eine andere Form der Dichtung. Gegen den erhabenen Ton und die großen Themen setzt das Gedicht den einfachen Ton und die kleinen Motive. Dafür steht die Zitrone.

Baudelaire hat die Melancholie und die Trauer, Lorca den Schrecken und die Angst als eine elementar moderne Erfahrung poetisch gefasst. Montale zeigt eine andere Dimension der modernen Seele. Die ersten beiden Strophen entwickeln das Bild einer Landschaft, die allerdings zunächst vor allem über das Akustische erschlossen wird. Das erste Wort des Gedichts ist eine Anrede an den Leser: „Ascoltami – höre mir zu". Das Rauschen der Bäume ist, wenn in der Abenddämmerung die Vögel schon zur Ruhe gekommen sind, zusammen mit dem Duft, der sich ausbreitet, ein Moment des Friedens. Der Widerstreit der menschlichen Leidenschaften wird befriedet; das hat den Charakter eines Wunders: „per miracolo tace la guerra – wunderbar schweigt hier der Krieg". Es bereitet sich also etwas vor: ein außerordentlicher, wunderbarer Moment, der auch den Armen die Erfahrung des Reichtums gibt. Und diese Erfahrung wird ausgelöst durch den Duft der Zitronen, ja, sie ist dieser Duft: „ed è l'odore dei limoni". Die ersten beiden Strophen enden jeweils mit dem Wort *limoni*. Die Zitronen sind das Bild dieser Erfahrung. Das ist aber nicht so sehr eine optische Erfahrung, die Szene findet ja in der Abenddämmerung statt, sondern eine olfaktorische. Der Duft der Zitronen löst die Erfahrung aus.

Die dritte Strophe beginnt nun mit der Aufforderung zum Sehen: „Vedi – Siehe". Es geht also vom Hören und Riechen zum Sehen über. Die Erfahrung, die das Gedicht beschreibt, ist offenbar an die Sinne gebunden, geht aus dem Gehör, dem Geruch und dem Gesicht hervor. Das sind die Fernsinne. Geschmack und Tastsinn spielen keine Rolle. Aber wie die Abenddämmerung eine Beeinträchtigung des Sehens und fast schon ein Nichtsehen ist, so ist auch die Stille, die Abwesenheit von Geräusch eine weitere Bedingung für die Erfahrung. Sie geht von den Sinnen aus, aber indem die Sinne gerade zur Ruhe kommen. Und in diesem Zustand geschieht etwas. Die Dinge scheinen ihr Geheimnis zu offenbaren, die Natur scheint sich ebenfalls aufzulösen – die Konturen der Dinge verschwimmen in der Dämmerung. Das ist der tote Punkt der Welt, der schließlich eine Wahrheit offenbar macht: „una verità". Es ist nicht die Wahrheit der Welt, die sich offenbart, es ist lediglich eine Wahrheit: in diesem Augenblick, an diesem Ort. Und es ist das Zusammenspiel der drei Sinne, das die Erfahrung auslöst, wobei der Geruch die stärkste Wirkung zu haben scheint; er ist von den Sinnen vielleicht der sinnlichste. Andererseits ist auch der unsinnlichste, denn ein Geruch ist nicht greifbar. Als ein solcher nahezu immaterieller und fast geistiger Sinn löst er die Erfahrung einer Epiphanie aus. In dem Duft und in der Stille und im Zwielicht der Dämmerung sieht man in jedem menschlichen Schatten irgendeine Gottheit. Die Naturerfahrung wird wahrhaft zu einer Epiphanie. Die erscheinende Gottheit ist aber der Mensch selbst: jeder Mensch. Das ist die singuläre Wahrheit dieses Augenblicks an diesem Ort. Es gibt Momente, in denen die Natur mit einer Aura von Übernatürlichem umgeben ist und die Menschen Götter werden.

Das ist allerdings nur für diesen Augenblick der Fall. Die vierte Strophe beginnt deshalb mit einem *Ma – Doch*. Alles Irdische ist zeitlich und vergänglich; das gilt auch für diese Wahrheit einer Erscheinung des Göttlichen. Das Göttliche, indem es sich in der Natur und im Menschen offenbart, wird dann ebenfalls endlich und vergänglich. Es war ohnehin vielleicht nur eine Illusion, die sich auflöst: „l'illusione manca". Die Epiphanie war auch ein Spiel – *il-lusio* – der Lichtverhältnisse und der Umstände, ein Effekt der Sinne, die uns für diesen Moment eine Epiphanie haben erfahren lassen: angestiftet durch das Spiel des Dichters, der sie uns vorgeführt hat: Höre – Sieh. Deshalb entwickelt die vierte Strophe eine Gegenszene: die Stadt, wo der Himmel nur bruchstückhaft zu sehen ist, wo es regnet und wo es Winter ist. Die Opposition von Stadt und Land wird durch die von Sonne und Regen, Sommer und Winter zu einer allgemeinen Figur: zu einer Seelenlandschaft, in der die Erinnerung an das sommerliche Land in der Abenddämmerung und mit dem Duft der Natur die Seele in der winterlichen Stadt mit dem verhangenen Himmel und dem „geizigen Licht" bitter macht: „amara l'anima". Und in dieser winterlichen Situation der Seele kann das Gold einer Zitrone, so wie die Sonne den wirklichen Frost auftaut, den „Frost der Herzen" tauen lassen. Der Winter ist eine Figur für den inneren Zustand, den Winter des eisigen Herzens mit dem „gefrorenen Meer in uns" (Kafka). Die Zitrone ist der Auslöser für das Aufgehen der Sonne im Herzen. Das geschieht in Gestalt der Lieder – zum Beispiel des Gedichts, das wir gerade lesen –, die das Herz sonnenhaft werden lassen.

Die Analyse von formalen Aspekten des Gedichts zeigt, dass es eine Korrespondenz zwischen den jeweils letzten Worten der Strophen gibt, die durch diese Stellung aufeinander bezogen sind. Der Verzicht auf die Bindung durch Metrum und Reim führt nicht zur Formlosigkeit und Beliebigkeit, sondern zu anderen Kompositionsprinzipien, die nicht durch vorgegebene Schemata gebildet, sondern jeweils für die besondere Dichtung entwickelt werden. Auch das ist ein Moment des freien Verses. Er bildet seine je eigene Form aus. Die letzten Worte der ersten beiden Strophen sind identisch: *limoni*. Aber diese Wiederholung bildet zugleich eine Differenz. In der ersten Strophe sind es die konkreten Zitronenbäume, in der zweiten Strophe ist es der fast immaterielle Duft der Zitronen. Dem korrespondiert am Ende der dritten Strophe die *Divinità* – mit Majuskel –, deren Epiphanie aus dieser Naturerfahrung hervorgegangen ist. Und diese Epiphanie wird am Ende der vierten Strophe in der *solarità* – sie reimt sich auf *Divinità* – aufgehoben. Es ist die Sonne, die im Herzen aufgeht: durch den Anblick der Zitrone und den Gesang des Gedichts, das daraus eine Epiphanie bildet. Das ist eine Grunderfahrung der Moderne: eine säkulare Mystik des Augenblicks und des je einzelnen Menschen. Die Dichtung kann dafür ein Medium sein; und deshalb kann sie immer auch eine Illusion sein.

V Drama

1 Allgemeines

Eine Definition von Drama ist nicht leicht zu geben. Die modernen Formen des Theaters, die im 20. Jahrhundert an verschiedenen Orten erprobt und durchgesetzt worden sind, lassen es sehr schwierig, wenn nicht unmöglich erscheinen, eine einheitliche und alle Formen umfassende Definition von Theater und Drama zu geben. Neben den traditionellen Formen des Theaters gibt es Bertolt Brechts (1898-1956) auf Erkenntnis und Belehrung zielendes episches Theater und Antonin Artauds (1896-1948) auf wilde und ekstatische Körpererfahrung zielendes Theater der Grausamkeit, rituelle und quasi-liturgische Formen der Inszenierung, Performance, Happening – Jerzy Grotowski (1933-1999), Hermann Nitsch (*1938), Ariane Mnouchkine (*1939), Marina Abramovic (*1946) – oder Samuel Becketts (1906-1989) Reduktion des Szenischen auf beinahe nichts, um nur einiges zu nennen. Wenn man das alles in einer Definition erfassen will, muss die so allgemein sein, dass sie vermutlich kaum noch als Definition durchgeht. Man könnte dann vielleicht sagen, Drama ist eine szenische Darstellung, teils in Dialogen, teils ohne Sprache – auch Pantomime oder Tanz können dramatisch sein –, teils als Darstellung von etwas, teils als reine Darstellung, die nicht repräsentiert, sondern einfach präsentiert, nichts als sich selbst dar- und vorstellt. Neuere Dramentheorie hat deshalb das Konzept der Performanz als Leitbegriff gewählt.

Der Begriff der Darstellung verweist auf ein zweites mögliches Definitionsmoment. Drama ist Darstellung von jemandem für jemanden, also für ein Publikum. Damit allerdings wäre auch ein Voodoo-Ritual oder eine katholische Messe, ein Fußballspiel oder ein Karnevalsumzug, eine Podiumsdiskussion, eine Talkshow oder eine universitäre Vorlesung jeweils eine Form von Theater. Die Definition wird dann endgültig nichtssagend. Es sei denn, man hält wiederum die Frage nicht für sinnlos, unter welchen Bedingungen und nach welchen Kriterien eine Messe, ein Fußballspiel und ein Drama zu unterscheiden oder als formal analog, gar identisch zu betrachten sind. Und möglicherweise ist das gerade die Frage, die für eine hinreichende Definition von Theater und Drama von großer und vielleicht letztlich entscheidender Bedeutung ist.

In Hinsicht auf die Konzeption des Theaters als Performanz sind die Unterschiede vermutlich nicht sehr groß; es wird jeweils etwas für ein Publikum vorgeführt oder dargestellt. Eine kulturgeschichtliche Betrachtung müsste aber doch – trotz dieser formalen Übereinstimmung – Unterschiede zwischen einer Messe, einem Drama und einem Fußballspiel benennen können. Dabei hätte es dann um die je unterschiedliche Bedeutung zu gehen, die Kirche, Theater, Stadion haben: große, eigens für diese Zwecke errichtete Bauwerke mit einem Zuschauerraum und einem davon getrennten Aufführungsraum – Altar, Bühne, Spielfeld –, wo die jeweils besonderen Handlungen – Messe, Drama, Fußballspiel – performiert werden. Der Unterschied zwischen Messe, Drama und Fußballspiel ist für die Teilnehmer und Zuschauer doch einigermaßen groß und entscheidend.

Allerdings muss man auch in Erinnerung rufen, dass das Drama im antiken Griechenland im Umfeld des Festes der Dionysien entstanden ist. Das Fest wurde zu Ehren des Gottes Dionysos gefeiert, stellt also die Entstehung der Gattung des Dramas in einen sakralen Kontext. Umgekehrt kann man zeigen, dass eine katholische Messe eine dramatische Struktur hat. Die Beziehung zwischen Theater und Kirche geht offenbar über die formale Analogie der Performanz hinaus. Was es mit dem Fußballspiel, allgemein dem Sport in diesem Zusammenhang auf sich hat, ist nicht leicht zu sagen. Es gibt aber auch historische Zeugnisse, die zeigen, dass Aktivitäten, die wir als Sport betrachten, in die Liturgie sakraler Feste eingebunden waren. Dabei sollte man allerdings auch berücksichtigen, dass solche ins Allgemeine und Grundsätzliche zielenden Fragen vermutlich, wie Gottfried Benn (1886-1956) es gelegentlich ausdrückte, „überwältigend unbeantwortbar" sind. Ich begnüge mich für die folgenden Ausführungen mit einer engeren, ganz traditionellen und deshalb auch provisorischen Bestimmung.

Seit der griechischen Antike, also seit etwa 2.500 Jahren versteht man unter Drama und Theater hauptsächlich: einen Text, eine Bühne, Akteure, Publikum. Es wird etwas, das in einem mehr oder weniger ausgearbeiteten Text vorgegeben ist, von Akteuren auf einer Bühne für ein Publikum dargestellt. Damit ist auch bereits ein Unterschied zur Erzählung angedeutet. Im Drama wird etwas, eine Geschichte, ein Konflikt verhandelt, durch Handlung dargestellt. Das Wort Drama stammt vom griechischen *dran – handeln* ab; im Lateinischen ist das *agere*, woraus der Akt und die Akteure abgeleitet sind. In der Erzählung, im Epos oder im Roman wird eine Geschichte, ein Ereignis berichtet, und zwar von einem Erzähler, der unmittelbar als Instanz im Text präsent oder implizit vorhanden sein kann. Diese Instanz fehlt im Drama – zumindest in der Regel. Aber in den antiken Dramen gibt es den Chor, in manchen modernen einen „Sprecher" oder ähnliches; und der Botenbericht ist ebenfalls ein narratives Element im Dramatischen. Mit diesen Minimalbestimmungen sind bereits hinlänglich viele Probleme und Fragen gegeben.

Eine erste Frage ist, wie sich die Handlungen und Personen auf der Bühne zu Handlungen und Personen außerhalb der Bühne verhalten, wie sich das Theater vom sogenannten wirklichen Leben unterscheidet. Die Vorlesung *Über die Poetik* des griechischen Philosophen Aristoteles ist für die abendländische Theaterdiskussion – und im Weiteren auch für die Konzeption von Literatur und Kunst im Allgemeinen – bis heute von fundamentaler Bedeutung. Aristoteles hat gesagt, das Theater – und die Kunst allgemein – sei Mimesis, eine Imitation oder ein Simulakrum: eine Nachahmung des Lebens. Damit ist ein Begriff eingeführt worden, dessen Bestimmung und Verständnis seitdem und bis heute für unaufhörliche Diskussionen gesorgt hat. Die Fähigkeit zur Nachahmung, so Aristoteles, ist uns angeboren und zeigt sich schon bei Kindern und selbst bei Tieren. Wir lernen durch Nachahmung von anderen Menschen und anderen Handlungen. Das ist eine Naturanlage; es ist die natürliche Bestimmung der Menschen zu lernen.

Der Begriff der Nachahmung, den Aristoteles eingeführt hat, ist von dem zu unterscheiden, den ich im Zusammenhang der Lyrik für die Prämoderne am Beispiel des Petrarkismus eingeführt hatte. Bei diesem geht es um die Nachahmung von anderen Autoren und ihren Texten. Der Begriff der Intertextualität hat ihn modifiziert und als eine Beziehung zwischen Texten erkennbar werden lassen. Und er ist auch zu unterscheiden von dem Begriff des Simulakrums, mit dem Roland Barthes die strukturalistische Tätigkeit charakterisiert. Das Simulakrum in diesem Sinn entsteht durch die Analyse der formalen Verfassung eines Textes; es zeigt, wie der Text gebaut ist und wie er funktioniert. Der von Aristoteles verwendete Begriff der Nachahmung bedeutet, dass nicht andere Texte nachgeahmt werden oder die Funktionsweise eines Textes gezeigt wird; hier geht es darum, dass die außertextliche Wirklichkeit nachgeahmt wird: durch Bild oder Bericht, im Spiel oder im Drama.

Das Theater stellt in diesem Feld eine besondere Form der Nachahmung dar. Das Drama besteht aus einer Handlung auf der Bühne; und diese ahmt eine Handlung außerhalb der Bühne nach, und zwar nicht durch Bild oder Bericht, sondern selbst durch Handlung. Gemäß der berühmten Definition der Tragödie sind das Handlungen, die Jammer und Schrecken (*eleos* und *phobos*, Mitleid und Furcht in Lessings Version) auslösen. Allgemeiner kann man sagen, es sind Handlungen, die Pathos, Affekt, Gefühl in Szene setzen und durch diese Darstellung *katharsis – Reinigung* von diesen Affekten bewirken. Das entscheidende Moment des Dramas ist also die Handlung des Stücks. Es stellt mit Hilfe von Personen eine Handlung dar, die ihrerseits wesentlich von Affekten getragen ist. Die Handlungen sind offenbar nicht so sehr Darstellungen von Geschichten, sondern Inszenierungen von Pathos in Gestalt von Geschichten. Die Handlung, so Aristoteles, ist der Ursprung und die Seele des Dramas. Mit dieser Bestimmung könnte man eine Performance oder ein Fußballspiel vom Drama unterscheiden. Sie haben offenbar keine Handlung im Sinne einer Geschichte, die aufgeführt wird.

Friedrich Nietzsche (1844-1900) hat in seiner Auseinandersetzung mit Richard Wagner (1813-1883) gesagt, das griechische Wortfeld von Drama bedeute nicht so sehr Handlung als dargestellte Geschichte, sondern als Geschehen, als Pathosszene. Das Drama ist demnach ein Ereignis als Figuration eines Pathos. In dieser Perspektive sind ein Fußballspiel oder eine Performance reines Drama, sofern sie Pathos ins Werk setzen. Das gilt dann auch für die Handlungsdramen. Sie inszenieren Pathos. Dann wäre das Pathos der Ursprung und die Seele des Dramas.

Aristoteles vermeidet die naive Vorstellung, die Nachahmung sei unmittelbare Abbildung von Wirklichkeit, indem er der Dichtung die Aufgabe zuspricht, gerade nicht darzustellen, was wirklich ist, sondern was sein könnte; sie hat das Mögliche nach Kriterien der Wahrscheinlichkeit und der Notwendigkeit darzustellen. Das Wahrscheinliche hat nur den Schein der Wirklichkeit, es stellt die Wirklichkeit im Modus des Scheins dar, als ein Simulakrum. Deshalb hat es eine andere Notwendigkeit als die der Wirklichkeit; es hat sie nach werkimmanenten Kriterien. Das Wirkliche ist im Unterschied dazu Gegenstand der Geschichtsschreibung, der Nachrichtenberichterstattung, der Reportage. Nicht als poetische Kategorie reflektiert hat Aristoteles die vierte modale Kategorie: das Unmögliche. Alle Formen des Wunderbaren, des Phantastischen und Märchenhaften können auch Gestalten der Kunst sein, die, wenn sie auch nicht immer unmöglich sein müssen, jedenfalls meistens doch sehr unwahrscheinlich sind.

Grundsätzlich ist bei solchen Grenzziehungen zu berücksichtigen, dass sie immer nur annäherungsweise richtig sind und dass bei näherer Betrachtung von einzelnen Werken die Wirklichkeit und die Möglichkeit, das Drama und das Leben auf komplizierte und nur schwer zu entwirrende Weise durchmischt sind. Das zeigt sich auf je verschiedene Weise an den drei im Folgenden zu Grunde gelegten Stücken: *Le Cid* (1636) von Pierre Corneille (1606-1684), *El burlador de Sevilla y convidado de piedra* (1619) von Tirso de Molina (1579-1648) und *Il servitore di due padroni* (1745) von Carlo Goldoni (1707-1793). Die Handlung des *Cid* bezieht sich auf historische Tatsachen: die Kämpfe zwischen Spaniern und Mauren zur Zeit der Eroberung der iberischen Halbinsel durch die Mauren. Der Cid selbst und andere Figuren des Stücks haben Entsprechungen in der historischen Wirklichkeit. Sie sind aber in eine dramatische Handlung eingebunden, die eindeutig nicht historiographischen Charakter hat, sondern fiktiv ist. Im *Burlador* sind Neapel, Tarragona und Sevilla, König Alfonso XI. und das Adelsgeschlecht der Tenorios Elemente der lebensweltlichen Wirklichkeit. Sie sind aber in eine dramatische Handlung eingebunden, die ebenfalls nicht historiographisch intendiert, sondern fiktiv ist. Und im *Servitore* verweisen nur die Städte Venedig und Turin auf eine Wirklichkeit außerhalb des Dramas. Das ist aber für die Bühnenhandlung ohne Belang; sie könnte auch in beliebigen anderen Städten spielen. Es gibt im einen Fall eine historische Wirklichkeit, die im Stück fiktionalisiert wird; im anderen Fall eine fiktive Handlung, die mit historischen Elementen ausgestattet ist, und im dritten Fall eine ganz und gar fiktive Handlung. Das verschafft einen Eindruck von der Komplexität des Begriffs der Nachahmung.

Nachahmung der Wirklichkeit bedeutet also nicht realistische Abbildung der Wirklichkeit, sondern eine Nachbildung, die das Wirkliche im Modus der Möglichkeit darstellt. Die besondere Wirklichkeit der Bühne bildet im Verhältnis zur lebensweltlichen Wirklichkeit eine Unwirklichkeit, die eine deutliche Distanz zu ihr einnimmt. Im Theater agieren zwar wirkliche Menschen, aber sie sind in der Regel durch Masken oder Kostüme und ihr besonderes Verhalten als Rollenträger markiert. Vor allem sind sie aber durch die dramaturgische Konstruktion der

Handlung von der lebensweltlichen Wirklichkeit unterschieden. Im Kino, wo wir mit Bildern konfrontiert werden, die wir durchs Fernsehen, durch die photographischen Apparate als Abbilder der Wirklichkeit zu sehen gewohnt sind, braucht es klare Schulung, um sich durch die Realitätseffekte nicht täuschen zu lassen. Nachahmung ist nicht Abbild der Wirklichkeit, sondern Reflexion der Wirklichkeit und Kommentar zur Wirklichkeit. Die künstlerische Nachahmung ist nicht nur abbildende Darstellung, sondern selbst bereits Analyse der Wirklichkeit.

Ein zweites Definitionsmoment des Dramas ist, dass die Handlung ein geschlossenes Ganzes mit Anfang, Mitte und Ende bilden soll. Sie muss so gestaltet werden, dass sie diesen Kriterien genügt. Das hat entscheidende Konsequenzen für den Begriff der Nachahmung. Die Forderung nach Einheit der Handlung zeigt, dass es nicht einfach um Abbildung der Wirklichkeit geht, sondern um eine geformte, strukturierte und gestaltete Nachbildung von Wirklichkeit, die eine durch und durch künstliche und kunstvolle Komposition hat. Damit ist zwischen die Nachahmung und das Nachgeahmte, zwischen Theater und Leben, Drama und Wirklichkeit das vermittelnde Moment der Form geschoben. Deshalb ist ein unmittelbarer Rückschluss vom Theater – und der Kunst allgemein – auf die Wirklichkeit naiv und ohne Erkenntniswert. René Magritte (1898-1967) hat mit seinem Bild *La trahison des images / Ceci n'est pas une pipe – Der Verrat der Bilder / Dies ist keine Pfeife* (1929) einen ingeniösen Kommentar zu dieser Problematik gegeben.

Die Forderung nach einer einheitlichen Handlung, die ein geschlossenes Ganzes bildet, ist auch in anderer Hinsicht bedeutsam. Die Einheit der Handlung, so Aristoteles, ist zum Beispiel nicht durch die Einheit der Person und ihres Lebens garantiert. Was einem Menschen so alles in seinem Leben widerfährt, ist nicht Gegenstand eines Dramas. Das bedeutet auch, das Leben selbst ist nicht einheitlich, es bildet keineswegs ein Ganzes. Damit deutet sich bereits an, dass der Begriff der Nachahmung komplexer ist, als es zunächst den Anschein hat. In der aristotelischen Tradition gilt, dass die Nachahmung nicht unmittelbar auf die Wirklichkeit bezogen ist, sondern durch formale, kompositorische und konzeptuelle, also künstlerische Vermittlung. Deshalb ist die Einheit des Dramas als die Einheit einer bestimmten Handlung gefasst, die nach formalen Kriterien gebildet und als einheitliche und in sich geschlossene Handlung konzipiert wird. Was ohne Folgen für das Ganze verändert oder fortgelassen werden kann, ist nicht Teil des Ganzen, sondern bloße Episode.

Diese Bestimmung, die das Drama besonders und das Kunstwerk allgemein als einheitliches und geschlossenes Ganzes fasst, ist sehr folgenreich und mindestens bis zur Moderne maßgebend gewesen. Große Teile der modernen Kunst allgemein und des modernen Dramas besonders – all die zu Anfang angeführten Formen – sind auch als Versuche zu verstehen, dem Geltungsbereich dieser Bestimmung zu entkommen. Aber traditionell handelt ein Drama oder ein Film, eine Erzählung oder ein Roman von einer Geschichte, in der ein bestimmtes Problem auftaucht, im Laufe der Geschichte entfaltet und am Ende gelöst wird.

Das kann, wie im Krimi, ein Verbrechen sein, das am Ende durch die Überführung des Täters aufgeklärt wird. Es kann, nach dem Muster von *boy meets girl* wie in Corneilles *Le Cid* oder in Goldonis *Servitore*, ein Hinderungsgrund für die Vereinigung der Liebenden sein, der am Ende beseitigt wird. Im einen Fall ist die Handlung tragisch aufgebaut, im anderen Fall führt sie zu komischen Verwicklungen. Das Problem kann, wie im *Burlador de Sevilla*, das Muster *boy meets girl* variieren. Der Junge trifft viele Mädchen, verführt und betrügt sie alle und wird am Ende dafür bestraft. Es gibt immer eine Geschichte, die mit Anfang, Mitte und Ende entfaltet wird.

Eine Frage ist, ob dramatische Formate wie tendentiell endlose Fortsetzungsserien – *Lindenstraße, Mad Men, Vampire Diaries, Game of Thrones* – noch Dramen im Sinne des Aristoteles sind. Sie entfalten zwar dramatische Konflikte voller Pathos, bilden aber kein geschlossenes Ganzes; sie werden allenfalls irgendwann „zu Ende geschrieben". Und Formate wie das Reality-TV im Stil von „Big Brother" oder „Dschungel Camp", von Casting Shows und Talentwettbewerben können als die absolute Schwundstufe des traditionellen Dramas gesehen werden oder als eine erste und noch ganz unzulängliche Gestalt eines neuen Typus von interaktivem Drama. Wenn man sich die freien und spontanen oder auch reglementierten Rollenspiele der *Role Playing Games*-Szene anschaut, bei denen die Akteure ihre Handlungen selbst entwickeln, oder bestimmte Arten von interaktiven Videospielen ansieht, deren Programme so gestaltet sind, dass der Spieler selbst und in eigener Regie die Handlung und deren Verlauf bestimmt, kann man sich vorstellen, dass wir tatsächlich am Anfang neuer Organisationsformen des Dramas stehen. Der italienische Literaturtheoretiker Umberto Eco hat in den sechziger Jahren des vergangenen Jahrhunderts ein Buch mit dem Titel *Das offene Kunstwerk* geschrieben, in dem er damals bereits aufkommende interaktive Formen von Kunst untersuchte. Und wie man das, was sich als *Second Life* oder ähnliche Formen von Parallelwelten im virtuellen Raum des Internets etabliert, dramentheoretisch einschätzen soll, ist noch um einiges komplizierter. Vermutlich könnte man die Interaktionsformen der sogenannten sozialen Medien ebenfalls als eine Form der Performanz und des Dramas verstehen; die Nutzer inszenieren sich für ihre „Follower" oder „Freunde", sie spielen eine Rolle, und das Ganze ist ein riesiges Theater, das die Wirklichkeit nicht abbildet, sondern mit einem virtuellen Schleier überlagert. Da kann ein theoretisch fundierter Begriff von Mimesis hilfreich sein, um eine kritische Distanz zu diesem Theater zu gewinnen, es also als Theater zu verstehen.

Das Strukturmerkmal der einheitlichen, geschlossenen Handlung ist ihre formale Gestalt mit Anfang, Mitte und Ende. Das ist weniger banal, als es sich anhören mag. Jean-Luc Godard (*1930) hat gelegentlich auf den Vorwurf, seine Filme hätten keine Struktur, geantwortet: „Ja, eine Geschichte muss Anfang, Mitte und Ende haben – aber nicht notwendigerweise in dieser Reihenfolge." Gemeint ist mit der Grundregel, dass die dramatische – aber auch die epische, narrative – Handlung nach Art einer Entwicklung konzipiert ist, die den Weg vom Anfang über die Mitte zum Ende als zielgerichtete Bewegung fasst. Diese Bewegung vollzieht sich in einem dramatischen Spannungsbogen, der eine Peripetie enthält: einen Umschlag vom Guten zum Bösen, vom Glück zum Unglück oder umgekehrt. Darin könnte man auch einen Unterschied zwischen Drama und Sportveranstaltung oder Spiel sehen. Sport und Spiel haben und erzeugen auch Spannung, aber auf andere Weise.

In der Folge der *Poetik* des Aristoteles hat man die drei elementaren Strukturmomente – Anfang, Mitte, Ende – nach Maßgabe der fünf Akte einer Tragödie zu fünf strukturellen Merkmalen des Dramas entfaltet. Der erste Akt bringt die Exposition: die Einführung der Personen und der Handlung. Der zweite Akt entwickelt die Handlung weiter und bereitet den dramatischen Konflikt vor. Der dritte Akt, arithmetisch die Mitte, liefert die Peripetie, den Höhe- und Wendepunkt als Umschlag vom Guten zum Bösen oder umgekehrt. Der vierte Akt führt ein retardierendes Moment ein. Er baut Spannung, *suspense* auf, indem er die Möglichkeit einer glücklichen Wendung der furchtbaren Handlung oder einer ungünstigen Wendung der glücklichen Handlung andeutet. Der fünfte Akt bringt schließlich die Auflösung als Katastrophe oder als ein glückliches Ende. Auch dadurch ist ein radikaler Unterschied zwischen Kunst und Wirklichkeit angedeutet. Im wirklichen Leben sind die Verkettungen von Handlungen in der Regel nicht einheitlich, ganzheitlich und zielgerichtet, und es verläuft auch nicht nach Art eines dramaturgischen Spannungsbogens, sondern großenteils eher zufallsgeneriert und weitgehend auch ziemlich episodisch; und irgendwann ist es einfach vorbei.

Das radikal Künstliche der Mimesis führt Aristoteles dazu, im Zusammenhang der Ausführungen zur Sprache des Dramas Reflexionen über die figurative Sprache einzufügen. Ich habe das anfangs schon vorbereitet mit dem Beispiel von Achill, dem Löwen im Kampf. Die Metapher ist gewissermaßen die Keimzelle der künstlichen und künstlerischen Behandlung der Wirklichkeit. Die Metapher verhält sich zur nichtfigurativen Sprache wie das Drama zur Wirklichkeit. Aristoteles definiert sie als Übertragung von einem Bereich auf einen anderen Bereich, als eine Analogiebildung, bei der die analogen Elemente im Verhältnis der Ähnlichkeit stehen sollen. Formal heißt das: A : B wie C : D. Zur Erläuterung gibt er ein Beispiel. Das Alter (B) verhält sich bei einem Menschen zu seinem gesamten Leben (A) wie der Abend (D) zum ganzen Tag (C); deshalb kann ein Dichter, indem er den Abend als das Ende des Tags auf das Alter als das Ende des Lebens überträgt, die Metapher vom Lebensabend bilden.

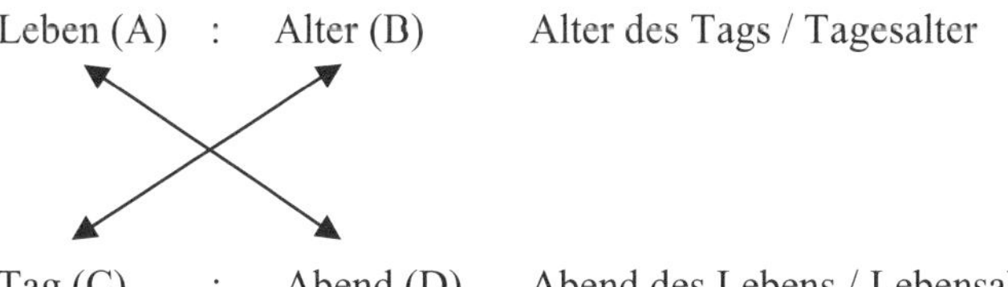

Und diese Form der Übertragung, die von der Metapher im Kleinen gebildet wird, findet im großen Rahmen des Dramas – und der Kunst allgemein – im Bezug auf die Wirklichkeit statt. Die spezifische Begabung des Künstlers – und im Weiteren auch die des Rezipienten künstlerischer Produkte – besteht darin, solche Ähnlichkeiten wahrzunehmen und sie dramatisch oder narrativ in sprachlicher – oder malerisch, plastisch, photographisch oder kinematographisch in bildlicher – Form zu gestalten; also metaphorische Übertragungen in kleiner, tropisch-figurativer oder großer dramatisch-epischer Gestalt zu bilden. Dass es sich dabei um eine Begabung handelt, daran hat Aristoteles keinen Zweifel gelassen: „Es ist aber bei weitem das Wichtigste, dass man Metaphern zu finden weiß, denn dies ist das Einzige, das man nicht von einem anderen erlernen kann und ein Zeichen von Begabung. Denn gute Metaphern zu bilden bedeutet, dass man Ähnlichkeiten zu erkennen vermag" (1459a).

Immanuel Kant (1724-1804) bezeichnet in der *Kritik der reinen Vernunft* diese Fähigkeit als Urteilskraft und sagt von ihr ebenfalls, sie sei ein besonderes Talent, „welches gar nicht belehrt, sondern nur geübt sein will". Er nennt sie auch Mutterwitz; die Franzosen sprechen von *esprit*, die Spanier von *ingenio*, die Engländer von *wit*. Der Unterricht kann einem „eingeschränkten Verstande" zwar Regeln „einpfropfen", aber „das Vermögen, sich ihrer richtig zu bedienen, muss doch dem Lehrling selbst angehören. [...] Der Mangel an Urteilskraft ist eigentlich das, was man Dummheit nennt, und einem solchen Gebrechen ist gar nicht abzuhelfen. Ein stumpfer oder eingeschränkter Kopf [...] ist durch Erlernung sehr wohl, sogar bis zur Gelehrsamkeit, auszurüsten. Da es gemeiniglich alsdenn auch an jener Urteilskraft zu fehlen pflegt, so ist es nichts Ungewöhnliches, sehr gelehrte Männer anzutreffen, die im Gebrauche ihrer Wissenschaft jenen nie zu bessernden Mangel häufig blicken lassen" (B 172 f.).

Das von Kant verwendete Bild des „stumpfen Kopfs" verdient eine Bemerkung. Das Gegenteil dazu ist ein spitzer oder scharfer Kopf. Gemeint ist in beiden Fällen nicht die anatomische Form, sondern die Art des Denkens. Ein scharfer Kopf ist einer der scharfsinnig ist und schneidende Gedanken hat; auch die Spanier sprechen bei den Erzeugnissen des *ingenio* von *agudeza*; die Franzosen nennen die Erzeugnisse des *esprit* eine *pointe*, einen bestechenden Gedanken. Baltasar Gracián (1601-1658) hat eine Theorie des ingeniösen Scharfsinns verfasst: *Agudeza y arte de ingenio – Scharfsinn und Kunst des Ingenius*.

Zusammenfassend kann man sagen, für Aristoteles und die dramatische Tradition seitdem ist die inhaltliche Seite des Dramas, die Handlung also, ein von Personen ausgetragener Affektkonflikt. Die formale Gestalt ist die sprachliche, gedankliche und kompositorische Fügung dieser Handlung sowie ihre Aufführung. Noch stärker pointiert, sofern die Metapher die formale Gestalt der Sprache des dramatischen Mythos ist und dieser die Affekte gestaltet, kann man sagen, das Drama liefert die metaphorische Gestalt der Affekte, Drama ist von Personen dargestelltes Pathos in Gestalt von metaphorischen Handlungen. Im *Cid* und im *Burlador de Sevilla* ist das beispielsweise der Konflikt zwischen Liebe und Ehre, zwischen dem tendentiell ungeregelten und im *Burlador* geradezu wilden Begehren der Liebe und der durch soziale Regeln vorgegebenen Pflicht oder durch sie bewirkten Hemmung im Rahmen des Ehrenkodex.

2 Drei Theaterstücke

Nun will ich einige formale Einzelheiten des Dramas anführen, die eine kompositorische Gestaltung der Handlung ermöglichen. Das traditionelle Drama ist in Akte eingeteilt, in der Antike, im elisabethanischen Theater in England und im klassischen Theater in Frankreich sind es in der Regel fünf Akte, im spanischen Drama und auch bei Goldoni sind es drei Akte. Die Akte sind ihrerseits in Szenen unterteilt, in denen es verschiedene Auftritte gibt. Das ergibt eine erste formale Gliederung und ein Gestaltungsprinzip der Handlung. Der Spannungsbogen von Anfang, Mitte und Ende ist auf die Akte verteilt. Das spanische Drama verteilt die drei Strukturmomente auf die drei Akte. Das fünfaktige Drama fügt jeweils zwischen die drei Hauptmomente einen Akt ein; im zweiten Akt wird das eingeführte Problem entfaltet, im vierten Akt wird die Auflösung verzögert. Das wird im dreiaktigen Drama in die drei Akte integriert.

Wenn ich bemerkt habe, das Drama stelle die Geschichte handelnd und nicht erzählend dar, so ist das zu präzisieren. Die Handlung wird nur selten wirklich ausagiert, sie wird vielmehr gesprächsweise zwischen zwei oder mehr Personen entwickelt. Die Personen des Dramas reden miteinander und bringen so die Handlung voran. Die Geschichte wird also insgesamt aus der Perspektive der einzelnen Figuren dargestellt. Die Schwundstufe des Gesprächs ist die Rede mit sich selbst, der Monolog. Er wird häufig als Kunstgriff eingesetzt, um Berichte von Vorgängen zu geben, die nicht auf der Bühne stattfinden können oder bereits vergangen sind. Das ist etwa der Fall, wenn im *Cid* der Held Rodrigue im vierten Akt über 80 Verse lang den Bericht von der Schlacht gegen die Mauren gibt, die man in Frankreich nicht auf der Bühne dargestellt sehen wollte; in Spanien hingegen gibt es Stücke, in denen auf der Bühne eine Schlacht stattfindet.

Der Monolog kann auch ein Medium der Selbstreflexion einer Figur sein, die dann „laut denkt". Das ist ebenfalls bei Rodrigue im ersten Akt der Fall, wenn er 60 Verse lang über seinen Konflikt nachdenkt, im Duell gegen den Vater seiner Geliebten antreten zu müssen. In *El burlador de Sevilla* gibt es im ersten Akt einen 140 Verse langen Monolog der Fischerin Tisbea, die zunächst über ihre Gefühle und ihre Einstellung zur Liebe nachdenkt und dann auch noch, da sie gerade am Ufer sitzt, den Bericht vom Schiffbruch Don Juans geben kann. Der dritte Akt beginnt mit einem Monolog von Batricio, dem betrogenen Bräutigam, der darin seine Eifersuchtsgefühle ausdrückt. Solche langen Monologe stellen aufführungspraktisch beträchtliche Herausforderungen, aber auch Chancen für die Schauspieler dar. Das sind Soloauftritte für die Stars, gewissermaßen die Arien im Stück: 140 Zeilen, das sind über drei Buchseiten. Sie zu sprechen dauert mindestens fünf Minuten. Da muss der Schauspieler die ganze Zeit über die Bühne „füllen".

Ein weiteres formales Moment, das vor allem im älteren Theater bedeutsam war, ist die metrische Gestalt der Sprache und die Variation der metrischen und strophischen Formen. Der Wechsel des Metrums und der Strophenform hat dramatische Funktion. So kann zum Beispiel ein besonders wichtiger Gedanke des Königs in Gestalt eines Sonetts vorgetragen werden. Das alles zeigt immer wieder, dass die Wirklichkeit des Dramas seine Künstlichkeit ist, dass der Wirklichkeitsbezug auch in scheinbar noch so realistischen Handlungen sehr vermittelt ist, nicht aber unmittelbare Abbildung. Ein besonders künstliches, dramaturgisches Element ist das *apart*, das Beiseitesprechen, ein Kunstgriff, mit dem die Gedanken einer Figur in Gegenwart anderer ausgedrückt werden können. Einer sagt auf offener Szene im Beisein anderer Figuren etwas, das diese unrealistischer Weise nicht hören, wohl aber der Zuschauer.

Die drei ausgewählten Stücke repräsentieren auch drei verschiedene dramatische Gattungen. Aristoteles hat in der *Poetik* die beiden elementaren Gattungen der griechischen Antike behandelt: die Tragödie und die Komödie. Der Teil über die Komödie ist allerdings nicht überliefert. Die Tragödie handelt von sozial hochstehenden Personen, Adligen und Königen, und hat entsprechend ernste und erhabene Inhalte; vor allem der zentrale, die Handlung leitende Konflikt ist von höchstem moralischem Ernst. Der tragische Konflikt besteht darin, dass der Held – bei Corneille zunächst Rodrigue, dann auch Chimène – ohne eigenes Verschulden in eine unlösbar widersprüchliche Situation geraten ist. So ist er zugleich unschuldig und schuldig. Rodrigue muss die Entehrung seines Vaters rächen und damit aber den Vater seiner Geliebten töten. Ganz gleich, wie er sich entscheidet, er wird in beiden Fällen schuldig.

Am anderen Extrem steht die Komödie. In ihr entstammen die Personen eher den bürgerlichen Ständen und dem einfachen Volk. Dem moralisch anspruchsvollen Konflikt in der Tragödie entspricht in der Komödie die verwickelte Handlung, die für die Personen im Stück Verwirrung stiftet, für die Zuschauer aber, da sie die Verwicklungen durchschauen, komische Wirkung hat. Solche Verwirrungen können, wie bei Goldoni, durch die Doppelrolle des Dieners Trufaldino entstehen oder durch Verstellung oder Maskierung von Personen, wie es etwa die Hosenrolle der Beatrice ist. Und dem Helden der Tragödie entspricht der Diener in der Komödie. Man sieht das schon am Titel der Stücke von Corneille und Goldoni: *Le Cid* und *Il servitore di due padroni*. Der Diener, der eher an seine körperlichen Bedürfnisse, vor allem Essen und Trinken, denkt, ist die komische Figur par excellence. Er entscheidet den Konflikt zwischen den eigenen Wünschen und der allgemeinen Pflicht immer lieber zu Gunsten der Wünsche. Und das führt zu den komischen Verwicklungen.

Das spanische Theater des 17. Jahrhunderts hat die komische und tragische Gattung nicht getrennt, sondern beides absichtlich vermischt. Lope de Vega (1562-1635) hat in seinem in Versen geschriebenen theatertheoretischen Traktat

El arte nuevo de hacer comedias en este tiempo – Die neue Kunst, Stücke zu schreiben in der heutigen Zeit (1609) ausdrücklich diese Gattungsmischung von Komischem und Tragischem gefordert und mit dem Begriff der Wahrscheinlichkeit begründet. In der Wirklichkeit gibt es keine ausschließlich komischen oder tragischen Begebenheiten. Der *Burlador de Sevilla* ist ein gutes Beispiel für die Mischung von Hohem und Niedrigem, Adligen, Fischern und Bauern, Erhabenem und Derbem, Ernstem und Komischem. Die Konstellation von adligem Herrn – hier: Don Juan – und seinem flegelhaften Diener – hier: Catalinón – ist ein fester Posten im spanischen Theater dieser Zeit. Die Figur des Dieners hat eine eigene Rollenbezeichnung: *gracioso*. Die komische Figur entspricht dem Hanswurst im deutschen Theater. Der *gracioso* ist ein festes Strukturmoment der Handlung. Meistens ist er eine sinnlichkeits- und körperorientierte Dienergestalt, die eine komische Gegenfigur zum adligen Herrn ist und eine komische Reflexion der Herrenhandlung ermöglicht. Im *Burlador* denkt Catalinón, kaum dass er dem Tod auf dem Meer entronnen ist, sofort wieder ans Essen und hier besonders ans Trinken; sein Räsonnement über Wasser und Wein ist eine typische Form der Komik des *gracioso*.

Wenn man ein spanisches Theaterstück des 17. Jahrhunderts liest, bekommt man nur eine unvollkommene Vorstellung von der theatralischen Wirklichkeit der Zeit. Das liegt nicht nur an der bekannten Differenz von Lektüre und Aufführung eines Stücks, sondern vor allem daran, dass ein Stück nicht allein aufgeführt wurde, sondern Teil eines theatralischen Gesamtkunstwerks war. Die Aufführung fand nachmittags statt, um das Tageslicht auszunutzen. Sie begann mit einem Vorspiel, der *loa*, die in lockerem Zusammenhang mit dem Stück stehen konnte und es gewissermaßen vorstellte. Zwischen den Akten gab es Zwischenspiele, *entremeses*, die ihrerseits wiederum einen Kommentar zum Stück bilden konnten oder einfach nur für Abwechslung sorgten, oder *bailes*, Tanzdarbietungen. Und nach dem Ende des Hauptstücks gab es auch noch ein Nachspiel, eine *mojiganga*.

Der bloße Inhalt eines Stücks macht noch kein Drama. *Le Cid*: Ein Mann und eine Frau lieben sich. Der Mann tötet aus Ehrenpflicht den Vater der Geliebten. Sie fordert Strafe für den Mord, liebt aber doch weiterhin den Mann, den Mörder ihres Vaters. Der Mann ist ein unersetzlicher Kriegsheld und wird deshalb aus Staatsräson für den Mord nicht zur Verantwortung gezogen. Obwohl der Mord nicht bestraft worden ist, heiraten die Liebenden am Ende. *Il servitore di due padroni*: Ein Mann und eine Frau lieben sich. Der Mann muss fliehen, weil er den Bruder der Geliebten getötet hat. Sie folgt ihm in Männerkleidern und begleitet von einem Diener, da sie ihn immer noch liebt. Die beiden wohnen zufällig im selben Hotel, ohne das zu wissen und ohne sich zu begegnen. Weil der Diener schlecht bezahlt wird, nimmt er, ohne es seiner Herrin zu sagen, eine zweite Dienerstelle an, ausgerechnet bei ihrem Geliebten. Das führt zu zahlreichen Verwirrungen, die schließlich aufgelöst werden. Die Liebenden kommen zusammen, und auch der Diener bekommt eine Frau. *El burlador de Sevilla*: Ein

Mann begehrt zahlreiche Frauen, die er unter verschiedenen Umständen und mit unterschiedlichen Mitteln verführt. Er geht dabei mit List und auch Betrug vor, verführt die Frau eines Freundes, spannt einem Bräutigam die Braut während der Hochzeitsfeier aus und tötet sogar einen Menschen. Am Ende wird er durch einen übernatürlichen Eingriff bestraft.

Aber auch in diesen gedrängten Zusammenfassungen wird bereits ein zentrales Moment der abendländischen Dramatik deutlich. Seit der Antike verstehen wir unter Drama im Wesentlichen eine Geschichte, die einen Konflikt enthält. Und dieser Konflikt geht aus der Inhaltsangabe bereits hervor. Liebe, Gerechtigkeit und Staatsräson sind in der Geschichte vom Cid, die individuellen Wünsche und die allgemeinen Pflichten, das Begehren des Einzelnen und die Achtung vor dem anderen sind in der Geschichte von Don Juan nicht im Gleichklang. Und auch in der Komödie gibt es den elementaren Konflikt von Herr und Diener. Zu einem Drama im theatralischen Sinn werden die Geschichten allerdings erst durch die künstlerische, kompositorische Gestaltung, also durch die Formung des Inhalts. Die Frage, ob auch ein Drama ohne Konflikt denkbar wäre und was es für uns – zumindest die in der Tradition des Abendlandes sozialisierten Menschen – bedeutet, dass wir uns Konflikte in dramatischer Gestalt zur Unterhaltung vorführen lassen, soll hier wenigstens aufgeworfen werden.

Neben der Einteilung in Akte und Szenen hat Aristoteles ein weiteres grundlegendes Formprinzip benannt: die Einheit von Zeit, Ort und Handlung. Von der Einheit der Handlung habe ich bereits gehandelt; die Einheit von Ort und Zeit sind daraus abgeleitet. Die einheitliche Handlung soll an einem bestimmten Ort und zu einer bestimmten Zeit, genauer an einem Tag stattfinden. Das ist ein Kunstgriff, der zu einer außerordentlichen Verdichtung der Handlung führt, des Weiteren, da nicht alles auf der Bühne gezeigt werden kann, zu Formen der indirekten Darstellung. Ein Rückblick liefert die für das Verständnis der Geschichte erforderliche Vorgeschichte, ein Botenbericht gibt Informationen über Vorgänge außerhalb der Bühne.

Das sind allesamt Kunstgriffe, die den künstlichen Charakter der Darstellung und des Dargestellten unterstreichen. Im *Cid* zeigt sich das besonders deutlich an der Regel der Einheit der Zeit, der zufolge die Handlung nicht länger als einen Tag dauern soll. So kommt es, dass der Held innerhalb eines Tages das Duell, den Streit mit seiner Liebsten, den Krieg gegen die Mauren und die abschließende Auflösung der Geschichte absolvieren muss. Das ist selbstverständlich ganz unrealistisch, wenn man unter Mimesis eine Nachahmung der lebensweltlichen Wirklichkeit versteht. Es wird aber dramaturgisch wahrscheinlich, weil auf diese Weise die Hauptmomente des Konflikts in höchster Verdichtung aufeinanderprallen. Diese Regel der Einheit von Ort, Zeit und Handlung ist in der antiken Tragödie streng eingehalten worden; und auch die Franzosen im 17. Jahrhundert haben sich genauestens daran gehalten. Heute findet man sie vornehmlich in Katastrophen- und Actionfilmen – Schiffsuntergang, Flugzeugabsturz, brennendes oder von Terroristen besetztes Hochhaus –, die daraus ihre Dynamik und

Spannungsdramaturgie ziehen. Die US-amerikanische Fernsehserie *24* (2001-2014) verweist schon im Titel auf die Einheit der Zeit; sie ist von einer ähnlich unwahrscheinlichen Handlungsdichte wie der *Cid*.

Auch Goldoni hält die drei Einheiten weitgehend ein: zwei Häuser in Venedig und vermutlich nicht mehr als zwei Tage. Das spanische Theater ist in der Beachtung der drei Einheiten nicht so streng. Lope de Vega hat das in seinem *Arte nuevo* ebenfalls mit der Wahrscheinlichkeit begründet. In der Wirklichkeit finden Handlungen nicht nur an einem Ort und an einem Tag statt. Der *Burlador* spielt in Neapel, Tarragona, Sevilla, Dos Hermanas, Sevilla; die Zeit dürfte im Zeitalter vor der Motorisierung realistischer Weise mindestens einige Wochen betragen haben. Die Einheit der Handlung ist dagegen sehr wohl gewahrt: die Geschichte des Verführers mit einer Peripetie, dem Umschlag zur Bestrafung am Ende. Legt man allerdings die Einheitsregeln etwas großzügiger aus, kann man sie auch hier eingehalten sehen. Ein Viertel- oder ein halbes Jahr bilden noch einen überschaubaren, also einheitlichen Zeitraum, jedenfalls keine diffuse, uneinheitliche Zeit. Und die Einheit des Orts schließlich könnte man ebenfalls gewahrt sehen, wenn man sie etwas konzeptueller fast. Neapel in Italien, Tarragona in Katalonien und Sevilla in Spanien sind verschiedene Orte innerhalb des einen spanischen Reichs zu Beginn des 17. Jahrhunderts.

Die folgenden kurzen Analysen der Stücke zeigen, wie Fragen der Struktur und Fragen der Bedeutung ineinander spielen. Der *Cid* ist in vieler Hinsicht ein mustergültiges Stück, um sich die Struktur eines klassischen Dramas vor Augen zu führen. Ich hatte gesagt, dass im Stück der Konflikt von Liebe und Ehre verhandelt wird. Der erste Akt bietet die Exposition und zugleich eine erste Artikulation des Konflikts. Chimène, die Tochter des Dom Gomès, liebt den Sohn des Dom Diègue, Rodrigue, der sie ebenfalls liebt. Sie kann sich auf die Zustimmung ihres Vaters zu der Liebe verlassen. Chimène befindet sich mit ihren Gefühlen in Übereinstimmung mit dem Ehrenkodex, der Gesellschaftsordnung und der väterlichen Autorität, die für den ganzen Komplex der Ordnung steht.

Der Ehrenkonflikt der beiden Väter macht ein Duell notwendig; da Dom Diègue zu alt ist, muss sein Sohn für ihn kämpfen. Wenn Rodrigue an die Stelle des Vaters tritt, übernimmt er dessen Konflikt mit Dom Gomès und macht den Ehrenhandel des Vaters zu seiner Pflicht. Diese Ehrenpflicht tritt dann im Weiteren in Konflikt zu seiner Liebe zu Chimène. Die Ehre gebietet es, den Beleidiger des eigenen Vaters zu bekämpfen; die Liebe fordert, den Vater der Geliebten zu verschonen. Ehre und Liebe, Pflicht und Gefühl stehen sich konfliktiv gegenüber. Die Liebe lässt ihn unehrenhaft handeln, die Ehre lässt ihn lieblos handeln.

Der zweite Akt entfaltet den Konflikt, indem er mit der Vernunft eine dritte Instanz ins Spiel bringt, die sowohl als allgemeines Vernunftprinzip wie als Staatsräson zum Tragen kommt. Der Ehrenhandel, so stellt Chimène kategorisch fest, ist unvernünftig und widerspricht den Wünschen. Die drei Instanzen – Vernunft, Ehre, Leidenschaft – stellen je eigene Forderungen, die mit denen der anderen nicht notwendig deckungsgleich sein müssen und in diesem Fall deutlich gegeneinander wirken. Liebe und Ehre befinden sich im Konflikt und beide noch einmal im Konflikt mit der Vernunft. Nach dem Duell bricht dieser implizite Konflikt akut aus. Chimène fordert Strafe für den Mörder des Vaters, der aber aus Staatsräson nicht bestraft werden kann, weil er als Feldherr im Krieg gebraucht wird. Damit sind alle Momente des Konflikts entfaltet, der somit vor dem Höhepunkt steht.

Der dritte Akt liefert diesen Höhe- und Wendepunkt. In der vierten Szene begegnen sich Rodrigue und Chimène. Es ist übrigens, obwohl die ganze Zeit über ihre Liebe im Zentrum stand und sie im Bezug aufeinander handeln, das erste Mal, dass sie sich im Stück persönlich begegnen. Die Szene bildet, wenn man die Zahl der Verse betrachtet, arithmetisch die Mitte des Stücks. Der Konflikt wird in dieser Szene ins scheinbar Unlösbare getrieben. Für Chimène gilt, dass ihr Geliebter der Mörder ihres Vaters ist. Deshalb fordert die Ehrenpflicht, den Mord am Vater zu rächen. Ihre Liebe fordert dagegen, den Mörder des Vaters zu verschonen. Für Rodrigue stellt sich das spiegelsymmetrisch, also entgegengesetzt dar. Er musste aus Ehrenpflicht den Vater der Geliebten töten und würde es jederzeit wieder tun; zugleich bedeutet das keinerlei Abbruch seiner Liebe zu Chimène. Der Konflikt besteht darin, dass Ehrenpflicht und Liebeswunsch gleich stark sind und sich doch absolut ausschließen. Trotz Liebe den Vater rächen, trotz Rachepflicht den Geliebten erhalten – das scheint unlösbar zu sein. Einen solchen Konflikt, bei dem zwei absolut gleichstarke und gleichbedeutende Prinzipien einander derart widerstreiten, dass sie sich gegenseitig absolut ausschließen, bezeichnet die Dramentheorie als tragisch.

Der vierte Akt bringt das retardierende Moment in Bezug auf den Konflikt zwischen Rodrigue und Chimène. Weil Rodrigue die Mauren besiegt hat, ist er ein militärischer Held und kann aus Staatsräson nicht für den Ehrenhandel zur Rechenschaft gezogen werden. Das ist offenkundig eine Ungerechtigkeit; sie besteht darin, dass ein Mord nicht bestraft wird. Chimène stellt das deutlich heraus. Aber dadurch wird der Weg für die Liebe frei.

Der fünfte Akt liefert dann eine Auflösung, von der man sich allerdings fragen muss, ob sie wirklich eine Lösung des Konflikts darstellt. Die Ungerechtigkeit der Nichtbestrafung des Mörders bedeutet die Wunscherfüllung für die Liebe. Die Pointe des Stücks ist, dass die Liebe über die Pflicht siegt; und diese Entscheidung für die Liebe und gegen die Gerechtigkeit wird durch die politische Führung und die Forderung der Politik aus Staatsräson sanktioniert. Die Analyse der elementaren dramaturgischen Struktur, der Abfolge der einzelnen Handlungssequenzen, führt bereits ins Zentrum der Frage nach dem Gehalt des Stücks. Die dramaturgische Entwicklung zeigt, dass darin die Rolle der Affekte im Verhältnis zur Vernunft einerseits, zur Ehre andererseits dargestellt wird.

Auch im *Burlador de Sevilla* ist der Konflikt von Liebe und Ehre zentral. Don Juan ist die Gestalt des wilden und hemmungslosen Begehrens, das er ohne Rücksicht auf andere und nur in Hinsicht auf den eigenen Genuss verfolgt. Don Juan ist ein Serien- und Wiederholungstäter. Das hat zum einen seinen Grund in der Struktur des Begehrens, das ja nicht ein für alle Male zu befriedigen ist, sondern immer wieder neu befriedigt werden will. Das serielle Moment wird später zum Topos. Leporello, der Diener Don Giovannis in der Oper *Il dissoluto punito ossia il Don Giovanni* (1787) von Wolfgang Amadeus Mozart (1756-1791), führt regelrecht Buch über die verschiedenen Eroberungen und hat auf seiner Liste über tausend verführte und betrogene Frauen verzeichnet. Das Serielle erschöpft sich aber in diesem Stück nicht in der bloßen Wiederholung. Die einzelnen Verführungen Don Juans bilden eine aufsteigende Reihe, bei der das Vergehen gegen die öffentliche Ordnung immer schlimmer wird.

- Isabela in Neapel verführt er unter der Maske eines anderen, den Isabela, wäre er selbst es gewesen, nur zu gern eingelassen hätte. Der Liebhaber ist ein Bekannter Don Juans im Rahmen der Adelsgesellschaft.
- Tisbea, die Fischerin in Tarragona, verführt er unter einem falschen Eheversprechen, wozu Tisbea Gott selbst als Zeugen und Rächer anruft, sollte er das Versprechen brechen.
- Ana in Sevilla verführt er wiederum unter der Maske eines anderen, was zunächst wie eine Wiederholung der neapolitanischen Verführung wirkt. Aber an dieser Übereinstimmung wird auch die Differenz deutlich. Der betrogene Liebhaber ist nicht irgendein Bekannter, sondern der beste Freund Don Juans. Zu diesem Verrat am Freund kommt der Mord am Vater Doña Anas.
- Aminta in Dos Hermanas wird wiederum unter einem falschen Eheversprechen verführt. Das ergibt erneut eine Wiederholung mit einer spezifischen Differenz, die hier im Verrat am Ehemann besteht. Don Juan bricht eine soeben nach kanonischem Recht geschlossene Ehe und ruft diesmal selbst bei dem betrügerischen Eheversprechen Gott zum Zeugen an.
- Schließlich macht er sich auf dem Friedhof in Sevilla der Nichtachtung der Totenruhe schuldig, vor allem aber der Verachtung des Jenseits.

Die aufsteigende Linie der Vergehen beginnt mit einem Bruch des allgemeinen Ehrenkodex, geht weiter mit dem Bruch von Versprechen und dem Bruch der Freundschaft sowie dem Verbrechen gegen das zivile Recht des *Corpus juris civilis* (dem Mord) über den Bruch des kanonischen Rechts des *Codex juris canonici* (des Sakraments der Ehe) inklusive Gotteslästerung bis hin zur willkürlichen Gratis-Gotteslästerung auf dem Friedhof. Das ist endgültig die zweckfreie, reine und geistige Lust am Bösen. Die dramaturgische Linie verläuft vom Ehrenkodex über das zivile Recht zum kanonischen Recht und der sakramentalen Ordnung bis hin zur Ewigkeitsordnung, vom Weltlichen zum Religiösen, vom Diesseits zum Jenseits. Auch hier führt die Analyse der dramatischen Struktur ins Zentrum der Frage nach dem Gehalt des Stücks. Die dramaturgische Entwicklung zeigt, dass Don Juans zügelloses Begehren gegen alle gesellschaftlichen Regeln und Verbindlichkeiten verstößt und er dadurch Schuld auf sich lädt, die am Ende mit dem Tod und der ewigen Höllenstrafe geahndet wird. Das Stück gibt zu bedenken, dass die ungezügelten Affekte für die Ordnung des Gemeinwesens und das zivile Zusammenleben der Menschen schädlich sind und verheerende Folgen haben.

Don Juan wird im Titel des Stücks als *burlador* angesprochen. Damit ist von Anfang an das Moment ins Zentrum der Aufmerksamkeit gerückt, das ich soeben bereits erwähnt habe. Ein *burlador* ist nicht einer, der Schabernack treibt; das ist die heutige Bedeutung des Wortfelds *burlar*. Schlägt man in Wörterbüchern aus dem 17. Jahrhundert nach, findet man, dass ein *burlador* ein Verderber ist. Und Don Juan ist das ganz besonders. Sein tiefster Beweggrund für sein Verhalten ist nicht die körperliche Lust der Sexualität. Seine tiefste Lust ist geistiger Art. Es ist die Lust am Bösen schlechthin. „El mayor / gusto que en mí puede haber / es burlar una mujer / y dejarla sin honor – Es ist für mich der allergrößte Spaß, / die Frauen zu hintergehen und zu entehren" (V. 1396). Seine Lust besteht darin, andere zu verderben, ohne sonderlichen Grund, allein um der Lust willen, es zu tun. Don Juan ist eine Gestalt des radikal Bösen.

Diese von Strukturüberlegungen ausgehenden Bedeutungsfragen öffnen sich im Weiteren auf allgemeine kulturgeschichtliche Fragen. Zunächst wäre, um das Verhalten der Personen in Fragen der Liebe besser zu verstehen, eine Kenntnis der Liebeskonzeptionen der Prämoderne von großer Hilfe. Im *Burlador* sind Tisbeas langer Monolog und der folgende Dialog mit Don Juan im ersten Akt voller Versatzstücke aus den Liebesdiskursen der Zeit: dem Petrarkismus und Neoplatonismus. Für das 17. Jahrhundert geht es dabei vor allem um das Verhältnis von Passion und Vernunft, um die Frage, ob die Leidenschaften von der Vernunft zu regeln sind oder eine eigenständige Macht bilden, die das leitende Prinzip der Vernunft in Frage stellt. Der *Cid* macht mit seinem in dieser Hinsicht höchst verwirrenden Schluss diesen Konflikt noch einmal deutlich, ohne ihn wirklich zu lösen; im Gegenteil, er bildet die Grundlage der Ehe zwischen Chimène und Rodrigue.

Der *Cid* ist auch ein bedeutendes Stück, weil er pointiert ein Problem zur Sprache bringt, das im 17. Jahrhundert akut war und an dem sich die folgende Neuzeit weiterhin abgearbeitet hat. Im ersten Akt wird zunächst die väterliche Autorität für Chimènes Liebe als maßgebende Instanz, im zweiten Akt wird dann der König als maßgebende Instanz vorgestellt. Im dritten Akt wird schließlich Chimène, genauer die Liebe zu ihr, eine solche maßgebende Instanz. Das ist einerseits eine aufsteigende Linie von Autoritätsfiguren: vom Vater über den König zur Geliebten; andererseits wird dadurch aber die Umwertung, gar Verkehrung des Autoritätsprinzips deutlich, die darin besteht, die Liebe – und das heißt allgemeiner: die Passionen und Affekte – als Autorität gleichen Rechts neben Vernunft und Gesetz im öffentlichen Raum zu akzeptieren. Das Prinzip der Autorität wird gespalten oder verdoppelt; es hat eine Liebes- und eine Vernunftkomponente, und beide sind gleich gebieterisch und schließen sich gegenseitig aus. Das Stück ist auch ein Symptom einer sozialen Veränderung. Ein Teil der Rolle, die die Literatur in den folgenden Jahrhunderten hat, ließe sich darin erblicken, dass sie diese Emotionalisierung des öffentlichen Raums, so kann man das Phänomen benennen, zum einen darstellend kommentiert, zum anderen aber auch selbst mitgestaltet.

Das zweite, für den Gehalt der Stücke tragende Moment ist eine Gegenfigur zur Liebe: die Ehre. Der Ehrenkodex ist ein sonderbares Phänomen in prämodernen Gesellschaften. Er besteht aus einem für alle Gesellschaftsmitglieder verbindlichen Regelkanon, der jedoch nicht, wie der juristische Kanon, in Form von positiven Gesetzen formuliert ist, sondern neben dem geltenden Recht – und teils sogar gegen es – auf eher implizite, aber doch verpflichtende Weise besteht. Wenn der Ehrenkodex den Tod desjenigen fordert, der die Ehre verletzt hat, bleibt das juristisch selbstverständlich Mord. Um den Konflikt der Handlung, und das heißt den der Affekte richtig zu verstehen – und nicht moderne, zeitgenössische Affektstrukturen in das Stück zu projizieren –, ist eine gute Kenntnis des Ehrbegriffs in prämodernen Gesellschaften wichtig. Dazu ist das Studium von einschlägigen zeitgenössischen Texten zum Thema nötig, die Einblick darin geben, wie man im 17. Jahrhundert über diese Fragen gedacht hat.

Im *Burlador* ist ein weiteres allgemeines und für den Handlungsverlauf und den Gehalt fundamentales Moment die christliche Religion. Nur im Rahmen der Vorstellung eines Lebens nach dem Tod, in dem die Taten des irdischen Lebens belohnt oder bestraft werden, gibt die Handlung des Stücks, vor allem aber die Auflösung einen Sinn. Vielleicht kann man grundsätzlich sagen, je weiter ein Text historisch zurückliegt, desto notwendiger ist es, allgemeine kulturgeschichtliche Hintergrundkenntnisse zu haben, um sich vor der Gefahr einer haltlosen Projektion zu schützen. Auf jeden Fall aber ist deutlich geworden, dass die Beziehung des Theaters – und der Literatur allgemein – zum Leben und zur geschichtlichen Wirklichkeit sehr vermittelt und komplex ist und nicht im Sinne einer Abbildung zu verstehen ist.

Das zeigt sich in ganz anderer Weise in der Komödie. Auch sie hat ihren Ursprung im antiken Griechenland. Sie ist wie die Tragödie im Umfeld der Dionysien entstanden: aus den ausgelassenen und teilweise wild obszönen Gesängen und kleinen Handlungen bei den Umzügen zu Ehren des Gottes Dionysos, bei denen ein riesiger Phallos durch den Ort geführt wurde. Die Komödie ist von Anfang an sehr körperbetont und orgiastisch. Sie zielt auf Sinnenfreude und jede Art von Lust. Sie setzt die Grenzen des Alltagslebens außer Kraft und vermischt die sonst getrennten Phänomene. Das Lachen ist der Inbegriff sinnlicher Lust. In dieser Perspektive ist die Komödie vielleicht eher Performanz als Darstellung.

Goldonis *Il servitore di due padroni* ist aus der *Commedia dell'arte* hervorgegangen. Das ist eine traditionelle italienische Theaterform, bei der nicht irgendwelche Probleme dargestellt wurden, sondern die Schauspieler aus der reinen Lust am Spiel und der szenischen Wirkung teils von akrobatischen Einlagen begleitet Stücke vorführten, die den Akteuren und den Zuschauern Freude und Lust bereiten sollten. Die Personen der Stücke waren deshalb auch keine individuellen Gestalten mit einer eigenen Entwicklung, sondern Typen, die durch Masken, Kostüme und andere Requisiten markiert wurden und ein standardisiertes, sehr körperbetontes Verhalten zeigten. Die Truppen zogen umher und traten auf Jahrmärkten und anderen Festlichkeiten auf. Die Stücke waren nicht sonderlich komplex in der Handlungsführung. Die Schauspieler spielten immer dieselben Typen und hatten für deren Rollen akrobatische Kunststücke, Gesten, Körperbewegungen und sprachliche Eigenheiten im Repertoire. Mit diesen Mitteln konnten sie die Handlung improvisierend entwickeln, bei denen auch Situationskomik und ingeniöse Schlagfertigkeit eine wichtige Rolle spielten, denn Interaktion mit dem Publikum gehörte dazu. Ein wichtiges Element waren die *lazzi*, clowneske Einlagen im Stil von Slapstick mit wilden Stürzen, Tortenschlachten und anderen derben Späßen.

Die Figuren sind in zwei Gruppen zu unterteilen: die *zanni* und die *vecchi*. Die einen sind Figuren aus den unteren sozialen Schichten, Diener und Mägde, die ihr Glück zu machen versuchen. Das sind vor allem der *Arlecchino* und die *Colombina*. Die *vecchi* sind die etablierten Figuren des Bürgertums; das sind vor allem der *Pantalone*, der wohlhabende Kaufmann, und der *Dottore*, der Gelehrte oder Jurist. *Arlecchino* ist die Figur, die ständig über alle Stränge schlägt. Er ist lebenslustig und hat immer Hunger und Durst. Und bisweilen arbeitet er für zwei Herren zugleich, weil der Lohn für seine Bedürfnisse nicht reicht. Das führt zu komischen Verwicklungen. Im 18. Jahrhundert war die *Commedia dell'arte* in ganz Europa, vor allem in Frankreich sehr beliebt.

Goldoni hat Elemente der *Commedia dell'arte* in sein Stück übernommen. Der *Pantalone* und der *Dottore* haben nun zwar jeweils einen eigenen Namen, aber sie bleiben doch dem Typus weitgehend verhaftet. Smeraldina und Truffaldino entsprechen der *Colombina* und dem *Arlecchino*. Dieser ist, wie der Titel andeutet, die Hauptfigur und entspricht ganz und gar dem Typus des verfressenen und unbotmäßigen Dieners. Der komische Höhepunkt, der strukturell dem tragischen Konflikt entspricht, ist die Szene im zweiten Akt, als Truffaldino beiden Herren gleichzeitig das Essen servieren muss. Man kann das geradezu als Parodie des tragischen Konflikts deuten. Wie Rodrigue im *Cid* zwischen Liebe und Pflicht gespalten ist, so ist der Diener zwischen den beiden Herren gespalten. Das ist aber nicht tragisch, sondern komisch.

Soeben habe ich als ein Strukturmoment der Komödie die Aufhebung der Grenzen angeführt, die im Alltagsleben gültig sind und ihm Ordnung und Struktur geben. Der russische Literaturwissenschaftler Michail Bachtin (1895-1975) hat dieses Phänomen als Karnevalisierung analysiert. Im Karneval werden die Gesetze des Alltags außer Kraft gesetzt. Alles sonst Getrennte kann vermischt werden: Heiliges und Profanes, Ernst und Spaß, Männliches und Weibliches, Hohes und Niedriges. Wenn das zum Gestaltungsmoment von Literatur wird, ergeben sich Texte, die jeden einseitigen Ernst aufheben, in denen kein einzelner Standpunkt Alleinvertretungsanspruch hat, keine Erscheinungsform des Lebens absolut gilt. Die verschiedenen Phänomene treten in Kontakt, statt dass sie in unterschiedlichen Bereichen streng getrennt werden. Bachtin hat dafür die Begriffe des Dialogischen und Polyphonischen eingeführt. Daraus hat Julia Kristeva den Begriff des Intertextes entwickelt. Wenn sie den intertextuell offenen und mehrdimensionalen Text als „Resonanzkörper mit vielen Registern" bezeichnet, bei dem „jedes seiner Elemente viele Dimensionen“ erhält, ist das eine Weiterentwicklung des Bachtinschen Konzepts der Dialogizität und Polyphonie.

Ein besonderes Moment dieser Vermischung und Umkehrung von Ordnungsmustern ist das der sozialen Hierarchie von Oben und Unten. Das wird in der Komödie im Verhältnis von Herrn und Diener zu einem festen Muster der Handlung. In der Perspektive der Karnevalisierung als Vermischung der Hierarchien der Geschlechter und der Klassen ist die Komödie womöglich doch nicht nur einfach Spaß am Spiel und Lust am Lachen. Sie lässt über die elementaren Strukturen der Gesellschaft lachen, für die die Trennung der Geschlechter oder die zwischen Heiligem und Profanen von Bedeutung ist oder die in Herrschende und Dienende aufgeteilt ist. Dieses Machtverhältnis ist an sich überhaupt nicht komisch. Die Frage ist dann, ob das Lachen, das die Komödie in diesem Feld auslöst, eines ist, das mit der Machtstruktur versöhnt, oder ob es ein kritisches Verhältnis zu dieser Struktur begründet. Wenn am Ende die Herrschaften und Diener jeweils in ihrem sozialen Umfeld heiraten, kann man vermuten, dass es doch eher Ersteres ist. Der Diener darf ein bisschen über die Stränge schlagen und unbotmäßig sein, sofern er damit nicht das Machtverhältnis überhaupt in Frage stellt und brav in seiner Schicht verbleibt. Und das dürfte wohl für den Karneval allgemein auch gelten.

VI Narrativik

1 Allgemeines

Eine kohärente Erzähltheorie müsste die verschiedenen Arten von Erzählungen und die Formen des Erzählens analysieren und systematisieren. Schaut man sich die große Vielfalt des Erzählens an, wird schnell deutlich, dass eine solche einheitliche Erzähltheorie nicht möglich ist. Fabel, Anekdote oder Witz, Kurzgeschichte, Erzählung oder Novelle, Roman oder Epos, Nachricht oder Leitartikel, Reportage oder Infotainment, Zeugenaussage, Polizeibericht oder Kriminalroman, Krankenbericht, Biographie oder Novelle, um nur eine kleine Auswahl zu treffen, haben jeweils ihre Eigentümlichkeiten, die schwerlich einem gemeinsamen Maßstab folgen, zumal die Grenzen zwischen diesen Erzählungsarten fließend sind. Eine Ballade ist ein Gedicht mit erzählendem Charakter, aber ist sie damit auch eine Erzählung? Und das Prosagedicht bringt die Grenzen zwischen den Gattungen endgültig zum Fließen, indem es eine klare prosaisch-narrative Struktur haben kann und doch ein Gedicht sein will. Dass es gewichtige Gründe gibt, nach solchen Unterscheidungskriterien zu fragen, wird etwas deutlicher, wenn ich einige Beispiele betrachte.

Wie unterscheidet man einen Faktenbericht von einer Fiktionserzählung? Was unterscheidet den Bericht einer wirklich vorgefallenen Begebenheit, den eine Polizeidienststelle nach Abschluss eines Falls verfasst, von dem Bericht einer unwirklichen und bloß ausgedachten Begebenheit, den ein Schriftsteller in einem Kriminalroman gibt? Oder: Der Roman *La princesse de Clèves*, den Madame de La Fayette (1634-1693) Ende des 17. Jahrhunderts geschrieben hat, ist ein bedeutender Roman der französischen Literaturgeschichte und ein erster historischer Roman. Er hat die Form eines historischen Berichts nach Art einer gesellschaftlichen Chronik. Zahlreiche realhistorische Personen agieren zusammen mit fiktiven Figuren. Oder: Der anonym publizierte *Lazarillo de Tormes* (1552/1554) ist ein bedeutender Roman der spanischen Literaturgeschichte. Er hat die Form eines autobiographischen Berichts im Rahmen eines Inquisitionsprozesses und ist der erste Roman der Gattung Schelmenroman.

Nach welchen Kriterien kann man eine wirkliche von einer fiktiven Zeugenaussage in einem Gerichtsprozess, einen wirklichen von einem fiktiven historiographischen Bericht, eine wirkliche von einer fiktiven Autobiographie unterscheiden? Man sieht unmittelbar, dass solche Fragen für einen Historiker oder einen Richter von elementarer Bedeutung sind. Die scheinbar nur literaturwissenschaftliche Frage nach den Gattungen und einer möglichen Grenze zwischen ihnen weist so über den Rahmen der Literaturwissenschaft hinaus. Ja, die Literaturwissenschaft scheint das Feld zu sein, in dem solche weitreichenden Fragen angemessen zu diskutieren sind.

Als im Jahr 2003 der Irak-Krieg stattfand, gingen Meldungen um die Welt, die USA führten den Krieg, weil im Irak gefährliche Waffen gelagert würden, die der damals herrschende Diktator Saddam Hussein (1937-2006) gegen andere Länder einsetzen könne. Die Meldungen in Presse und Fernsehen wurden für verlässliche Nachrichten und wirkliche Informationen über den Waffenbesitz der Iraker gehalten. Heute wissen wir, dass es solche Waffen im Irak nicht gab und dass die für den Krieg verantwortlichen Politiker und Militärs das auch wussten. Die Berichte vom Waffenbesitz der Iraker waren nur ausgedacht und dienten dazu, den Krieg zu rechtfertigen, der tatsächlich andere, nämlich wirtschaftliche und machtpolitische Gründe und Zwecke hatte.

Wenn man andererseits in der *Ilias* von Homer liest, die Griechen hätten Krieg gegen Troja geführt, weil der Trojaner Paris dem Griechen Menelaos die Frau entführt hatte, ist damit ebenfalls ein Motiv, ein Grund und Zweck für den Krieg angegeben, von dem auf der Hand liegt, dass es ausgedacht ist, denn eine ehebrecherische Frau ist schwerlich das wahre Motiv für einen wirklichen Krieg. Deshalb hat man die *Ilias* insgesamt immer für eine Fiktion gehalten. Archäologische Forschung hat an dem von Homer beschriebenen Ort tatsächlich eine durch Krieg zerstörte Stadt gefunden, und zwar genau das Troja, von dem auch Homers Epos handelt. Es hat dort tatsächlich einen großen Krieg gegeben, der vermutlich wirtschaftliche und machtpolitische Motive, Gründe und Zwecke hatte. Wird mit dieser Einsicht die *Ilias* zwar nicht zur Nachricht, aber doch zu einem historiographischen Bericht? In jüngster Zeit hat der Roman *Les bienveillantes – Die Wohlgesinnten* (2006) von Jonathan Littell (*1967) diese Problematik neu aufgerollt. Er stellt aus der Perspektive eines fiktiven Protagonisten die historiographisch genau recherchierte politische Wirklichkeit des Zweiten Weltkriegs und der Vernichtung der europäischen Juden durch die Deutschen dar. Der Roman könnte die *Ilias* unserer Zeit sein.

Nach welchen Kriterien unterscheidet man einen historiographischen von einem fiktiven Bericht, eine Nachricht von einer Lüge? Das Motiv der Militärs für den Krieg im Irak war ausgedacht und lügnerisch, aber gewiss nicht fiktiv. Das Motiv Homers für den Krieg in Troja war ausgedacht und fiktiv, aber gewiss nicht lügnerisch. Das markiert ein weitreichendes Problem. Die Struktur der Lüge und die Struktur der Fiktion haben einiges gemeinsam, sind aber offenkundig nicht deckungsgleich. Eine Lüge gibt etwas für etwas aus, das es in Wirklichkeit gar nicht ist. Eine Fiktion stellt etwas als wirklich dar, das es in der Wirklichkeit gar nicht gibt. Die Philologie als wissenschaftliche Disziplin und universitäres Fach ist ein Feld, um solche Unterscheidungskriterien zu entwickeln.

Auch umgekehrt stellen sich solche Fragen. Ist die Verwendung von Elementen der Wirklichkeit in einem ausdrücklich als Fiktion deklarierten Text ein Einwand gegen seinen fiktionalen Charakter? Welchen Status haben die Elemente aus der lebensweltlichen Wirklichkeit von Paris – die Tuilerien, Straßennamen –

im Rahmen der offenbar fiktiven Handlung von Balzacs *La fille aux yeux d'or*? Die Tuilerien gab – und gibt – es in Paris wirklich, aber der erzählte Vorfall der Begegnung zwischen Paquita und Henri de Marsay, für den ein kalendarisch ziemlich genaues Datum angegeben wird: Mitte April 1815, hat nicht wirklich dort und – höchstwahrscheinlich – überhaupt nicht wirklich stattgefunden. Entsprechendes findet sich in der Novelle von Cervantes, wo es heißt, Preciosa habe in der Kirche Santa María in Madrid an einem bestimmten Tag eine Romanze vorgetragen. Die Kirche gab es in Madrid wirklich, aber der erzählte Vorfall hat weder dort noch sonst irgendwo wirklich stattgefunden.

Dazu kommt ein weiteres Problem, das jeder schon einmal in der einen oder anderen Form erfahren hat. Es kommt vor, dass es von demselben wirklichen Vorfall verschiedene Darstellungen gibt, dass verschiedene Zeugen unterschiedliche, ja, einander widersprechende Aussagen machen. Das führt in der Regel nicht zu der Annahme, die Zeugen hätten sich ihre Aussagen, sei es als Lüge, sei es als Fiktion, ausgedacht. Kurosawa Akira (1910-1998) hat in dem Film *Rashomon* (1950) diese Fragen in ihrer ganzen Abgründigkeit erörtert. Eine Frau ist vergewaltigt, ein Mann getötet worden. Der Film zeigt das durch die Aussagen von Zeugen, die den Vorgang ganz unterschiedlich und in teils sich ausschließenden Versionen schildern, ohne dass eine abschließende und übergeordnete wahrhafte Version geliefert würde, so dass der Zuschauer mit der unbeantwortbaren Frage nach der Wahrheit über das Verbrechen zurückbleibt. Zu den Phänomenen Lüge und Fiktion kommen damit noch die ebenfalls ähnlich verfassten Phänomene von perspektivischer Wahrnehmung oder Irrtum hinzu, die beide darin bestehen, etwas als etwas wahrzunehmen, das in Wirklichkeit so nicht ist. Es scheint, dass bereits auf der Ebene der alltäglichen Wahrnehmung die Frage der objektiven Richtigkeit nicht so leicht zu klären ist.

Thomas Mann schreibt in „Meerfahrt mit Don Quijote“: „Phantasie haben heißt nicht, sich etwas auszudenken; es heißt, sich aus den Dingen etwas machen.“ Das macht die Sache noch einmal komplizierter. Ein fiktiver Text ist gar nicht einer, der gänzlich ausgedacht ist, sondern einer, der ‚aus den Dingen etwas macht‘. Die Frage ist dann, was und auf welche Weise er daraus macht. Die Unterscheidung von faktischem und fiktionalem Bericht, von erzählter Fiktion und erzählter Wirklichkeit scheint sich, je länger man der Frage nachgeht, als zunehmend schwieriger und tendentiell unmöglich zu gestalten. Und im Rahmen von Berichten wirklicher Ereignisse stellt sich ebenfalls die Frage, ob derselbe Vorfall, der von verschiedenen Personen bis zur Widersprüchlichkeit verschieden wahrgenommen und entsprechend dargestellt wird, überhaupt noch sinnvoll als derselbe Vorfall bezeichnet werden kann und was es bei einer solchen Sachlage mit seiner Wirklichkeit eigentlich auf sich hat. Die Frage der Darstellung wird dann wirklich bedeutend.

Der Film *Memento* (2000) von Christopher Nolan (*1970) hat diese elementaren Einsichten gemäß dem heutigen Stand der Reflexion eindrücklich vorgeführt. Ein Mann, der sein Kurzzeitgedächtnis verloren hat und deshalb alles, was ihm begegnet, sofort wieder vergisst, versucht sich Klarheit über ein bestimmtes Ereignis zu verschaffen, von dem er zwar noch weiß, dass es stattgefunden hat, nicht aber wie. Der Film macht auf höchst verstörende Weise deutlich, was es bedeutet, vollständig und ausschließlich auf mündliche, schriftliche, bildliche Zeugnisse angewiesen zu sein, ohne die geringste Kontrollinstanz für deren Verlässlichkeit zu haben.

Man sieht daraus, dass Wirklichkeit und Darstellung, Ereignis und Zeugnis, Ding und Zeichen aufs Engste miteinander verbunden sind. Verschiedene Darstellungen ergeben verschiedene Wirklichkeiten. Die Wirklichkeit ist offenbar eine Wirkung der Darstellung: ein Konstrukt. Die Konsequenzen aus dieser Einsicht sind zu einem guten Teil Gegenstand der zeitgenössischen Literatur- und Kulturtheorie. Die zahlreichen konstruktivistischen Konzeptionen unserer Gegenwart haben sie am weitesten verfolgt. Ich werde im Zusammenhang der *gender*-Diskussion darauf zurückkommen. Man sieht daraus weiter, dass ein Sinn von fiktionalen Erzählungen einerseits und ihrer literaturwissenschaftlichen Analyse andererseits darin besteht, diese fundamentale Situation explizit zu machen. Wir sind in allem, was wir tun, auf Zeugnisse und Darstellungen angewiesen und wir leben in einer durch und durch sprachlich und zeichenhaft vermittelten Welt. Die Literatur und die Wissenschaft von ihr sind demnach Mittel, diese fundamentale Verfassung der Menschen zu reflektieren und besser verstehen zu lernen. Ein Kriterium für gute Literatur ist dann, ob und wie weit sie ihre eigene Literaturhaftigkeit reflektiert und bewusst macht, dass sie „gemacht" und eine Sache von „Kunstgriffen" und „Verfahren" ist, wie die Formalisten sagten, dass sie eine ganz und gar aus Sprache und Zeichen konstruierte Welt ist.

Der Begriff der Interpretation leitet sich aus diesen Überlegungen ab. Die Dinge sind nicht „an sich", sondern so, wie wir sie wahrnehmen. Und wir nehmen sie jeweils als verschiedene Personen oder als „dieselbe" Person bei verschiedenen Gelegenheiten und zu verschiedenen Zeiten unterschiedlich wahr. Deshalb ist jede Wahrnehmung eine Deutung. Das führt zu dem radikalen Gedanken, dass es die Wirklichkeit „an sich" für uns gar nicht gibt. Man kann nun sagen, Normalität oder Gesundheit bestehe darin, das nicht ständig zu berücksichtigen, also so zu tun, als ob wir über „dasselbe" redeten. Aber die vorangehenden Überlegungen zeigen, dass es sich dabei um ein Tun-als-ob handelt. Entsprechend tun wir gut daran, die Information der Physiker, dass die feste „Materie" zu großen Teilen aus Leere besteht, nicht ständig vor Augen zu haben, denn irgendwie ist diese materielle Ansammlung aus Nichts und Leere wie die der geistigen Bildungen aus perspektivischen Wahrnehmungen und Deutungen doch ganz solide.

Der Roman *Don Quijote* von Cervantes ist eines der elementaren Werke der neueren Literatur, weil er auf nahezu unerschöpfliche Weise die verschiedenen Formen der Fiktionsbildung und der Konstruktion von Wirklichkeiten im Horizont des damals neuen Mediums des Buchdrucks durchspielt, vorführt und reflektiert. Die Tatsache, dass dieser Roman bereits vor vierhundert Jahren erschienen ist, zeigt möglicherweise auch, dass es sich bei diesem Problemfeld um eine geistesgeschichtliche Großformation von sehr langer Dauer handelt. Das könnte eventuell auch bedeuten, dass die Probleme des Umgangs mit virtuellen Welten, die uns die zeitgenössischen Medien verschaffen, sich nicht substantiell von denen unterscheiden, die Cervantes in seinem Roman untersucht. Jedenfalls ist der Roman, der das Leben jenseits der „Gutenberg-Galaxis" (Marshall McLuhan) darstellt und reflektiert, noch nicht geschrieben. Er kann auch sicherlich kein Roman im herkömmlichen Sinn sein, sondern muss in dem neuen Medium und mit dessen Möglichkeiten entwickelt werden.

2 Erzählanalyse

Nach diesen allgemeinen Überlegungen will ich doch versuchen, eine elementare Bestimmung von Erzählung zu finden. Einer erzählt einem oder mehreren anderen etwas. Hier muss man sofort differenzieren. Eine Erzählung kann offenbar mündlich vorgetragen werden oder schriftliche Gestalt haben. Man könnte meinen, dass zunächst mündlich erzählt wurde und erst später, nach der Erfindung der Schrift, auch schriftlich erzählt wurde. Das Verhältnis von Mündlichkeit und Schriftlichkeit ist aber nicht ganz so einfach. Die Epen, Balladen oder Romanzen wurden zwar vom Sänger mündlich vorgetragen, aber sie waren vorher bereits im Geiste vorgeformt, also in gewisser Weise „geschrieben".

Den folgenden Ausführungen zur Narrativik liegen jeweils drei ältere und drei neuere Erzähltexte aus der französischen, italienischen und spanischen Literatur zu Grunde: von Giovanni Boccaccio (1313-1375) die Novelle „Lisabetta da Messina" aus dem *Decameron* (IV,5); von Miguel de Cervantes (1547-1616) die Novelle „La gitanilla" aus den *Novelas ejemplares*; von Honoré de Balzac (1799-1850) die Erzählung „La fille aux yeux d'or" aus der *Comédie humaine*; von Italo Calvino (1923-1985) die Erzählung „L'avventura di un lettore" aus dem Band *Gli amori difficili*; von Adelaida García Morales (1945-2014) die Erzählung „El sur" und von Maurice Blanchot (1907-2003) die Erzählung *La folie du jour*.

In Boccaccios *Decameron* werden alle Novellen, die wir als geschriebene in dem Buch lesen, als mündlich vorgetragene dargestellt. Auch in *La gitanilla* von Cervantes wird dieses Verhältnis von Mündlichkeit und Schriftlichkeit kurz angesprochen, indem der Text, den wir lesen, zugleich als ein mündlich erzählter ausgegeben wird. Der Erzähler schreibt am Ende: „Olvidábeseme de decir – ich vergaß zu sagen". Und auch Blanchots *Der Wahnsinn des Tages* reflektiert dieses Verhältnis von Mündlichkeit und Schriftlichkeit, indem der Text, den wir als schriftlichen lesen, zugleich als ein mündlich erzählter dargestellt wird.

Also noch einmal: Einer erzählt etwas, ein Ereignis, einen Vorgang, ein Geschehen, das sich über eine bestimmte Zeit hin erstreckt und sich in ihr entwickelt. Dieses Geschehen – gleichgültig ob fiktiv oder real – wird in eine Geschichte überführt und als diese erzählt, also in einer bestimmten Gestalt dargeboten. Daraus ergibt sich ein zweites Bestimmungsmoment. Die Erzählung gibt das Erzählte in einer bestimmten Weise wieder, sie gibt dem Vorgang, von dem sie erzählt, eine Form, die das Geschehen beispielsweise aus einem bestimmten Blickwinkel betrachtet und in einer bestimmten Hinsicht, mit einer bestimmten Absicht darstellt. Das bedeutet weiter: Wären Darstellungsweise und Form der Erzählung jeweils eine andere, wäre auch die Gestalt des Dargestellten, des Vorgangs eine andere und damit in gewisser Weise auch das Geschehen selbst.

Das einfache Aneinanderreihen von Ereignissen, wie es Chroniken oder Kindererzählungen praktizieren, hält sich an die reine Oberfläche der Begebenheiten und ihres äußerlich wahrnehmbaren Ablaufs: Paris hat Helena entführt, dann haben die Griechen ein Heer zusammengestellt, dann sind sie nach Troja gefahren und dann haben sie gegen die Trojaner Krieg geführt und dann haben sie die Stadt in Schutt und Asche gelegt. Das könnte noch am ehesten eine Erzählung des wirklichen Geschehens sein. Aber auch eine solche Chronik nimmt eine Perspektive ein: die der Griechen. Und wenn ich eine minimale Variante einführe und statt „Paris hat Helena entführt“ sage, „Helena hat Paris verführt“, ergibt sich eine andere Version. Nicht der Mann, sondern die Frau ist dann die Agentin der Handlung. Und wenn ich kausale Beziehungen einführe, wird die Erzählung komplexer, indem sie motivierende Begründungen für die erzählten Vorgänge gibt: Weil Paris Helena entführt hatte, haben die Griechen Krieg gegen Troja geführt und die Stadt zerstört. Das ist bereits eine Deutung des Geschehens, die eine bestimmte Sichtweise einnimmt.

In diesem Fall kann man zwei Möglichkeiten durchdenken. Wenn Helena der Grund des Kriegs ist, dann muss man nicht über wirtschaftliche und machtpolitische Zusammenhänge reden. Man redet über Sex, um die wirklichen Verhältnisse zu vernebeln und die Machtstrukturen zu verdunkeln. Die andere Möglichkeit nimmt die Darstellung so wie sie ist. Wenn der Trojanische Krieg als ein sexuell motiviertes Geschehen dargestellt wird, bildet diese Darstellung vielleicht eine fundamentale Reflexion über das Verhältnis von Sexualität und Politik, über die Verwicklung von Triebstruktur und Machtverhältnissen. Man redet über Sex, um die wirklichen Verhältnisse durchsichtig zu machen und über die Machtstrukturen aufzuklären. Es eröffnet sich ein Deutungsspielraum.

Die Form der Darstellung wird mit einem Schlag als ein elementarer Teil des Dargestellten selbst deutlich. Balzacs *Das Mädchen mit den Goldaugen* aus der Perspektive von Henri de Marsay oder von Paquita, jeweils in der ersten Person, als Tagebuch oder als Erinnerung nach vielen Jahren ergäben offenkundig jeweils andere Geschichten. Auch *La gitanilla* von Cervantes würde aus der Perspektive der alten Gitana oder Preciosas als Erinnerung nach vielen Jahren und in der ersten Person erzählt jeweils zu einer anderen Geschichte.

Das Wie der Darstellung bestimmt das Was, die Art seiner Wahrnehmung und so auch seine Bedeutung. Erzähltheoretisch ist diese Unterscheidung zwischen dem Wie und dem Was die von Erzählung und erzählter Geschichte; die

Franzosen unterscheiden zwischen *discours* und *histoire*. Eine erste Einsicht aus diesen Überlegungen ist, dass der scheinbar feste und vorgegebene Referenzgrund des Was der *histoire* so fest und vorgegeben gar nicht ist, denn er wird nur durch den *discours*, das Wie der Erzählung überhaupt gegeben. Das reine Was der Begebenheit ist ohne das Wie der Erzählung nicht zu haben. Wenn aber das je verschiedene Wie der verschiedenen möglichen *discours* das Was jeweils modifiziert, ergibt sich, dass der vorgeblich referentielle Kern der Erzählung wesentlich ein Effekt der Erzählung ist.

Die Erzähltheorie untersucht die verschiedenen Gestaltungsformen, mit denen Erzählungen ihre erzählten Begebenheiten in Geschichten verwandeln. Sie analysiert die Zeitstrukturen von Geschichten. Wie werden die Vorgänge als zeitlich sich erstreckende dargestellt? Sie fragt nach den Handlungsstrukturen von Geschichten. Wie sind Vorgänge als Handlungselemente miteinander verknüpft und wie sind Personen als Träger von Handlungen mit diesen Handlungen verbunden? Und sie fragt nach den Erzählstrukturen. Wer erzählt die Vorgänge, was erzählt er und wie erzählt er es, wann geschieht das Erzählte und wann wird es erzählt?

Die Zeitstruktur der Erzählung kann einfach chronologisch sein mit Anfang, Mitte und Ende, wie Aristoteles gefordert hatte und wie es in den gewählten Beispielen großenteils der Fall ist. Eine solche chronologische Darstellung mag als die natürliche erscheinen, weil die Dinge in der Wirklichkeit offenbar auch nacheinander stattfinden. Vermutlich ist sie aber einer der größten Kunstgriffe überhaupt, denn sie gibt einem Geschehen eine einheitliche Form und eine ganzheitliche Gestalt, und das ist – wie bereits im Zusammenhang des Dramas erwähnt – in der Wirklichkeit gemeinhin nicht der Fall. Nichts dürfte unwirklicher und so gesehen unwahrscheinlicher sein als geschlossene und eindeutig ablaufende Begebenheiten. Und auch in diesen Erzählungen sind die Verhältnisse nicht durchweg chronologisch eindeutig. Zum Beispiel sind bei der Motivierung von Begebenheiten andere Zeitverhältnisse im Spiel, die eher etwas mit der Psychologie des Unbewussten zu tun haben. In der Erzählung *Der Süden* von García Morales gibt es ein komplexes Zusammenspiel verschiedener Zeitebenen. Und in Blanchots *Der Wahnsinn des Tages* könnte es die Zeitökonomie des Traumas sein, die der Geschichte ihre sonderbare Verfassung verleiht.

Aus dieser Einsicht wird ein großer Teil der modernen Erzählpraxis und ihrer literaturwissenschaftlichen Theorie verstehbar. Nichtchronologische Darstellung und fragmentiertes Erzählen haben den Anspruch, der Wirklichkeit besser zu entsprechen, denn wir leben gar nicht chronologisch und zusammenhängend, und nicht alle Handlungsmotive sind durchsichtig. Die verschiedenen Bereiche, in denen wir leben, haben verschiedene zeitliche Verfassungen, und sie stehen nicht notwendig miteinander in Verbindung und bilden noch weniger notwendig einen einheitlichen und geordneten Zusammenhang. Ich hatte das schon beim Drama angesprochen. Studium – Sport – Reisen – Freunde – Liebesbeziehungen: Das alles sind verschiedene und nebeneinander bestehende Lebensbereiche mit unterschiedlicher Zeitökonomie, von denen nicht immer klar ist, ob und wie sie sich gegenseitig beeinflussen. Und auch die Erinnerungen eines Menschen sind entschieden ungeordnet, zusammenhanglos und bruchstückhaft.

Die Erzählerin Adriana erinnert sich in *Der Süden* an ihr Leben und sie erzählt es – dem Vater, sich selbst, einem impliziten Zuhörer oder Leser. Es wird nicht klar im Laufe der Erzählung, ob sie das vielleicht in einem Tagebuch aufschreibt oder ob wir einem Gedankenstrom folgen. Auf jeden Fall aber bekundet die formale Tatsache, dass sie vier Mal den Tod des Vaters anspricht, wie sehr dieses Ereignis offenbar traumatisch für sie gewesen ist und so den Prozess des Erinnerns und überhaupt den Wunsch, sich zu erinnern, in Gang setzt und motiviert. Gleich im ersten Satz wird sein Grab erwähnt, dann wird sein Tod auf den nächsten Seiten berichtet. Das nimmt ihn aus der im Folgenden einigermaßen eingehaltenen Chronologie der Erinnerungen vorgreifend heraus und hebt ihn so hervor. Im Weiteren wird der Tod des Vaters noch einmal ausführlicher gegen Ende in seiner ganzen traumatischen Wirkung geschildert und schließlich im letzten Satz noch ein weiteres Mal angesprochen. Durch die zeitliche Gestalt der Erzählung vom Tod des Vaters, durch das formale Element der Wiederholung wird deutlich, wie bedeutsam er für das Leben der Erzählerin war und offenbar noch ist. Er bildet mit dem ersten und letzten Satz den Rahmen der Erzählung. Das zeigt, wie sehr er auch den Rahmen und das Motiv für das Leben der Erzählerin und ihre erzählende Erinnerung daran bildet. Die Wiederholung ist auf der Ebene des bloßen Berichts und der Information redundant. Die Information vom Tod des Vaters ist nach dem ersten Mal mitgeteilt. Die Wiederholung zielt dann offenbar nicht auf inhaltliche Information, sondern auf den Gehalt des berichteten Inhalts. Sie zeigt die traumatische Wirkung, die der Tod des Vaters für das Mädchen hatte und für die Frau noch hat. So wird deutlich, wie sehr scheinbar vergangene Ereignisse die Gegenwart auf entscheidende Weise prägen und wie wenig mit einer chronologischen Darstellung von Ereignissen getan ist. Daran lässt sich der Unterschied von Information und Bedeutung erkennen.

Ein anderer Aspekt der Zeitstruktur von Erzählungen ist die Unterscheidung zwischen erzählter Zeit und Zeit der Erzählung. Die erzählte Zeit ist die der erzählten Geschichte, die Zeit, in der das Geschehen abläuft. Die Zeit der Erzählung ist die Zeit, in der die Geschichte erzählt wird. In Boccaccios *Decameron* bildet diese Unterscheidung die Struktur des ganzen Buchs. Eine Gruppe von Adligen hat sich wegen der Pest in Florenz aufs Land zurückgezogen. Das ist die Rahmenhandlung. Man vertreibt sich dort zehn Tage lang die Zeit mit dem Erzählen von Geschichten. Das sind die zehn mal zehn Binnengeschichten, die jeweils von einer namentlich genannten Person erzählt werden. In diesem Fall ist es die trostlose Liebesgeschichte der Filomena, die in einer guten Viertelstunde eine Begebenheit von mindestens mehreren Monaten erzählt.

Das Verhältnis der beiden Zeitformen ist dann das der Raffung, wie es auch am Anfang von Balzacs Erzählung zu finden ist, wo die Vorgeschichte des Protagonisten auf ein paar Seiten dargestellt wird; oder wie es am Ende der Novelle von Cervantes der Fall ist, wenn die alte Gitana den Eltern die Geschichte ihrer Tochter seit dem Raub in ein paar Sätzen schildert. Die erzählte Zeit, fünfzehn oder zwanzig Lebensjahre, ist sehr viel größer als die Zeit der Erzählung, die gewissermaßen im Zeitraffer erzählt wird. Ein besonders ingeniöses Mittel der Raffung findet sich in Calvinos *Das Abenteuer eines Lesers*. Von dem lesenden Amedeo heißt es dort im Abstand weniger Zeilen, er verfolge beim Lesen die Schicksale Fabrizio del Dongos, dann Raskolnikows und dann auch noch Lucien de Rubemprés. Das sind die Protagonisten aus *Die Kartause von Parma* von Stendhal (1783-1842), aus *Verbrechen und Strafe* von Fjodor Michailowitsch Dostojewski (1821-1881) und aus Balzacs *Verlorene Illusionen*. Da die Lektüre der drei hochkomplexen und sehr umfangreichen Romane eine beträchtliche Zeit in Anspruch nimmt, wird damit deutlich gemacht, dass Amedeo über lange Zeit jeden Nachmittag zum Lesen an den Strand kommt.

Die beiden Zeitformen der erzählten Zeit und der Erzählzeit können tendentiell identisch werden. Das ist zum Beispiel in wörtlich wiedergegebenen Dialogen der Fall oder wenn Preciosa ihre Romanzen singt; das Erzählen geschieht dann in Echtzeit. Denkbar ist auch, dass die Zeit der Erzählung die Zeit der Geschichte übersteigt. Das ist zum Beispiel der Fall, wenn ausführlich das Interieur eines Raums beschrieben wird, wie das, in dem die Liebesnächte von Paquita und de Marsay stattfinden. Es würde, wenn man den Raum beträte, in wenigen Sekunden wahrgenommen. Die Lektüre der Beschreibung dauert um einiges länger. Die Erzählzeit überwiegt besonders dann die erzählte Zeit, wenn die Empfindungen und Gedanken von Figuren ausführlich und im Detail dargestellt werden, die doch in Wirklichkeit in Sekundenbruchteilen stattfinden. Proust ist ein Meister in dieser Form der Dehnung von Zeit, die dann der Zeitlupe entspricht.

Ein entscheidendes Moment jeder Erzählung ist die Frage, wer erzählt. In *Der Süden* oder *Der Wahnsinn des Tages* gibt es jeweils eine Autorin, Adelaida García Morales, und einen Autor, Maurice Blanchot. Es gibt eine Erzählung in der ersten Person, die von einer Frau namens Adriana und einem namenlos bleibenden Mann erzählt wird. Es gibt des Weiteren einen Adressaten innerhalb der Erzählung, den Vater in *Der Süden*, die Kommission in *Der Wahnsinn des Tages*, und schließlich eine Reihe von Leserinnen und Lesern. Damit ist eine elementare Unterscheidung jeder Erzähltheorie angedeutet. Nichts gewährleistet in diesem Fall die Identität von Autor und Erzähler. Deshalb ist die Grundregel jeder Lektüre, dass weder der Erzähler noch gar irgendeine der Personen, die in der Erzählung eine Rolle spielen, mit dem Autor zu identifizieren oder ein „Sprachrohr" des Autors sind.

Es tritt allerdings nicht in jeder Erzählung so deutlich eine Figur als Erzähler auf. Häufig, ja, in den meisten Fällen bleibt der Erzähler implizit. In der Novelle von Cervantes oder der Erzählung von Balzac wird deutlich aus einer bestimmten Warte und Perspektive erzählt, es gibt Meinungsäußerungen, die nicht von den handelnden Personen stammen, vor allem die einleitenden Passagen über die Gitanos und über die Stadt Paris werfen die Frage auf, von wo aus und von wem sie formuliert werden. Deshalb spricht man in neuerer Erzähltheorie lieber von der Erzählinstanz, der Erzählstimme, um eine personalisierende Auffassung zu umgehen. Die Erzählinstanz ist ein Moment der Perspektivierung der Erzählung. In *Der Wahnsinn des Tages* handelt es sich – wie in der ersten Version des *Horla* von Guy de Maupassant (1850-1893) – um eine Art Krankengeschichte aus dem Blickwinkel des Ich-Erzählers; aus dem der Ärztekommission wäre es eine andere Geschichte. Das gilt entsprechend für die Familiengeschichte in *Der Süden*, die aus der Perspektive der Mutter oder des Vaters jeweils eine andere Geschichte ergäbe – obwohl es sich doch in Wirklichkeit jeweils immer um „dieselben" Begebenheiten handelt. Durch die Erzählinstanz und ihre besondere Wahrnehmung wird die Geschichte als Geschichte markiert und ihr Konstruktionscharakter hervorgehoben.

Ein weiteres Moment der Unterscheidung bildet die Frage, wie die Erzählinstanz zur Erzählung und zum Erzählten steht. Die Geschichte kann von außen erzählt werden, ohne dass die Erzählinstanz selbst in irgendeiner Weise beteiligt ist. In der Novelle von Boccaccio erzählt die namentlich angeführte Filomena die Geschichte der Elisabetta. In den Geschichten von Cervantes, Balzac und Calvino hingegen wird zwar über die Personen und ihre Geschichte aus einer Außenperspektive berichtet, der Erzähler tritt aber nicht als eigene Person in Erscheinung. Das ist in der etwas scholastischen Terminologie von Gérard Genette (1930-2018) homodiegetisch (mit Beteiligung an der Handlung) und heterodiegetisch (ohne Beteiligung an der Handlung). Die Begriffe sind Neologismen von Genette und gehen auf das griechische Wort für Erzählung *diegesis* zurück. In anderer Terminologie spricht man vom auktorialen Erzähler, der das Geschehen von außen beschreibt und so den Eindruck von Objektivität vermittelt. Diese Instanz ist häufig anonym und nicht personal. Auktoriales Erzählen ist das traditionelle Mittel des realistischen Romans. Die objektivierende Instanz des allwissenden Erzählers verursacht einen Wirklichkeitseffekt: So war es.

Wenn die Erzählinstanz als solche markiert ist, spricht man von einem auktorialen Erzähler im strengen Sinn; Genette nennt das Nullfokalisierung. Der Erzähler wird dann als Erzähler deutlich, wie in der Novelle von Boccaccio. Aber auch in der Novelle von Cervantes gibt es am Ende, wie schon erwähnt, einen Moment, wo der Erzähler, nachdem er die ganze Zeit über verborgen geblieben war, plötzlich in Erscheinung tritt, indem er in der ersten Person spricht: „Ich vergaß noch zu sagen…" In *Das Mädchen mit den Goldaugen* spricht der Erzähler, der sonst anonym bleibt, an einigen Stellen den Leser an und markiert sich so als Erzähler. Wenn diese Erzählinstanz nicht markiert ist, also nicht als eigenständige Bewusstseinsinstanz erkennbar ist, aber gleichwohl aus der Außenperspektive – also wie ein auktorialer Erzähler – berichtet, dabei aber in der Perspektive der Personen redet und die Dinge darstellt, nennt man das personale Erzählinstanz oder besser noch personale Erzählsituation oder, mit Genette, interne Fokalisierung. Die Unterscheidung ist vermutlich nicht immer leicht zu treffen. Sage ich: „Henri / Andrés, das war (mir) klar, hatte in Paquita / Preciosa die Frau seines Lebens getroffen“, wird der Erzähler durch den eingeschobenen Kommentar – „das war (mir) klar“ – als Instanz markiert. Sage ich: „für Henri / Andrés war klar, dass er in Paquita / Preciosa die Frau seines Lebens getroffen hatte“, wird die Situation in der Perspektive der Figur geschildert. In manchen Texten ist die personale Perspektive so dominant, dass sie sinnvollerweise nicht mehr als auktorial im Sinne von allwissend bezeichnet werden kann. Die erlebte Rede, der *style indirect libre*, den Flaubert entwickelt hat, ist eine solche Erzählhaltung.

In der erlebten Rede verschwimmen auktoriale und personale Wahrnehmung dergestalt, dass der Leser nicht mehr eindeutig entscheiden kann, wer das Geschehen wahrnimmt und in Worte fasst. Durch diese Technik der Darstellung wird die Unterscheidung zwischen Erzählinstanz und Figureninstanz relativiert und tendentiell aufgehoben. Um zu verstehen, worin sie besteht, kann man sie von der direkten und der indirekten Rede unterscheiden. In direkter Rede würde es heißen: Henri / Andrés sagte: „Ich habe in Paquita / Preciosa die Frau meines Lebens getroffen.“ Wenn ich das in die indirekte Rede übertrage, wird es zu: „Henri / Andrés sagte, er habe in Paquita / Preciosa die Frau seines Lebens getroffen.“ Die erlebte Rede oder freie indirekte Rede lässt die Markierung der Sprechinstanz – er sagte – aus und drückt das Gesagte oder Gedachte, statt, wie bei der indirekten Rede, im Konjunktiv, nun im Indikativ aus: „Henri / Andrés ging nach Hause. Er hatte in Paquita / Preciosa die Frau seines Lebens gefunden.“ Der Leser hat Mühe zu unterscheiden, ob das eine auktoriale Aussage des Erzählers oder eine personale Aussage der Figur ist, weil die personale Perspektive so dargestellt wird, als wäre sie die eines auktorialen Erzählers. Wenn das als ein durchgängiges Mittel der Darstellung eingesetzt wird, verschwindet die auktoriale Erzählinstanz, die Objektivität im Sinne des So-war-es zu garantieren scheint, hinter den vielen subjektiven Instanzen, die jeweils ihre eigene persönliche Perspektive im Stil der objektiven Darstellung bieten. Das führt dazu, dass nicht mehr der auktoriale Erzähler für Orientierung sorgt, sondern der Leser sich in der Vielfalt der einzelnen personalen Perspektiven selbst orientieren muss. Er muss selbst entscheiden, wie das Verhalten der Figuren in jedem Einzelfall und in der erzählten Geschichte insgesamt zu beurteilen ist. In *Der Süden* findet sich gegen Ende eine Passage, die das nahezu schulbuchmäßig vorführt. Es ist das Gespräch, das Adriana mit Emilia, der alten Dienstbotin im Haus des Vaters in Sevilla über den Vater führt.

> Ich weiß nicht, warum du mir nie erzählt hast von ihr, die dich trotz deiner Abwesenheit und deines Vergessens noch immer liebte. Als wir gemeinsam in der geräumigen, düsteren Küche deines Hauses frühstückten, fragte sie mich: „War dein Vater sehr gealtert?“ Ich wusste nicht, was ich ihr antworten sollte, weil ihre Augen sich mit Tränen füllten und ich den Eindruck hatte, sie würde mir sowieso nicht zuhören, als sei es jetzt auch unwichtig, wie du

> zuletzt ausgesehen hattest. Um das rührselige Schweigen, das sie um sich verbreitete, zu durchbrechen, erkundigte ich mich: „Hat die Maske meinem Vater gehört?" „Welche Maske?" Doch nach ein paar Augenblicken erinnerte sie sich wieder. „Ach die! Ja, natürlich, die hat ihm gehört." Und dann erzählte sie mir, dass du sie auf einem Maskenball getragen hättest, als du fünfzehn Jahre alt warst. Noch lange Zeit, nachdem du schon aus dem Haus warst, blieb sie unbeachtet an der Wand hängen. Irgendwann hat sie die Maske dann zu deinen anderen nutzlos gewordenen Sachen ins Nachtschränkchen geräumt. Von Zeit zu Zeit schwieg Emilia, und ihr Blick verlor sich in etwas, das ich nicht sah, aber angestrengt zu erkennen suchte. Denn ich wusste ja, dass sie, an die Fäden ihrer Erinnerung geknüpft, dich in einem Alter vor sich sah, von dem ich nichts wusste.

Der Absatz beginnt mit der Perspektive der Erzählerin, die in der ersten Person den Vater anredet: „Ich weiß nicht, warum du mir nie erzählt hast von ihr." Dann geht es zur wörtlichen Rede über, in der Emilia nach dem Vater fragt: „Sie fragte mich: War dein Vater sehr gealtert?" Da Adriana nicht ihre eigene Ansicht des Vaters geben möchte, sondern die der Dienstbotin erfahren will, lenkt sie das Gespräch um und fragt ihrerseits, nämlich nach der Teufelsmaske, die sie im Zimmer des Vaters gesehen hat. Emilia erinnert sich daran, und diese Erinnerung wird zunächst in der direkten, dann in der indirekten Rede mitgeteilt; aber diese indirekte Rede der Emilia wird zugleich auch von Adriana übernommen und wiederum in die Anrede an den Vater überführt: „Und dann erzählte sie mir, dass du sie auf einem Maskenball getragen hättest, als du fünfzehn Jahre alt warst." Die Ich-Erzählerin tritt zunächst hinter die Perspektive der Dienstbotin zurück und übernimmt sie dann nach und nach, bis sie schließlich in der freien indirekten Darstellung von ihr nicht mehr zu unterscheiden ist: „Noch lange Zeit blieb sie [die Maske] unbeachtet an der Wand hängen."

Das wirkt wie eine objektive Beschreibung eines auktorialen Erzählers, ist aber tatsächlich die freie indirekte Wiedergabe der Worte Emilias, die nicht mehr als indirekte Rede markiert wird. Die Erzählerin Adriana und die Dienstbotin Emilia sind formal nicht mehr zu unterscheiden, sie gehen ineinander über, und die Perspektive wird uneindeutig. Wenn man nicht genau erkennen kann, wer eigentlich spricht, gerät die Darstellung ins Schillern. Die Erzählerin bringt sich damit in die Position der anderen Person und identifiziert sich mit ihren Worten. Emilia wird für Adriana zum Medium des Kontakts mit ihrem Vater. Dieser Medialität entspricht die freie indirekte Darstellung. Das Ende des Absatzes kehrt dann zur direkten Beschreibung Emilias zurück. Die Instanzen sind wieder getrennt, und die Ich-Erzählerin muss akzeptieren, dass sie auf diesem Weg die Entfernung zum Vater nicht überbrücken kann: „Ihr Blick verlor sich in etwas, das ich nicht sah, aber angestrengt zu erkennen suchte. Denn ich wusste ja, dass sie, an die Fäden ihrer Erinnerung geknüpft, dich in einem Alter vor sich sah, von dem ich nichts wusste." So kündigt sich bereits hier die Einsicht an, die dann am Ende der Erzählung steht: „die letzte Trennung zwischen dir und mir, die durch deinen Tod unüberwindbar geworden ist, und ewig". Das ist ein gutes Beispiel dafür, wie die Form der Darstellung den Gehalt des Dargestellten ausdrücken kann.

Eine deutlich auktoriale Erzählinstanz findet sich in der Erzählung von Balzac. Das zeigt sich an den einleitenden Seiten über die Stadt Paris. Die kategorischen Aussagen werden großenteils anonym und ohne Markierung einer Aussageinstanz gemacht, wie objektive Feststellungen: Das ist so. Eine Frage ist dann, in welchem Verhältnis diese einleitenden Ausführungen zu der Geschichte im engeren Sinn stehen. Wie verhalten sich die hier dargestellte hierarchische Schichtung der Gesellschaft in verschiedene Klassen und der damit implizit angedeutete Klassenkampf zu der in der Geschichte thematisierten ebenfalls hierarchischen Schichtung der Geschlechter und der dann tatsächlich stattfindende Geschlechterkampf zueinander?

Ein verbindendes Moment der beiden Textteile ist die angesprochene – soziale und sexuelle – Hierarchie. Paquita ist als Frau Sklavin und Lustobjekt, de Marsay ist als Mann der Herr und Benutzer dieses Objekts. Das Medium der Herrschaft und das treibende Motiv aller Handlungen ist „l'or et le plaisir – das Gold und die Lust", wie es in der Einleitung leitmotivisch immer wieder heißt. In Paquita, dem „Mädchen mit den Goldaugen" und dem idealen „Lustobjekt" kommen die beiden Momente zusammen; deshalb kann sie am Ende zur Instanz der Infragestellung der bestehenden Ordnung werden.

3 Gender, Performanz, Fiktion

Ein bedeutendes Moment der Erzählung ist, dass Balzac die für den literarischen Realismus charakteristische auktoriale Erzählhaltung zwar bis zum Ende durchhält, aber dabei jegliches autoritative oder gar autoritäre So-war-es durch den Gehalt des Erzählten zunichtemacht. Er stellt die Konvention des realistischen Erzählens durch das Erzählte selbst in Frage und bringt sie ins Schwanken. Am Ende der Geschichte sind alle Gewissheiten über eine verlässliche Ordnung des Verhältnisses der Geschlechter zueinander fraglich geworden. Und diese Unordnung der Geschlechter, der *Gender Trouble*, so ein Buchtitel von Judith Butler (*1956), wirkt dann auf die Ausführungen des Anfangs zur Ordnung der Gesellschaft zurück. Des Weiteren wirkt sie sich auf die Ordnung des Textes selbst und seine Bedeutung aus, von der am Ende auch nicht mehr deutlich ist, worin sie wohl besteht. So könnte Balzacs Erzählung unter der Hand zu einem revolutionären Text werden – man muss sie nur richtig zu lesen verstehen.

Die Erzählung ist wie ein Rätsel konzipiert; und Paquita ist dieses Rätsel. Sie ist ein „Geheimnis" und „ein lebendes Rätsel"; die Geschichte hat einen verborgenen Sinn, den es zu enthüllen und zu entschlüsseln gilt, und de Marsay denkt, er könne dieses Geheimnis aufdecken. Der Gang der Geschichte zeigt, dass eine angemessene Interpretation des verborgenen Sinns aufs Engste mit der Ordnung der Geschlechter zusammenhängt. Das ist das Feld, in dem seit etwa dreißig Jahren die Gender-Forschung tätig ist. Der Begriff verdankt sich der Unterscheidung, die in der englischen Lexik zwischen *sex* und *gender* getroffen wird. Mit *sex* ist dabei das biologische Geschlecht gemeint, *gender* bezieht sich auf die gesellschaftliche Interpretation des biologischen Geschlechterunterschieds.

Die wichtigste Einsicht der Gender-Forschung besteht in dem Aufweis, dass Eigenschaften und Verhaltensformen, die mit der Geschlechterdifferenz zusammenhängen, nicht biologisch, sondern sozial bestimmt sind. Geschlecht ist nicht so sehr eine Sache des Körpers, sondern der kulturellen und sozialen Interpretation der körperlichen Gegebenheiten, eine Sache der sozialen Bedeutung im Sinn von Geertz. Es handelt sich um soziale Rollen, die gesellschaftlich ausgebildet und eingeübt werden und dann als solche sozialen Konstrukte die geschlechtsspezifischen Verhaltensweisen bilden. Die Einsicht in den sozialen Konstruktionscharakter der geschlechtsspezifischen Eigenschaften und Handlungen lässt sie dann als veränderbar deutlich werden. Die begriffliche Unterscheidung von *sex* und *gender* ist jüngeren Datums; die Einsicht in die gesellschaftliche Verfassung des Geschlechterunterschieds ist älter. Simone de Beauvoir (1908-1986) hat 1949 ihr epochales Werk *Le deuxième sexe – Das andere Geschlecht* publiziert und darin die elementare Einsicht formuliert: „On ne naît pas femme, on le devient. – Man ist nicht als Frau geboren, man wird es." Wenn die Gender-Rollen gesellschaftlich gebildet werden, also soziale Konstrukte und nicht biologische Essenzen sind, wird die Behauptung, die geschlechtsspezifischen Verhaltensweisen seien biologisch geprägt, als Ideologie erkennbar. Sie dient dazu, die sozialen und historisch gewordenen Strukturen als natürliche und damit als unveränderbare auszugeben. Die Gesellschaftsordnung wird als Naturordnung ideologisiert. Frauen sind passiv, technisch unbegabt, gefühlsdominiert, irrational etc.

Die allgemeinen Überlegungen zur Gender-Frage lassen sich an Balzacs Geschichte verdeutlichen. Das Rätsel und der verborgene Sinn der Geschichte ist die Frage der Geschlechterdifferenz und des Begehrens, das daraus entsteht. Die Geschichte führt zwei Gestalten des Begehrens vor; das heterosexuelle zwischen Mann und Frau und dahinter, als den „verborgenen Sinn", das homosexuelle Begehren zwischen Frau und Frau. Die Interferenz zwischen diesen beiden Gestalten des Begehrens lässt am Ende die scheinbar feststehende Ordnung der Geschlechter und mit ihr die Möglichkeit eines eindeutigen Sinns der ganzen Begebenheit zusammenbrechen.

Die Begegnung zwischen de Marsay und Paquita wird nicht vom auktorialen Erzähler berichtet, sondern von Henri de Marsay selbst. Sie wird aus der Perspektive und in der Wahrnehmung des Mannes geschildert. Er nimmt die Frau als eine wahr, die in ihm ihr Ideal gefunden hat; und genau deshalb wird sie die „ideale Frau" für ihn. Weil er glaubt, ihr Ideal zu sein, ist sie sein Ideal. Die

Perspektivierung der Erzählhaltung entspricht genau dem, was dargestellt wird. Die „Wahrnehmung" de Marsays ist nichts als eine narzisstische Spiegelung. Das Ideal ist die Vorstellung, die der Mann sich von der Frau macht. Das heißt zunächst, die Frau selbst, ihre Weiblichkeit und ihre Wünsche kommen in dieser „Wahrnehmung" nicht vor. Die Frau wird nicht als sie selbst bezeichnet, sie kommt lediglich als der Spiegel des Manns und seiner Männlichkeit in Betracht. Das nennt de Marsay sein Ideal. Weiblichkeit ist nichts als ein Verweis auf die Männlichkeit des Manns.

Würde die Geschichte in der Perspektive Paquitas erzählt, könnte sie zum Beispiel bemerken, dass Henri in ihr sein „Ideal" gefunden zu haben meint, und sich so verhalten, dass sie dem Ideal entspricht, um für Henri interessant zu sein; das schmeichelt ihrem Narzissmus. Sie könnte auch erkennen, dass sie eine Projektion Henris ist, und ihn mit ihrer eigenen Wirklichkeit, ihren Wünschen und ihrem Ideal konfrontieren. Dann gibt es die Möglichkeit, dass Henri das Interesse verliert und sich sein nächstes „Ideal" sucht oder dass er darauf eingeht, und sie versuchen, wirklich ein Paar zu werden.

Das Problem der Geschlechterdifferenz wird in der Geschichte im Weiteren als eine Frage der Deutung vorgeführt. Die falsche Deutung de Marsays hält die ganze Geschichte in Gang. So deutet sich an, dass die Frage der Geschlechterdifferenz und das Problem der Bedeutung miteinander verbunden sind. Der Interpretationsfehler de Marsays besteht darin, den alten Marquis für den Liebhaber Paquitas zu halten – die Marquise kommt ihm überhaupt nicht in den Sinn. Er hat – „natürlich" – eine heterosexuelle Verfassung des Begehrens vorausgesetzt. Aber eine Pointe der Geschichte besteht darin, deutlich zu machen, dass dieses „Natürliche" nicht notwendig gegeben ist.

Die Geschichte zeigt, dass hinter der manifesten und gewöhnlichen Bedeutung ein „verborgener und geheimer Sinn" liegt, den zu lesen und zu interpretieren de Marsay und mit ihm der Leser lernen muss, um die Geschichte und mit ihr zu verstehen, was es mit der Ordnung der Geschlechter, des Begehrens und der Bedeutung auf sich hat. Wenn Paquita in der ersten Nacht de Marsay Frauenkleider anzieht, ist das ein erster Hinweis darauf, dass die Geschlechterdifferenz nicht substantiell ist, sondern tatsächlich eine Sache der Konvention, in diesem Fall eine Sache der Kleiderkonvention: eine Frage der Rolle. Das Geschlecht ist nicht so sehr ein Signifikat – und erst recht kein Referent –, sondern ein Signifikant, ein Zeichen, das wie alle Zeichen konventionell und arbiträr ist. Das bedeutet aber nicht – genauso wenig wie bei den Zeichen im Allgemeinen –, dass die Rollen beliebig und austauschbar wären, sehr wohl aber, dass sie konventionell und nicht essentiell sind. Veränderungen in diesen Geschlechterrollen – Ehe und Adoptionsrecht für homosexuelle Paare, Transgendergesetzgebung, etc. – sind nur konventionell und auf Grund von allgemeinem Konsens möglich; und sie benötigen – wie Änderungen der Sprache – Zeit.

Die Geschlechterordnung wird als differentielle Ordnung erkennbar; sie ist, wie alle relationalen Strukturen, ein dynamisches Gefüge. So wird die Grenze zwischen den Geschlechtern durchlässig, und die beiden Geschlechter werden als feste Prinzipien in Frage gestellt. Dieses Gleiten der Positionen in der Geschlechterdifferenz hat Shoshana Felman (*1942) in einer Interpretation der Geschichte luzide und mustergültig analysiert. Die Dynamik hat eine entscheidende Auswirkung. Wenn die Bedeutungsträger der Geschlechterdifferenz, also die Signifikanten derart dynamisch werden, geraten auch ihre Signifikate in Bewegung und sind nicht mehr eindeutig. Ihre Bedeutung rutscht in den Bereich zwischen den Zeichen: in diesem Fall zwischen die scheinbar festen Pole des Männlichen und des Weiblichen. Das ergibt eine elementare Ambiguität und Mehrdeutigkeit. Die Geschlechterdifferenz ist Teil der Erzeugung von Mehrdeutigkeit durch differentielle Systeme. Die Hierarchie als Garant einer klaren Ordnung, wie sie in der Einleitung als Ordnung der Gesellschaft, in der Geschichte als Ordnung der Geschlechter und als Ordnung der Bedeutungen vorgeführt wird, gerät ins Trudeln, wenn die Positionen nicht mehr eindeutig besetzbar sind.

Das macht die Geschichte verstörend. Obwohl der verborgene Sinn scheinbar aufgelöst wird, bleibt am Ende nichts Greifbares, denn es wird keine eindeutige Ordnung wiederhergestellt. Das Verstörende geht auf den Leser über. Wenn man die Geschichte „richtig" gelesen hat, wird man damit konfrontiert, dass die Differenzen fließend sind und das Prinzip der Identität, das vermutlich der tiefste Garant aller Ordnung ist, in Frage gestellt wird. Das gilt auch für die Identität des Lesers selbst, der sich nicht auf eine eindeutige Geschlechterdifferenz und einen eindeutigen Sinn verlassen kann. Mit de Marsay ist auch der Leser in seiner geschlechtlichen Identität in Frage gestellt und effeminiert worden. Weiblichkeit und Männlichkeit sind nicht biologische Substanzen, sondern Signifikanten, die lediglich differentiell bestimmbar sind. Man sieht deutlich, dass es sich bei diesen Überlegungen um Weiterentwicklungen der strukturalistischen Grundideen und Einsichten handelt.

Das ist für die Frage der Bedeutung noch einmal von Belang. Die Interpretation, das hermeneutische Begehren nach dem Sinn wird damit konfrontiert, dass es nicht eindeutig zu befriedigen ist. Die Bedeutung ist nicht eindeutig, sondern von konstitutiv gleitender Ambiguität markiert. Von der Beziehung de Marsays zu Paquita heißt es einmal, er habe Empfindungen, wie sie *la vraie poésie* gebe, und er verliere sich in seiner Liebe wie in den *espaces imaginaires*. Die Geschichte hat auch eine poetologische Dimension. Das Verhältnis der Geschlechter hat offenbar etwas mit der Dichtung zu tun. Die Beschreibungen der Vorgänge sind auch als Ausführungen über die Frage der Dichtung selbst zu lesen. Die Geschichte gestaltet das Phänomen des Begehrens im Kontext der Frage der Geschlechterdifferenz und der Frage der Bedeutung als Frage der Dichtung.

Das griechische Verb *philein* – es bildet den ersten Teil der Philologie – bedeutet lieben in allen Bedeutungsdimensionen des Wortes. Ein Philologe ist jemand, der die Worte im Allgemeinen und die dichterischen Worte im Besonderen liebt; er ist der Liebhaber der Dichtung. In dieser Hinsicht müsste die Geschichte vom Mädchen mit den Goldaugen alles enthalten, was für eine Einführung in die Philologie notwendig ist. Man muss sie nur zu lesen verstehen. Und dazu braucht man die Ausbildung zum Philologen. Auch die Liebe und besonders die Liebe zur Dichtung will gelernt sein. Das ist mit Zuneigung nicht getan, es hat auch etwas mit technischem Können zu tun. Welchen Aufwand muss de Marsay betreiben, um in das Haus zu gelangen! Eine solche Lektüre würde zeigen, wie das Eindringen in das Geheimnis des Hauses als Eindringen in das Geheimnis des Mädchens mit den Goldaugen, das als deflorierende Penetration Paquitas stattfindet, zugleich eine Allegorie des Eindringens in das Geheimnis des Textes selbst und so eine Allegorie des Lesens von Texten überhaupt ist.

Wenn ich noch einmal zur Analyse der Erzählinstanzen zurückkehre, kann ich ein weiteres bedeutendes Konzept einführen. Auch die Novelle von Cervantes wird auktorial erzählt. An einer Stelle tritt der Erzähler in ganz besonderer Weise in Erscheinung. Als das Sonett zum Lob Preciosas in Gegenwart ihres Verehrers Andrés vorgelesen wird und Preciosa ihrerseits den Verfasser des Gedichts lobt und damit die Eifersucht von Andrés weckt, schaltet sich der Erzähler ein. Er spricht Preciosa an und ermahnt sie: „Bedenke gut, was du gesagt hast und was du noch sagen wirst, Preciosa, denn deine Worte sind nicht ein bloßes Lob des guten Edelknaben, sondern Schwerter, die das Herz des Andrés, der sie vernimmt, durchbohren. Willst du sehen, was du angerichtet hast, Mädchen?“ Sie soll ihn nur ansehen, dann wird sie merken, wie sehr ihn ihre Worte getroffen haben. Am besten sage sie ihm einige Worte ins Ohr, so dass er aus seiner Ohnmacht wieder erwache. Dann geht, nach dem Ende dieser Rede des Erzählers, die Erzählung weiter mit den Worten: „Alles geschah wie eben gesagt.“

Zunächst stellt sich das Problem der zeitlichen Situierung dieser Worte. Die Erzählung ist durchgängig in grammatischen Vergangenheitsformen erzählt; sie berichtet von Vorgängen, die in der Vergangenheit stattgefunden haben. Die Anrede des Erzählers findet aber in der Gegenwart des erzählten Geschehens statt und verweist sogar auf die unmittelbare Zukunft: „Bedenke gut, was du gesagt hast und was du noch sagen wirst, Preciosa.“ Das alles hat aber bereits stattgefunden, wie der Erzähler selbst sagt: „Alles geschah wie eben gesagt.“ Ja, man muss sogar annehmen, dass es so geschah, weil es so gesagt wurde. Die nächste Frage ist, von welchem Ort aus und in welcher Zeit diese Anrede eigentlich stattfindet und überhaupt stattfinden kann, denn der Erzähler ist offenkundig nicht Teil der Handlung, so dass er, im selben Raum und in derselben Zeit mit Preciosa, sie anreden könnte. Wenn er sie trotzdem anreden kann und auch anredet, ergibt das ontologisch und chronologisch, im Rahmen der Seinsordnung und der Zeitordnung, eine paradoxe Unmöglichkeit, die aber poetologisch, im Rahmen der Textordnung, nicht nur möglich, sondern notwendig ist, denn sie ist der Ermöglichungsgrund für die Existenz des poetischen Textes. In der normalen, lebensweltlichen Wirklichkeit ist die Zeit nicht umkehrbar, und deshalb kann man dort – also hier – nicht in die Vergangenheit zurückkehren und gar Einfluss auf sie nehmen, so dass damals alles so geschah, wie es jetzt gesagt wird. Das Zeitreiseparadox hat ein eigenes Filmgenre hervorgebracht. *Twelve Monkeys* (1995) oder die *Back to the Future*-Serie, vor allem aber die *Terminator*-Filme haben es immer wieder neu entfaltet.

Wenn der Ort und die Zeit, von dem aus diese Anrede stattfindet, schlechterdings nicht – oder nur um den Preis von paranormalen Ambitionen, die aber hier nicht intendiert sind – die Gegenwart des erzählten Geschehens sein können, müssen es der Raum der Erzählung und die Gegenwart des Erzählens selbst sein, von wo aus der Erzähler Preciosa anreden kann. Mit dieser Anrede tritt der Erzähler aus dem scheinbar natürlichen Fluss des Erzählens heraus und stellt sich zunächst als Erzähler vor. Dies ist nicht die lebensweltliche Wirklichkeit, sondern eine erzählte Wirklichkeit. So nimmt der auktoriale Erzähler seiner Erzählung geradezu den Wirklichkeitseffekt des So-war-es und bekundet stattdessen: „Ich habe es so erzählt", und deshalb war es so. Er bringt sich nicht nur als Erzähler, als eine perspektivierende Instanz ins Spiel, sondern gerade als Erzähler einer fiktiven Erzählungswirklichkeit. Das wirft die Frage auf, was es eigentlich mit der Wirklichkeit einer fiktiven Erzählung auf sich hat. Wie, auf welche Weise, wo, an welchem Ort und wann, zu welcher Zeit, *sind* Preciosa oder Adriana, Elisabetta oder Paquita? Die Frage ist weniger sonderbar, wenn man sich erinnert, dass für den Leser aus Calvinos Erzählung die Wirklichkeit der Romane, die er liest, viel wirklicher ist als die Wirklichkeit des Lebens, das er lebt. Das Abenteuer des Lesers, das Calvino erzählt, besteht gerade im Vergleich zwischen der Romanwirklichkeit und der Lebenswirklichkeit. Und Amedeo denkt, noch während er mit der Frau am Strand Sex hat, an seinen Roman.

Der Erzähler bei Cervantes deckt mit seiner Intervention die poetologische Möglichkeitsbedingung von – fiktiven – Erzählungen auf: „Alles geschah wie eben gesagt." Die Dinge sind so, weil sie so erzählt werden. Das Erzählen, ob als Sprechen oder als Schreiben, beschreibt nicht einfach nur das, wovon es erzählt, es erschreibt dessen Wirklichkeit zugleich und überhaupt erst im Vorgang des Beschreibens. Die Unterscheidung, die hier gemacht wird, stammt aus der Sprechakttheorie. John. L. Austin (1911-1960) hat sie in *How to* Do *Things with Words* begründet, und John R. Searle (*1932) hat sie in *Speechacts* entfaltet. Sie trägt der Tatsache Rechnung, dass es neben den sprachlichen Akten, die Aussagen über etwas bereits Vorhandenes sind – „dies ist ein Tisch" –, andere Arten von sprachlichen Äußerungen gibt, die nicht nur etwas aussagen, sondern durch diese Aussage eine Wirklichkeit überhaupt erst schaffen, die es ohne diesen sprachlichen Vorgang nicht gäbe: „Ich taufe dich auf den Namen Preciosa" oder „Ich nehme dich, Preciosa / Andrés, zu meiner Frau / meinem Mann". Dieser Name oder diese Erklärung bilden, wenn der Taufakt oder die Eheschließung im Rahmen eines dafür vorgesehenen Verfahrens nach den Regeln vollzogen worden sind, einen Teil der Personen und ihres Lebens. Oder noch etwas drastischer und deutlicher: „Im Namen des Gesetzes verurteile ich Dich zum Tode." Das Urteil führt, wenn es von einem dazu befugten Richter im Rahmen einer Rechtsordnung, in der die Todesstrafe gilt, gesprochen wird, tatsächlich zum Tod des Betroffenen. Im Unterschied zu den konstativen, feststellenden Äußerungen nennt man solche Weisen des Sprachgebrauchs performative, vollziehende, eine Wirklichkeit im und durch den Vollzug des Sprechens stiftende Sprechakte.

Wenn ich oben angeführt habe, dass die Gender-Theorie die Geschlechterdifferenz als soziale Konstruktion und gesellschaftliche Zuschreibung von Eigenschaften deutet, zeigt sich nun, dass solche Zuschreibungen performativen Charakter haben. Sie bilden die Wirklichkeit, die sie anscheinend nur bezeichnen, tatsächlich durch diese Zuschreibungen erst aus. Die Verhältnisse sind so, weil sie durch die Zeichen nicht einfach nur bezeichnet werden. Es wird nicht nur festgestellt, was schon da ist, sondern die spezifische Wirklichkeit wird durch den Akt des Bezeichnens überhaupt erst gebildet und konstruiert. So wird die Frage nach dem Geschlecht zur Frage nach der Macht in der Gesellschaft.

Eine andere Dimension des Performativen findet sich in der Literatur. Es springt unmittelbar ins Auge, dass das Erzählen von fiktiven Erzählungen – und im Weiteren aller Erzählungen, wenn man das Perspektivische, den Konstruktionscharakter des faktischen Erzählens berücksichtigt – ein solcher performativer Akt ist. Die Dinge sind so, weil sie so erzählt werden. Die in *La gitanilla* geschilderten Vorgänge gibt es nur in dem Maße, wie sie durch den Akt des Erzählens entstehen. „Alles geschah wie eben gesagt." Das ist der tiefste Sinn der Rede von der *poiesis*, vom Gemachtsein der literarischen Texte. Sie sind Machwerke aus Sprache, Schöpfungen – wie die göttliche – durch das Wort. Der Erzähler sagt, es soll eine Preciosa geben, und schon ist sie da. Ihr Dasein ist aber – im Unterschied zur göttlichen Schöpfung – nicht wirklich, sondern fiktiv und literarisch, „ein Papierwesen", wie Roland Barthes es in einer treffenden Formulierung genannt hat.

Damit sind der Glanz und zugleich das Elend der literarischen Schöpfung angedeutet. Cervantes hat mit dieser Anrede des Erzählers an die Figur der Erzählung auf den performativen Charakter des Erzählens hingewiesen und im Zuge des Erzählens einen Kommentar über das Erzählen selbst eingeschoben. Man nennt das, wie ich bereits ganz zu Anfang gesagt hatte, eine metapoetische oder metafiktionale Reflexion. Sie wird in der Geschichte weiter entfaltet. Wenn in ihr von der Dichtung die Rede ist, geschieht das mit denselben Worten, mit denen auch von Preciosa die Rede ist, so dass die ganze Liebesgeschichte der Preciosa zugleich als eine Geschichte der Dichtung selbst lesbar wird.

4 *keine Erzählung, nie wieder*

Es geht noch immer um die Erörterung der Frage, wie die Erzählinstanz zur Erzählung und zum Erzählten steht. Bislang habe ich hauptsächlich den auktorialen Erzähler betrachtet. Für die Binnenerzählung im *Decameron* kann man in der Terminologie Genettes sagen, dass extradiegetisch – von außen – und heterodiegetisch – ohne Beteiligung der Erzählerin an der Handlung – erzählt wird. Der Gegensatz zu diesem auktorialen oder von außen sprechenden Erzähler ist der

Ich-Erzähler, wie er in *Der Wahnsinn des Tages* und *Der Süden* zu finden ist. Gemäß der Terminologie Genettes wird hier homodiegetisch erzählt, denn der Erzähler ist selbst Teil des Erzählten; zudem erzählt er jeweils vor allem von sich selbst, so dass die Erzählung auch autodiegetisch ist. Ein solcher Ich-Erzähler vermittelt den Eindruck von Authentizität, weil er aus eigener Anschauung und eigenem Erleben berichtet, er relativiert jedoch damit auch den Anspruch auf Objektivität der Erzählung, da sie ausdrücklich aus einer subjektiven Perspektive berichtet wird. Derartige Erzählinstanzen treten fast nie ausschließlich auf; jede Erzählung ist aus Mischformen gebildet. So kann die scheinbar objektive und perspektivenlose Position des auktorialen, allwissenden Erzählers durch die eigenen Perspektiven der handelnden Figuren unterbrochen werden. Für die objektive Erzählperspektive des auktorialen Erzählers bedeutet dies, dass sie durch diese anderen Perspektiven relativiert wird. In der Novelle von Cervantes ist das der Fall, wenn der junge Mann, der sich ebenfalls den *gitanos* anschließt, seine Geschichte erzählt. Und bei Balzac erzählt de Marsay seine Begegnung mit Paquita selbst.

Der Eindruck von Authentizität, den die erste Person als Erzählinstanz vermittelt, wird in *Der Wahnsinn des Tages* allerdings auch auf sonderbare Weise in Frage gestellt. Die Erzählung zeigt, dass solche Authentizität nicht ohne weiteres durch den Ich-Erzähler verbürgt werden kann, da er sich seiner selbst nicht sicher ist. „Wer war ich? Es hätte mir großes Kopfzerbrechen bereitet, auf diese Frage zu antworten." Da der Erzähler selbst nicht weiß, wer er ist, stellt er am Ende fest: „Ich musste zugeben, dass ich nicht im Stande war, aus diesen Ereignissen eine Erzählung zu machen. Ich hatte den Sinn der Geschichte verloren."

Ein guter Teil der modernen Erzählformen ist als ein Versuch zu verstehen, sich der poetischen und ästhetischen Forderung der Einheitlichkeit und Ganzheit des Kunstwerks zu entziehen: einheitliche Handlung mit Anfang, Mitte, Ende, und zwar in genau dieser Reihenfolge. *Der Wahnsinn des Tages* ist ein Text, der diese Forderungen in verschiedener Hinsicht nicht erfüllt. Wollte man versuchen, den Text – also seine „Geschichte" – in Form einer Inhaltsangabe nachzuerzählen würde man in Verlegenheit kommen. Der Grund dafür ist, dass schon der Erzähler selbst seine Schwierigkeiten mit der „Geschichte" hat und es ihm nicht gelingt, sie in Gestalt einer zusammenhängenden Erzählung darzustellen.

Obwohl alle Elemente einer klassischen Erzählung versammelt sind, gelingt es offenbar nicht, sie zu einer irgendwie kohärenten Erzählung zu verbinden. Es gibt eine erstaunliche Anzahl von Episoden, die angesprochen werden, aber kaum narrative Kontur gewinnen. Etwas ist geschehen – zumindest das kann der Erzähler sagen –, was ihm das Erzählen seines Lebens in Gestalt einer zusammenhängenden Geschichte unmöglich macht. „Mit der Zeit wurde es mir zur Gewissheit, dass ich dem Wahnsinn des Tages ins Gesicht sah. Das also war die Wahrheit: Das Licht wurde verrückt, die Klarheit hatte allen Verstand verloren. Sie fiel mich an, ohne alle Vernunft, regellos und ohne Ziel." Deshalb ist die Erzählung der Geschichte des Ich in die Krise geraten. Das „Kopfzerbrechen", das die Frage „Wer war ich?“ erzeugt, ist der problematische Kern des Textes. In dem Maße, wie der Lebensgang des Erzählers den Sinn verloren hat, fügen sich die Episoden nicht mehr zu einer Geschichte und kann die Erzählung nicht abgeschlossen werden. Diese persönliche Erfahrung des *Wahnsinns des Tages* ist für den Erzähler – die Parallelität der Formulierung deutet das an – mit dem *Wahnsinn der Welt* verbunden. „Kurz darauf entfesselte sich der Wahnsinn der Welt.“ Der *Wahnsinn* ist nicht nur das scheinbar private Problem einer subjektiven Krankengeschichte, sondern er hängt mit der öffentlichen, objektiven Geschichte des 20. Jahrhunderts zusammen, die verrückt geworden und deshalb zum Verrücktwerden ist.

Besonders bedeutsam wird der Text dadurch, dass er dieses Problem nicht nur darstellt, sondern selbst noch einmal reflektiert, indem er es zu seinem problematischen Kern macht. *Der Wahnsinn des Tages* ist auch und vor allem ein poetologischer Text, der die Frage des Erzählens selbst zu seinem Thema macht. Das Problem dieser Erzählung besteht darin, dass es dem Erzähler nicht gelingt, sie zu erzählen und dadurch zum Erzähler zu werden. Weil die Geschichte, wenn sie erzählt würde, seine Geschichte wäre und es in gewisser Weise auch ist, weil diese Geschichte sich nicht erzählen lässt, gelingt es dem Erzähler auch nicht, sich zu einer identischen Person zu konstituieren; der Verlust des Sinns für die Geschichte ist auch der Verlust des Sinns für die Einheit der Person. Jacques Derrida, der Theoretiker der Dekonstruktion, hat sich mehrfach mit diesem Text auseinandergesetzt und einmal von einer „dekonstruktiven Erzählstruktur“ gesprochen.

Was damit gemeint sein könnte, lässt sich an dem deutlichsten Strukturmoment des Textes deutlich machen. Der Anfang der Erzählung – „Ich bin weder wissend noch unwissend. Ich habe Freuden gekannt.“ – wird kurz vor dem Ende wieder aufgenommen: „Eine Erzählung? Ich begann: Ich bin weder wissend noch unwissend. Ich habe Freuden gekannt.“ Der Anfang dieser Wiederaufnahme wird dann seinerseits im letzten Satz des Textes wieder aufgenommen: „Eine Erzählung? Nein, keine Erzählung, nie wieder.“ Das ist nachgerade ein Schulbeispiel für die Wiederholung als strukturierendes und damit auch Bedeutung erzeugendes Prinzip. Die Beziehung der verschiedenen Stellen zeigt die „dekonstruktive Erzählstruktur“. Wenn der Anfang des Texts gegen Ende des Textes wieder aufgenommen wird, führt das zu einer Endlosschleife, wie in Kinderliedern nach Art von:

Ein Hund lief in die Küche
und stahl dem Koch ein Ei.
Da nahm der Koch den Löffel
und schlug den Hund zu Brei.
Da kamen alle Hunde
und gruben ihm ein Grab.
Und setzten ihm ‘nen Grabstein,

worauf geschrieben stand:
Ein Hund lief in die Küche etc.

Das Erzählen würde immer wieder an diesen Punkt der Wiederaufnahme gelangen und müsste immer wieder neu beginnen, ohne je an ein Ende zu kommen. Der Text ist aber mit dieser Wiederaufnahme nicht nur nicht zu Ende, sondern die Einleitung zu dieser Wiederaufnahme wird am Ende ihrerseits wieder aufgenommen. Dieses Mal leitet sie aber nicht den Anfang der Erzählung ein, sondern verkündet das Ende dieser und sogar jeder Erzählung: „keine Erzählung, nie wieder“. Eine poetologisch brisante Frage ist, ob das, was da zu lesen ist, eine Erzählung ist oder nicht; ob der Text, der von der Unmöglichkeit handelt, eine Geschichte zu erzählen, selbst die Gestalt einer Geschichte hat und doch zu einer Erzählung wird, nämlich zu der Erzählung von der Unmöglichkeit, Geschichten zu erzählen. An dieser Grenze – Geschichte der Geschichtslosigkeit, weder einfach Geschichte noch Ungeschichte: „weder konnte ich schauen noch konnte ich nicht schauen“ – bewegt sich die Erzählung *Der Wahnsinn des Tages*. Das bildet ihre Verrücktheit.

Als narratologische Metaerzählung bleibt der Text eine Erzählung. Wenn man sich die Erstveröffentlichung 1949 in der Zeitschrift *Empédocle* ansieht, wird deutlich, dass der Text selbst davon ein Bewusstsein hat. Auf dem Titel der Zeitschrift ist der Inhalt des Heftes angekündigt; unter anderem: „Maurice Blanchot: *Un récit?* – Maurice Blanchot: Eine Erzählung?“ Im Inhaltsverzeichnis im Innern des Heftes heißt es dann: „Maurice Blanchot: *Un récit – Eine Erzählung*“. Und als Titel über dem Text im Heft steht dann: „*Un récit* par Maurice Blanchot“. Der Wegfall des Fragezeichens deutet an, dass der Text „weiß“, dass er noch in der Absage an das Erzählen eine Erzählung bleibt. Der *nouveau roman* und andere Formen des (post)modernen Erzählens bewegen sich ebenfalls in diesem Grenzbereich. Der ganze Komplex zeigt auch, wie wichtig die elementare Arbeit des Philologen ist: die materielle Erfassung der verschiedenen Versionen eines Textes und die Erstellung einer kritischen Textfassung. In der Buchfassung von 1973 trägt der Text einen „ordentlichen“ Titel.

Das Datum der Erstveröffentlichung zeigt, dass es sich um einen Text aus der unmittelbaren Nachkriegszeit des Zweiten Weltkriegs handelt. Damit wird deutlich, dass der *Wahnsinn der Welt* einen Referenten hat. Maurice Blanchot ist von den Autoren der zweiten Hälfte des vergangenen Jahrhunderts einer, der sich mit am eingehendsten der Frage nach den Konsequenzen des *Wahnsinns der Welt* gestellt hat, der in der Vernichtung der europäischen Juden in den Konzentrationslagern der Deutschen bestanden hat. „Ich musste zugeben, dass ich nicht im Stande war, aus diesen Ereignissen eine Erzählung zu machen. Ich hatte den Sinn der Geschichte verloren.“ Littells Roman *Die Wohlgesinnten* ist ein Versuch, sich diesem Problem zu stellen.

Mit dem Verlust des Sinns für die Geschichte geht auch der Sinn für alle anderen Formen von Zusammenhang verloren. Das Problem, ob und wie eine Organisationsform jenseits von Einheit, Ganzheit, Persönlichkeit, Identität, Werk und Geschichte möglich ist, bleibt, soweit ich sehe, bis auf weiteres nicht nur ästhetisch und poetologisch, sondern auch psychologisch und politisch eine offene Frage. Weil *Der Wahnsinn des Tages* sie auf konzise Weise behandelt, könnte er zu einem Grundtext zukünftiger poetologischer und literaturwissenschaftlicher Diskussionen werden, die ihrem Gegenstand angemessen sein wollen. Auch dieser Text ist, wenn man ihn richtig zu lesen versteht, eine Einführung in die Grundprobleme der Literaturwissenschaft.

Abschließend will ich noch einmal klarstellen, dass die Erwartung, es möge eine objektive, allgemeingültige und auf alle Formen von Erzählungen anwendbare Methode der Erzählanalyse und im Weiteren der Analyse von literarischen Texten überhaupt geben, nicht erfüllbar ist. Eine Einführung in die Literaturwissenschaft kann nicht den gleichen Status haben wie eine in die Anatomie oder Chemie. Sie kann nicht ein festes Lehrgebäude vorstellen, sondern lediglich die Probleme aufzeigen, die verhindern, dass es ein solches Lehrgebäude gibt und geben kann. Die existierenden Einführungen, inklusive dieser, sind Wegweiser, Handreichungen für das Selbststudium: Hilfe zur Selbsthilfe. Die Erwartung eines festen Lehrgebäudes ist vermutlich ebenso irrig wie die – wenn ich die angedeutete Analogie von Lesen und Lieben noch einmal aufnehme –, man könnte mit Hilfe von Ratgebern und Handbüchern das Lieben erlernen. Beides lernt man nur durch Übung und Erfahrung. Jeder literarische Text entwickelt seine eigene Form und seine besonderen Eigentümlichkeiten. Und nur wenn man ihn gemäß diesem je eigenen Formgesetz zu lesen vermag, gibt er einige seiner Eigentümlichkeiten frei. Eine solche Erfahrung fremder Eigentümlichkeiten ist die besondere Lust, die das Lesen wie das Lieben geben können.

Explicit

Die vorstehenden Ausführungen gehen auf eine Vorlesung zurück,
die ich zwischen 2003 und 2020 in verschiedenen Varianten
am Romanischen Seminar der Universität Heidelberg
gehalten habe. Sie wurde für die Drucklegung
bearbeitet, der Vorlesungscharakter
wurde allerdings
bewahrt.

Bibliographie

Die Bibliographie führt über die im laufenden Text erwähnten und zitierten Werke weitere einführende und weiterführende Titel an. Von den analysierten literarischen Werken werden die Gedichte integral angeführt; die Übersetzungen stammen, sofern nicht anders angegeben, von mir. Die theoretischen und literarischen dramatischen sowie narrativen Texte sind ergänzend zu lesen.

WERKE:

Erich Auerbach: „Philologie der Weltliteratur“, in: ders.: *Philologie der Weltliteratur. Sechs Versuche über Stil und Wirklichkeitswahrnehmung*, Frankfurt a.M., Fischer, 2015.

Honoré de Balzac: „La fille aux yeux d’or“; auf Französisch ist der Text in zahllosen Taschenbuch-Ausgaben zugänglich; deutsche Übersetzung: *Das Mädchen mit den Goldaugen*, übersetzt von Eva Rechel-Mertens, München, Manesse, 2002.

Roland Barthes: „Die strukturalistische Tätigkeit“, in: Dorothee Kimmich / Rolf Günter Renner / Bernd Stiegler (Hrsg.): *Texte zur Literaturtheorie der Gegenwart*, Stuttgart, Reclam, 1996.

Barthes, Roland: „L’activité structuraliste“, in: ders.: *Essais critiques*, Paris, Seuil, 1964.

Charles Baudelaire: „J’ai plus de souvenirs que si j’avais mil ans“, in: ders.: *Les fleurs du mal / Die Blumen des Bösen*. Sowohl das französische Original als auch deutsche Übersetzungen sind in zahlreichen Ausgaben zugänglich.

Maurice Blanchot: *Der Wahnsinn des Tages*, deutsch und französisch, mit einem Nachwort von Michael Holland, herausgegeben und übersetzt von Marco Gutjahr, Wien, Turia + Kant, 2016.

Giovanni Boccaccio: „Lisabetta da Messina”, in: ders.: *Das Decameron*, Übersetzung, Kommentar und Nachwort von Peter Brockmeier, Stuttgart, Reclam, 2012.

Italo Calvino: „L’avventura di un lettore“, in: ders.: *Gli amori difficili*, Mailand, Mondadori, 2016; deutsche Übersetzung: *Schwierige Liebschaften. Gesammelte Erzählungen*, München, Hanser, 2013.

Miguel de Cervantes : „La gitanilla“, in: ders.: *Novelas ejemplares*, 2. Bde, ed. de Harry Sieber, Madrid, Cátedra, 1996; deutsche Übersetzung: Miguel de Cervantes: *Die Novellen*, übersetzt von Konrad Thorer, Frankfurt a.M., Insel, 1996.

Pierre Corneille: *Le Cid / Der Cid*, Französisch / Deutsch, übersetzt und herausgegeben von Hartmut Köhler, Stuttgart, Reclam, 1997.

Federico García Lorca: „Preciosa y el aire“, in : *Zigeunerromanzen / Primer Romancero gitano*, Übertragung und Nachwort von Martin von Koppenfels, Frankfurt a.M, Suhrkamp, 2002. Abdruck der Übersetzung mit freundlicher Genehmigung des Suhrkamp Verlags.

Adelaida García Morales: *El Sur seguido de Bene*, Barcelona, Anagrama, 1985; deutsche Übersetzung: *Der Süden / Bene*, aus dem Spanischen von Anne Sorg-Schumacher und Imme Bergmeier, Frankfurt a.M., Suhrkamp, 1989.

Clifford Geertz: „Dichte Beschreibung“, in: ders.: *Dichte Beschreibung. Beiträge zum Verstehen kultureller Systeme*, Frankfurt a.M., Suhrkamp, 2003.

Carlo Goldoni : *Il servitore di due padroni / Der Diener zweier Herren*, Italienisch / Deutsch, Übersetzung und Nachwort von Heinz Riedt, Stuttgart, Reclam, 1979.

Tirso de Molina: *El burlador de Sevilla y convidado de piedra*, ed. de Alfredo Rodríguez López-Vázquez, Madrid, Cátedra, 2016; deutsche Übersetzung: *Don Juan – Der Verführer von Sevilla und der steinerne Gast*, übersetzt und mit einem Nachwort von Wolfgang Eitel, Stuttgart, Reclam, 1976.

Eugenio Montale: „I limoni“, in: ders.: *Gedichte 1920-1954*, Italienisch / Deutsch, Übertragung Hanno Helbling, München, Hanser, 1987. Abdruck des Gedichts und der Übersetzung mit Genehmigung des Hanser Verlags.

Nicanor Parra: „Los cuatro sonetos del apocalipsis“, in: ders.: *Hojas de Parra,* Santiago de Chile, Ganymedes, 1985; deutsche Übersetzung von Thomas Brovot, in: Michi Strausfeld (Hg.): *Dunkle Tiger. Lateinamerikanische Lyrik*, Frankfurt a.M., Fischer, 2012. Abdruck des Gedichts mit Genehmigung der Agentur Balcells.

Francesco Petrarca: „Era il giorno ch'al sol si scoloraro“, in: ders.: *Canzoniere.* 50 Gedichte mit Kommentar, Italienisch / Deutsch, übersetzt und herausgegeben von Peter Brockmeier, Stuttgart, Reclam, 2006; zweisprachige Gesamtausgabe: München, dtv, 1993 oder München, Artemis & Winkler, 2002.

Jacques Prévert: *Gedichte und Chansons*, Französisch und Deutsch, Nachdichtung von Kurt Kusenberg, Reinbek bei Hamburg, Rowohlt, 1971.

Pierre de Ronsard: „Je voudrais bien richement jaunissant“, in: *Amoren für Cassandre – Le premier livre des amours,* übersetzt von Georg Holzer, herausgegeben und kommentiert von Carolin Fischer, Berlin, Elfenbein, 2006.

Garcilaso de la Vega: „Estoy continuo en lágrimas bañado“, in: *Spanische Lyrik von der Renaissance bis zum späten 19. Jahrhundert*, ausgewählt, übersetzt und kommentiert von Hans Felten und Augustín Valcárcel, Stuttgart, Reclam, 1990.

EINFÜHRUNGEN:

Heinz Ludwig Arnold / Heinrich Detering (Hg.): *Grundzüge der Literaturwissenschaft*, München, dtv, 1996.

Rainer Baasner / Maria Zens: *Methoden und Modelle der Literaturwissenschaft. Eine Einführung*, Berlin, Erich Schmidt, 2005.

Christina von Braun / Inge Stephan (Hg.): *Gender Studien. Eine Einführung*, Stuttgart, Metzler, 2006.

Angelika Corbineau-Hoffmann: *Die Analyse literarischer Texte. Einführung und Anleitung*, Tübingen / Basel, UTB, 2002.
Stefan Neuhaus: *Grundriss der Literaturwissenschaft*, Tübingen / Basel, UTB, 2003.
Miltos Pechlivanos u.a. (Hg.): *Einführung in die Literaturwissenschaft*, Stuttgart, Metzler, 1995.
Franziska Schößler: *Einführung in die Gender-Studies*, Berlin, Akademie Verlag, 2008.

Französisch:
Maximilian Gröne / Frank Reiser: *Französische Literaturwissenschaft. Eine Einführung*, Tübingen, Narr, [3]2012.
Susanne Hartwig / Hartmut Stenzel: *Einführung in die französische Literatur- und Kulturwissenschaft*, Stuttgart, Metzler, 2007.
Thomas Klinkert: *Einführung in die französische Literaturwissenschaft*, Berlin, Erich Schmidt, [3]2004.
Hartmut Köhler: *Grundkurs Literaturwissenschaft Französisch*, Stuttgart, Klett, 1998.
Christoph Mecke / Hermann H. Wetzel (Hrsg.): *Französische Literaturwissenschaft. Eine Einführung*, mit CD-Rom, Tübingen / Basel, UTB, 2009.

Italienisch:
Andrea Grewe: *Einführung in die italienische Literaturwissenschaft*, Stuttgart / Weimar, Metzler, 2009.
Maximilian Gröne / Rotraud von Kulessa / Frank Reiser: *Italienische Literaturwissenschaft. Eine Einführung*, Tübingen, Narr, [2]2012.
Marita Liebermann / Barbara Kuhn: *Einführung in die italienische Literaturwissenschaft*, Berlin, Schmidt, 2014.

Spanisch:
Maximilian Gröne / Rotraud von Kulessa / Frank Reiser: *Spanische Literaturwissenschaft. Eine Einführung*, Tübingen, Narr, [2]2012.
Hartmut Stenzel: *Einführung in die spanische Literaturwissenschaft*, Stuttgart / Weimar, Metzler, [3]2010
Christoph Strosetzki: *Einführung in die spanische und lateinamerikanische Literaturwissenschaft*, Berlin, Erich Schmidt, [2]2010.
Susanne Hartwig: *Einführung in die Literatur- und Kulturwissenschaft Lateinamerikas*, Stuttgart, Metzler, 2018.

LITERATURTHEORIE UND ALLGEMEINES:

Thomas Anz (Hg.): *Handbuch Literaturwissenschaft. Gegenstände, Konzepte, Institutionen*, 3 Bände, Stuttgart, Metzler, 2007.

Klaus-Michael Bogdal (Hg.): *Neue Literaturtheorie. Eine Einführung*, Opladen 1997.

Johanna Bossinade: *Poststrukturalistische Literaturtheorie*, Stuttgart, Metzler, 2000.

François Dosse: *Geschichte des Sturkturalismus*, 2 Bde, Hamburg, Junius, 1991/92.

Hanno Ehrlicher: *Die Kunst der Zerstörung. Gewaltphantasien und Manifestationspraktiken europäischer Avantgardebewegungen*, Berlin, Akademie, 2001.

Victor Erlich: *Russischer Formalismus*, Frankfurt a.M., Fischer, 1987 (Erstausgabe: 1955).

Manfred Frank: *Was ist Neostrukturalismus?*, Frankfurt a.M., Suhrkamp, 1984.

Alexander Friedrich: *Metaphorologie der Vernetzung. Zur Theorie kultureller Leitmetaphern*, Paderborn 2015.

Hans-Georg Gadamer / Boehm, Gottfried (Hg.): *Seminar: Philosophische Hermeneutik*, Frankfurt a.M., Suhrkamp, 1976.

Sebastian Gießmann: *Die Verbundenheit der Dinge. Eine Kulturgeschichte der Netze und Netzwerke*, Berlin, Kadmos, 2016.

Gottschalk, Jürn / Tilmann Köppe (Hg.): *Was ist Literatur? Basistexte Literaturtheorie*, Paderborn, Mentis, 2006.

Jean Grondin: *Einführung in die philosophische Hermeneutik*, Darmstadt, Wissenschaftliche Buchgesellschaft, 2001.

Aage A. Hansen-Löve: *Der russische Formalismus. Methodologische Rekonstruktion seiner Entwicklung aus dem Prinzip der Verfremdung*, Wien, Akademie der Wissenschaften, 1978.

Anselm Haverkamp (Hg.): *Theorie der Metapher*, Darmstadt, WGB, ^{2}1996.

Jörg Helbig (Hg.): *Intermedialität. Theorie und Praxis eines interdisziplinären Forschungsgebietes*, Berlin, Schmidt, 1998.

Manfred Hinz: *Rhetorische Strategien des Hofmanns. Studien zu den italienischen Hofmannstraktaten des 16. und 17. Jahrhunderts*, Stuttgart, Metzler, 1992.

Jochen Hörisch: *Theorie-Apotheke – Eine Handreichung zu den humanwissenschaftlichen Theorien der letzten fünfzig Jahre, einschließlich ihrer Risiken und Nebenwirkungen,* Frankfurt a.M., Eichborn, 2004.

Roman Jakobson: *Poetik. Ausgewählte Aufsätze 1921-1971*, herausgegeben von Elmar Holenstein und Tarcisius Schelbert, Frankfurt a.M, Suhrkamp, 2005.

Fotis Jannidis u.a. (Hrsg.): *Texte zur Theorie der Autorschaft.* Stuttgart, Reclam, 2000.

Dorothee Kimmich / Rolf G. Renner / Bernd Stiegle: *Texte zur Literaturtheorie der Gegenwart*, Stuttgart, Reclam, 2008.

Jurij Striedter (Hg.): *Russischen Formalisten*, München, Fink/UTB, 1988.

Johanna Wolf: *Kontinuität und Wandel der Philologien. Textarchäologische Studien zur Entstehung der Romanischen Philologie im 19. Jahrhundert*, Tübingen, Narr-Francke-Atempto, 2012.

LITERATURGESCHICHTEN:

Französische Literatur:

Daniel Couthy (Hg.): *Histoire de la littérature française*, Paris, Larousse, 2000.

Winfried Engler: *Geschichte der französischen Literatur im Überblick*, Stuttgart, Reclam, 2000.

Jürgen Grimm / Susanne Hartwig (Hg.): *Französische Literaturgeschichte*, Stuttgart, Metzler, [6]2014.

Paul Guth: *Histoire de la littérature française*, 2 Bde., Paris, Flammarion, 1989.

Dennis Hollier (Hg.): *De la littérature française*, Paris, Bordas, 1993.

Erich Köhler: *Vorlesungen zur Geschichte der französischen Literatur*, Stuttgart, Kohlhammer, 1983 ff.

Claude Pichois (Hg.): *Littérature française*, 17 Bde., Paris, Arthaud, 1968-1978.

Italienische Literatur:

Franco Brioschi (Hg.): *Manuale della letteratura italiana. Storia per generi e problemi*, 4 Bde., Turin, Bollati Boringhieri, 1993-1996.

Giulio Ferroni: *Storia della letteratura italiana*, 4 Bde., Mailand, Mondadori, 2002-2005.

Volker Kapp (Hg.): *Italienische Literaturgeschichte*, Stuttgar / Weimar, Metzler, [3]2007

Enrico Malato (Hg.): *Storia della letteratura italiana*, Rom, Salerno, 1995-2005.

Fino Tellini (Hg.): *Letteratura italiana. Un metodo di studio*, Milano 2010

Heinz Willi Wittschier: *Italienische Literatur(geschichte) für das Bachelorstudium. Kurs und Arbeitsbuch*, Frankfurt a.M., Lang, 2012.

Spanische Literatur:

Hanno Ehrlicher: *Einführung in die spanische Literatur und Kultur des Siglo de Oro*, Berlin, Schmidt, 2012.

Martin Franzbach: *Geschichte der spanischen Literatur im Überblick*, Stuttgart, Reclam, 1994.

Hans Ulrich Gumbrecht: Eine *Geschichte der spanischen Literatur*, 2 Bde., Frankfurt a.M., Suhrkamp, 1990.

José Carlos Mainer (Hg.): *Historia de la literatura española*, 9 Bde., Barcelona, Crítica, 2010-2013.

Hans-Jörg Neuschäfer (Hg.): *Spanische Literaturgeschichte*, Stuttgart, Metzler, 1996 u.ö.

Felipe Pedraza Jiménez / Milagros Rodríguez Cáceres: *Manual de literatura española*, 14 Bde., Tafalla, Cénlit, 1980-2005.

Francisco Rico (Hg.): *Historia y crítica de la literatura española*, 9 Bde. plus Supplementbände, Barcelona, Crítica, 1980 ff.

Carmen Rivero Iglesias (Hg.): *Spanische Literaturgeschichte. Eine kommentierte Anthologie*, Paderborn, Fink, 2014.

ALLGEMEINE LITERATURWISSENSCHAFT:

Aristoteles: *Die Poetik*, griech. / dt., herausgeben von Manfred Fuhrmann, Stuttgart, Reclam, 1982.

Bernhard Asmuth: *Einführung in die Dramenanalyse*, Stuttgart, Metzler, 1997.

Mieke Bal: *Narratology. Introduction to the theory of Narrative, Toronto*, Univ. of Toronto Press, ^{2}1997.

Christoph Bode: *Der Roman. Eine Einführung*, Tübingen / Basel, Francke, ^{2}2011.

Shoshana Felman: „Weiblichkeit wiederlesen“, in: Vinken, Barbara (Hg.): *Dekonstruktiver Feminismus. Literaturwissenschaft in Amerika*, Frankfurt a.M., Suhrkamp, 1995, S. 33-62.

Erika Fischer-Lichte: *Ästhetik des Performativen*, Frankfurt, Suhrkamp, 2004.

Monika Fludernik: *Einführung in die Erzähltheorie*, Darmstadt, WBG, 2006.

Winfried Freund: *Novelle*, Stuttgart, Reclam, 2009.

Gustav Freytag: *Die Technik des Dramas*, neu bearbeitet von Manfred Plinke, Berlin, Autorenhaus, 2003.

Hugo Friedrich: *Die Struktur der modernen Lyrik. Von der Mitte des 19. Jahrhunderts bis zur Mitte des 20. Jahrhunderts*, Reinbek, Rowohlt, 2006 (^{1}1956).

Rolf Füllmann: *Einführung in die Novelle,* Darmstadt, WBG, 2010.

Gérard Genette: *Die Erzählung*, München, Fink, ^{2}2010.

Bernhard Greiner: *Die Komödie. Eine theatralische Sendung. Grundlagen und Interpretationen*, Tübingen / Basel, Francke, ^{2}2006.

Friedhelm Kemp: *Das Sonett*, Göttingen, Wallstein, 2002.

Silke Lahn / Jan Christoph Meister: *Einführung in die Erzähltextanalyse*, Stuttgart, Metzler, 2008.

Dieter Lamping (Hg.): *Handbuch Lyrik. Theorie Analyse, Geschichte*, Stuttgart, Metzler, 2011.

Matías Martinez / Michael Scheffel: *Einführung in die Erzähltheorie*, München 1999.

Matías Martinez (Hg.): *Handbuch Erzählliteratur. Theorie Analyse, Geschichte*, Stuttgart, Metzler, 2011.

Peter W. Marx (Hg.): *Handbuch Drama. Theorie Analyse, Geschichte*, Stuttgart, Metzler, 2012.

Wolfgang Matzat: *Perspektiven des Romans: Raum, Zeit, Gesellschaft. Ein romanistischer Beitrag zur Gattungstheorie*, Stuttgart, Metzler, 2014.

Jürgen Petersen: *Erzählsysteme. Eine Poetik epischer Texte*, Stuttgart, Metzler, 1993.

Manfred Pfister: *Das Drama. Theorie und Analyse*, München, UTB, 1977.

Elke Platz-Waury: *Drama und Theater. Eine Einführung*, Tübingen, Narr, ^{4}1994.

Franz Stanzel: *Theorie des Erzählens*, Göttingen, UTB, 1979.

Barbara Vinken (Hg.): *Dekonstruktiver Feminismus. Literaturwissenschaft in Amerika*, Frankfurt a.M., Suhrkamp, 1992.

Jochen Vogt: *Aspekte erzählender Prosa. Eine Einführung in Erzähltechnik und Romantheorie*, Opladen 1990.
Rainer Warning: *Lektüren romanischer Lyrik. Von den Trobadors zum Surrealismus*, Freiburg i.Br., Rombach, 1997.
Rüdiger Zymner (Hg.): *Handbuch Gattungstheorie*, Stuttgart, Metzler, 2010.

Romanistik:
Erich Auerbach: *Mimesis. Dargestellte Wirklichkeit in der abendländischen Literatur*, Tübingen, Francke Attempto, [11]2015 ([1]1946).
Ernst Robert Curtius: *Europäische Literatur und lateinisches Mittelalter*, Bern, Francke, [11]1993 ([1]1948)
Leo Spitzer: *Classical and Christian Ideas of World Harmony. Prolegomena to an Interpretation of the Word „Stimmung"*, Baltimore, Johns Hopkins UP, 1963.
Hans Ulrich Gumbrecht: *Vom Leben und Sterben der großen Romanisten*, München, Hanser, 2002.

Französisch:
Rudolf Baehr: *Einführung in die französische Verslehre*, München, Hueber, 1970.
Peter Brockmeier / Hermann Wetzel (Hg.): *Französische Literatur in Einzeldarstellungen*, 3 Bde., Stuttgart, Kohlhammer, 1981/82.
Theodor W. Elwert: *Französische Metrik*, München, Hueber, [4]1978.
Klaus Heitmann (Hg.): *Der französische Roman. Vom Mittelalter bis zur Gegenwart*, 2 Bde., Düsseldort, Bagel, 1975.
Fritz Peter Kirsch: *Epochen des französischen Romans*, Wien, WUV, 2000.
Jean Mazaleyrat: *Eléments de métrique française*, Paris, Collin, [8]1995.
Jürgen von Stackelberg (Hg.): *Das französische Theater. Vom Barock bis zur Gegenwart*, 2 Bde., Düsseldorf, Bagel, 1968.

Italienisch:
Pietro Beltrami: *La métrica italiana*, Bologna, Il Mulino, 1994.
Theodor W. Elwert: *Italienische Metrik*, Wiesbaden, Steiner, [2]1984.
Hugo Friedrich: *Epochen der italienischen Lyrik*, Frankfurt a.M., Klostermann, 1964.
Gerhild Fuchs / Sabine Schrader / Daniel Winkler (Hg.): *Italienisches Theater. Geschichte und Gattungen von 1480-1890*, Berlin, Theater der Zeit, 2015.
Manfred Lentzen (Hg.): *Italienische Lyrik des 20. Jahrhunderts in Einzelinterpretationen*, Berlin, Schmidt, 2000.
Manfred Lentzen (Hg.): *Italienische Erzählungen des 20. Jahrhunderts in Einzelinterpretationen*, Berlin, Schmidt, 2003.
Manfred Lentzen (Hg.): *Italienische Romane des 20. Jahrhunderts in Einzelinterpretationen*, Berlin, Schmidt, 2005.
Manfred Lentzen (Hg.): *Italienisches Theater des 20. Jahrhunderts in Einzelinterpretationen*, Berlin, Schmidt, 2007.

Spanisch:

Rudolf Baehr: *Spanische Verslehre auf historischer Grundlage*, Tübingen, Niemeyer, 1962.

Wilfried Floeck: *Spanisches Gegenwartstheater*, 2 Bde., Tübingen, Francke, 1997/1999.

Ralf Junkerjürgen (Hg.): *Spanische Romane des 20. Jahrhunderts in Einzeldarstellungen*, Berlin, Erich Schmidt, 2010.

Tomás Navarro Tomás: *Métrica española*, Barcelona, Labor, 1983.

Volker Roloff / Harald Wentzlaff-Eggebert (Hg.): *Das spanische Theater. Vom Mittelalter bis zur Gegenwart*, Düsseldorf, Schwann-Bagel, 1988.

Volker Roloff / Harald Wentzlaff-Eggebert (Hg.): *Der hispanoamerikanische Roman*, Darmstadt, Wissenschaftliche Buchgesellschaft, 1992.

Volker Roloff / Harald Wentzlaff-Eggebert (Hg.): *Der spanische Roman. Vom Mittelalter bis zur Gegenwart*, Stuttgart / Weimar, Metzler, ^{2}1995.

Gustav Siebenmann: *Die moderne Lyrik Lateinamerikas*, Berlin, Schmidt, 1993.

Kurt Spang: *Ritmo y versificación. Teoría y práctica del análisis métrico y rítmico*, Murcia, Universidad, 1983.

Manfred Tietz u.a. (Hg.): *Die spanische Lyrik von den Anfängen bis 1870. Einzelinterpretationen*, Frankfurt a.M., Vervuert, 1997.

Manfred Tietz u.a. (Hg.): *Die spanische Lyrik der Moderne. Einzelinterpretationen*, Frankfurt a.M., Vervuert, 1990.

NACHSCHLAGEWERKE:

Joachim Born / Robert Folger / Christopher Laferl (Hg.): *Handbuch Spanien. Sprache, Literatur, Kultur, Geschichte in Spanien und Hispanoamerika für Studium, Lehre, Praxis*, Berlin, Schmidt, 2012.

Richard Brütting / Birgit Rauen (Hg.): *Italien-Lexikon. Schlüsselbegriffe zu Geschichte, Gesellschaft, Wirtschaft, Politik, Justiz, Gesundheitswesen, Verkehr, Presse, Rundfunk, Kultur und Bildungseinrichtungen*, Berlin, Schmidt, 2016.

Ingo Kolboom / Thomas Kotschi / Edward Reichel (Hg.): *Handbuch Französisch. Sprache, Literatur, Kultur, Gesellschaft*, Berlin, Erich Schmidt, 2002.

Karlheinz Barck (Hg.): *Ästhetische Grundbegriffe*, 7 Bde., Stuttgart / Weimar, Metzler, 2000-2005.

Horst Daemmrich / Ingrid Daemmrich: *Themen und Motive in der Literatur*, Tübingen, Francke, 1995.

Elisabeth Frenzel: *Stoffe der Weltliteratur*, Stuttgart, Kröner, 1962 u.ö.

Elisabeth Frenzel: *Motive der Weltliteratur*, Stuttgart, Kröner, 1976 u.ö.

Christine Harrauer / Herbert Hunger.: *Lexikon der griechischen und römischen Mythologie. Mit Hinweisen auf das Fortwirken antiker Stoffe und Motive in der bildenden Kunst, Literatur und Musik des Abendlandes bis zur Gegenwart*, Purkersdorf, Hollinek, ^{9}2006.

Renate Kroll (Hg.): *Lexikon Gender-Studies. Geschlechterforschung. Ansätze – Personen – Grundbegriffe*, Stuttgart / Weimar, Metzler, [4]2008.
Heinrich Lausberg: *Handbuch der literarischen Rhetorik. Eine Grundlegung der Literaturwissenschaft*, München, Hueber, 1960.
Heinrich Lausberg: *Elemente der literarischen Rhetorik*, München, Hueber, 1963 u.ö.
Hans K. Lücke / Susanne Lücke: *Antike Mythologie. Der Mythos und seine Überlieferung in Literatur und bildender Kunst*, Reinbek, Rowohlt, [2]2006.
Hans K. Lücke / Susanne Lücke: *Helden und Gottheiten der Antike. Der Mythos und seine Überlieferung in Literatur und bildender Kunst*, Reinbek, Rowohlt, 2002.
Hans-Jürgen Lüsenbrink: *Frankreich – Wirtschaft, Gesellschaft, Politik, Kultur, Mentalitäten. Eine landeskundliche Einführung*, Stuttgart, Metzler, [4]2017.
Ansgar Nünning (Hg.): *Lexikon Literatur- und Kulturtheorie*, Stuttgart, Metzler, [5]2013.
Gert Ueding / Bernd Steinbrink: *Grundriß der Rhetorik. Geschichte - Technik - Methode*, Stuttgart, Metzler, 1993.
Gert Ueding (Hg.): *Historisches Wörterbuch der Rhetorik*, Tübingen, Niemeyer, 1992 ff.

BIBLIOGRAPHIEN / LITERATURRECHERCHE:

Bibliographie der MLA (Modern Language Association)
Düsseldorfer Virtuelle Bibliothek: Romanistik [http.//www.uni-duesseldorf.de/ulb/rom.html]
Klapp, Otto: *Bibliographie der französischen Literaturwissenschaft*, Frankfurt a.M. 1956 ff.
Romanische Bibliographie 1875 ff.